JN271721

心理療法と生活事象

（クライエントを支えるということ）

村瀬嘉代子
Murase Kayoko

金剛出版

心理療法と生活事象・目次

子どもが求めるもの
　　——生まれてきてよかった，この世は生きるに値する，居場所感覚——……7
心理臨床の営みと生活事象
　　——統合的アプローチへ到る道——………………………………………14
さまざまなものの統合としての心理療法 ……………………………………32
自律と保護のバランス
　　——世界に開かれゆく子どもの傍らにあるとき——……………………45
子どもが心理的援助を受けるということ
　　——個別的にして多面的アプローチ——…………………………………54
青年の心理的援助において求められるもの …………………………………63
障害を抱えて生きることとライフサイクル …………………………………71
特別支援教育におけるカウンセリング・マインド
　　——軽度発達障害児への理解と対応——…………………………………102
被虐待児の理解と援助 …………………………………………………………116
中年になった障害者の課題——障害者に出会う健常者の課題—— …139
高齢者心理臨床における専門性と人間性 ……………………………………148
心理臨床における質的研究の理論的検討と実践の展開（第一報）
　　——児童養護施設における関与的観察調査に基づいて—— …………159
村瀬ワールドに包まれる ………………………………………………………178

解　　題 …………………………………………………………………………194
あとがき …………………………………………………………………………202
索　　引 …………………………………………………………………………205

カバー画　東山魁夷『道』(1950)　東京国立近代美術館蔵

心理療法と生活事象

クライエントを支えるということ

子どもが求めるもの
――生まれてきてよかった，この世は生きるに値する，居場所感覚――

はじめに

　子どもが欲しているもの，それは純粋な愛情，と一言に尽きる，と言えるかもしれない。ところで，愛情は具象化すればどのようなものであろうか。これまでの臨床経験のみならずさまざまな局面を通じて出会ってきた，身体的健康に恵まれ，心理的にも社会的にも望ましい環境にあって心身共に健康に育っている子どもたち，他方，発達障害を抱えつつ自分の生を受けとめ少しでも適応力を伸ばそうと努力している子ども，保護され愛されるはずの人々から不適切な対応を受け，自分自身やこの世を信じられず苦難の紆余曲折の道からようやく育ち治りつつある子ども……，自分の出自すらおぼつかなく，この世に漂う存在である自分を人間関係の網の目の中に位置づけ，生きる意味と希望を見いだそうとしている子ども……，こういうさまざまな子どもたち，それぞれが必然性をもって訴えたさまざまなことが走馬燈のように浮かんでくる。
　ここでは，子どもたちが言葉や行動で伝えてくれた彼らが求めているものをアンソロジーのようなかたちで綴ってみよう。

Ⅰ　子ども時代がライフサイクルの上に持つ意味

　一見，自明な意味を持つと考えられている「子ども」という表現について，まず意味を確かめてみよう。かつて，「子ども」という言葉は日常の口語的表現と見なされてきたが，これが学術用語として定着したのは第41回日本児童青年精神医学会総会における清水將之会長講演や著書（清水，2001a，2001b）の表題にこの表現を取りあげたのが契機であろう。ただ，「子ども」という言葉が内包することは広い。おおむね，次の3つの意味がある。

1）ライフサイクル上で乳幼児期から青年期までを総称する。生理的，心理的，社会的に成長途上にあるという時機である。なお，ここでは詳細を省くが，法令上では，法令ごとに子どもの年齢区分は，それが制定された意図に添って少しずつ異なっている。
2）親子関係という，関係性の視点から考えると，誰しも人は子どもという位置関係を持ち続ける存在である。親をこころの中でどう受けとめているかは，個人のあり方を大きく特色づけることになる。出自がその個人のアイデンティティ形成にとって，大きな課題になるゆえんである。
3）こころの全体性という視点から，人のこころの底に生涯を通して，生き続けることが期待される健康な精神の特質としての「子どもらしさ（childlikeness）」（Singer, E., 1970）が挙げられる。この場合の子どもらしさをシンガー（前出）は「いわゆる未成熟さを指す子どもっぽさとは似て非なるもので，健康な子どもが持つ特質，すなわち，いろいろなことに開かれた態度で注意を向ける能力，驚く能力，不確定な状況に耐える能力を指す」という。

本文で用いている「子ども」の意味は主として，1）であるが，2）や3）の意味も文脈に応じて微妙に関連している。ともあれ，子ども時代は人間の心身の基礎を生成成長させ，かつこの時期のよい経験はその後の人生を生きていく支え，さらには挫折の中からの再生の契機としての意味をもつ「こころの糧」である（村瀬，2003）。子ども時代の持つ意味は大きい。

II　伝えるということ，具象と抽象

子どもたちに自分自身や世界に対する基本的信頼感を贈りたい，よく育ってほしい，と大人は願う。ところで，熱意のあまり性急に言葉に多くを頼りがちになっていないだろうか。「何度も言ったのにわからない」「そんなこと何時も言っているでしょう……」という具合に。だが，人間の存在にとって根幹となることを伝えるのは，言葉だけではきわめて不十分である。むしろ大切なことは日常の積み重ねの中の営み，具体的振る舞いによって伝わるのである。さりげない，しかし確かな相手の立場や気持ちを思い遣っての継続性のある行為を通してこそ，「自分は存在をよし，と受けとめられているのだ，自分は見まも

られているのだ」という安全感，自他への信頼の基盤を子どもは感じ取っていくのである。自分に注がれる愛着の眼差しと日常でのかかわりを通して，理屈抜きに，まずそのままを受けとめられるとき，「生まれてきてよかった」という感覚が子どもの内に生じるのであろう。

　本当に良質な抽象とは良き具象によって裏打ちされているのである。

Ⅲ　居場所——安全保証感のメタファ——

　幼い子どもが外出先で何か心許ない気持ちになったとき，連れの大人の手をひきながら「お家へ帰ろうよ」と言う場面に遭遇されたことは多いであろう。この場合の「お家」というのは狭義の家のみを指しているのではない。それは住み慣れたわが家，その中の自分の場所，家のまわりの自分が所属していると暗黙に感じられるテリトリーを指している。そして，さらには「おうち」にまつわる自分を慈しんでくれる家族やそこでの暮らしをも内包した感覚を子どもは「おうち」というとき，それぞれを繋がったものとして含めている。

　「おうち」という言葉に象徴されるこころの安全保証感としての居場所感覚，これは子どもが空間と時間，そして人間関係の網の目の中に独自の，本当に自分独自の存在するところをもっているかという一種のメタファーである。

1．空間的居場所感覚

　人は長じてこころが疲れたり，萎えたとき，子どもの頃の住処のたたずまいやその周辺の風景，あるいは無心にあそびや読書に興じた子ども部屋の情景を思い出して，ふっとこころ和む想いがするのではなかろうか。かつて，自分がそこに所属し，そこはある程度自由にマネージできる場所，好みの絵を貼ったり，プラモを飾ったり……，自分の部屋はなくとも，自分のコーナーがあって，自分がそこを好みで設えることができた……，たとえそれは質素なものであっても自分の場所，自分の家，自分のホーム，この感覚を子ども時代に持てるかどうかが重要である。

2．社会的所属感としての居場所感覚

　人間にとって，最初の居場所の関係は家族であり，次いで保育園，幼稚園，近隣，学校，地域社会に自分の場を見いだし，長じてはこの世の中にどのよう

に属し，位置を持つかという帰属感をどれだけ確かなものにできるか，が課題である。子どもにとっては，とりわけ人生最初の人間関係，つまり親子関係がどれだけ心地よく，自分をまずはそのままよしと受けとめられるものであるかがその後の関係の根幹となる。これが不幸にして欠けるとき，それは配慮を込めた，その子の必要性に添った，その子の気持ちを汲んだきめ細やかな援助者のかかわりによって，補われ，修復されることが期待される。

3．時間感覚と居場所感覚

人間の時間感覚はその個人が同様な居場所感覚を持っているかということと密接な関係がある。幼少期によい人間関係を心地よく経験すると，自ずと子どもはこの心地よさを継続していく，今日の平安な時は明日も，いや未来に向かって続いていくであろう，という暗黙の連続性，継続性の感覚を持つようになる。

一方，子どもが自分の存在を虚ろなものと感じ，自信が持てないときには，未来に対する展望を具体的にいきいきと描くことは難しい。目前の瞬間，刹那の満足で，虚ろさを紛らわせることになる。したがって，今に大人になったら，とか大きくなったときのために，という言葉は，未来の時間感覚が乏しい子どもには響いていかない。身近な本来自分を慈しみ，護ってくれるはずの大人から予期もしない不適切な扱いを受けてきた子どもにとっては，時間は不連続なもの，今の一瞬の平穏が続くという保障は経験的にまったく考えられない。だから，今しかない，という感覚を持っている。刹那的に目前の楽しみに浸ることが精一杯で，先を見据えた約束など，おぼつかなく守ることは難しいのである。

精神的に健康であることの一つの指標は，自分の中の時間感覚が生命として宿ったその時から一貫性を持って継続しており，今ある時間がこれからこういうふうに未来に向かって続いていくのだ，続いていってほしい，というそういう展望が持てることである。

4．居場所感覚の萌芽となりうる生きられる瞬間，点のような場

先に述べた3項目が居場所を構成する主な要素であるが，だが，これらを欠く場合，その子どもはまったく居場所感覚が見いだせないであろうか。たとえ，わずかな点のようであっても，一瞬のよい経験がどこかになかったか，それを

見いだし，それをもとに疎外感，自信喪失感，不信感に苛まれる子どもに繋がりの契機を見いだしていくのが心理的援助でもある。遺棄され，何の手懸かりもなく，自分が誰かを本当は知らず，強い不安と孤独を訴える少年に「君の耳の形は福耳，ひょっとしてお父さんも同じような耳の方だったかも……，福耳は一生懸命暮らすと幸せを呼び寄せる，と言い伝えられている，自分を大切にして……」と語りかけたのが，貝のごとく閉ざしていたその少年の気持ちにすこしゆるみをもたらす契機になったことがある。

　ほんとうに些細なことでも，何か萌芽になりうることを気づき見いだすことが援助者にとって求められている。それは気休めや思いつきではなく，緻密な観察による気づきを元にしたものでなければならない。援助者とはどんな小さなことをも見落さないように，気づいたことには応えられるように，そしてその時を逃さないように，しかもそれをさりげなく日常の営みの中でさらりと行えるのが理想である。

Ⅳ　居場所感を確かなものにするための要因

　子どもにとっては，まず自分にはこの世に居場所がある，という感覚が基盤として必須であるが，それを保持し，さらにはより確かなものにする要因について考えてみよう。

1．他者から向けられる信頼の眼差しを感じるとき，子どもは自らを信じる力が湧いてくる

　人間は素質の如何を問わず，自分に向けられる他者の眼差しには敏感で，ことに傷つく辛い経験をしてきた人は，事の本質については的確な捉え方をする。つまり，建前ではなく，本当の関心を自分によせて，純粋な気持ちを持って居てくれるのかどうか。瑕疵ばかりを探すのではなく，自分の潜在可能性に気づこうとしてくれる眼差しこそ，子どもの自尊心修復に意味を持つのである。

2．人は変わりうることを信じる姿勢，断定しきらない

　傍若無人に振る舞う感情に身を任せているかに見える子どもほど，相手の眼差しの奥にある気持ちに敏感，的確である。「もう，この子は駄目だ……」と一瞬，見放すその時，その大人の揺らぎに非常に敏感である。さらには，「自

分について，評価は○○と確定した」と子どもが思うとき，子どもの中の歯止めは音を立てて崩れ始めるのである。

　子どもの内に潜む可能性に気づくこと，行動化の嵐に巻き込まれないこと，これは言うはやすく現実の振る舞いとしては難しい。だが，まず，手懸かりとして，「虐待のA君」「アスペのB君」といった，巷間よくきかれる表現を「A君は○○の特徴があって，◎◎の取り柄をもち，でも苛酷な被虐待経験を持っている」「B君は○○の特徴があって，△△が得意で，まあアスペルガー症候群でもある」のように表そうとすると，ずいぶん子どもへ向ける視点も多面的となって広がり，かつ深まるのではなかろうか。

3．待つことと時熟

　対象とする子どもの問題が難しい時，大人はひたすら自分たちの力で，と懸命に力みはしないであろうか。何が求められている要因か，熟慮して，それらを用意し提供しながらも，いたずらに即効を期待せず，子どもの試行錯誤を見まもるゆとりも必要である。

4．言葉を裏打ちする行動

　子どもは目前の大人が正直で言行一致した人であるか否かを見極める力を持っている。大人になると，この世の利害得失に自ずと影響されて，純正のレンズを通してのみものを見ようとは自ずとしなくなっているけれど。さらに，子どもは言葉で指示するばかりでなく，一緒に行動してくれる人，さらには言葉ではなく行動で示してくれる人を求めている。日々の一見何気ない日常生活の営みを通して，子どもは多くのメッセージを受けとっているのである。

5．多軸で考え行動する

　ものを見，考え，判断する視点はできるだけ偏りなく，多軸によりたい。個人がわがものとして手の内にすることができる判断軸は自ずと限りがある。したがって，大人は経験の多少を問わず，常に謙虚に新しいことに向かって開かれ，学ぶ姿勢を維持したい。学ぶことの楽しさ，意義，歓びを真に知る大人が謙虚に学んでいる姿勢から，子どもは人間にとっての学ぶことの意味を会得していくのであろう。したがって，大人は自分のスタンスを確固として自覚しながら，他者の意見や未知の知見に対して開かれていたい。

6．大人自身が自分の生を享受していること

　生きるということは，換言すれば，次々と現れてくる二律背反的なパラドックスの課題について，逃げずにバランス感覚を働かせて何とか対応していく過程でもある。それは当然，単純に楽しい，などと言うことは稀である。だが，そういう過程を受けとめ，課題を解くことに歓びを見いだそうとしている大人に出会うとき，子どもは自分の生を受けとめていくためのモデルを見いだすのではなかろうか。

むすび

　「子どもが求めること」に応えること，それは特殊な理論や技法に頼ることというより，ごく普通の人として期待される営みを，相手のその時の状態や望むところ，必要とすることは何か，についてよく気づき，さりげなくしかし確かに応じていくことをコンスタントに行っていくことであることに改めて思い至る。子どもに寄り添った眼差しをもって，観察し，思慮に裏打ちされたかかわりを持ちたいものである。

文献

Singer, E.：Key Concepts in Psychotherapy, 2nd ed. Basic Books, New York, 1970.（鑪幹八郎訳：心理療法の鍵概念．誠信書房，1976.）
清水將之：21世紀の子どもたちへ．児童青年精神医学とその近接領域, 42（2）, 2001.
清水將之：子ども臨床．日本評論社，2001.
村瀬嘉代子：こころの糧と子ども時代．児童青年精神医学とその近接領域, 44（2）, 2003.（In．村瀬嘉代子：統合的心理療法の考え方．金剛出版，所収，2003.）

心理臨床の営みと生活事象
——統合的アプローチへ到る道——

はじめに

　臨床心理学の理論や技法は実践の中から，帰納法的に抽出され，論理的，系統的に洗練されていくはずのものである。これまで筆者は与えられた場と条件の中で，責任性を考えつつ，心理的援助を必要としている人に対し，全体状況との関連を視野に納めながら個別化されたかかわり方を模索してきた。緻密に観察し，気づくように心懸け，多軸で考え，多面的にアプローチの仕方を工夫してきた。さまざまな臨床の場の実践に基づきながらその時，その状況で気づき考え，その結果，統合的アプローチを提唱するに到った過程を以下に述べる。

I　心理臨床における理論と技法

　心理臨床においては，ほとんどといって過言でないほど，基底には二律背反状況がある。また，人の行動上の問題や精神症状に対応するには，生物・心理・社会的背景を考えることが必要であり，単一の理論や技法でこと足りる状況はほとんどなく，どのように精緻な理論であっても，指の隙間から砂がこぼれ落ちるように現実の事象をすべて掬いきることは難しいと思われる。個別化したクライエントの必要性に応えるということはあえて図示すると図1のように表現されるであろう。
　滝川（1998）も指摘しているが，そもそも心理療法の理論や技法は日常生活の中での望ましいかかわり方を抽出し，洗練整理して理論化したものである。現在，心理療法の理論や技法は多岐に分化し，数多くあるが，クライエントに個別化した援助を行うには，個別のクライエントの今の状態には，数多くある心理療法のどの技法をどのように組み合わせて用いるか，さらに同一のクライ

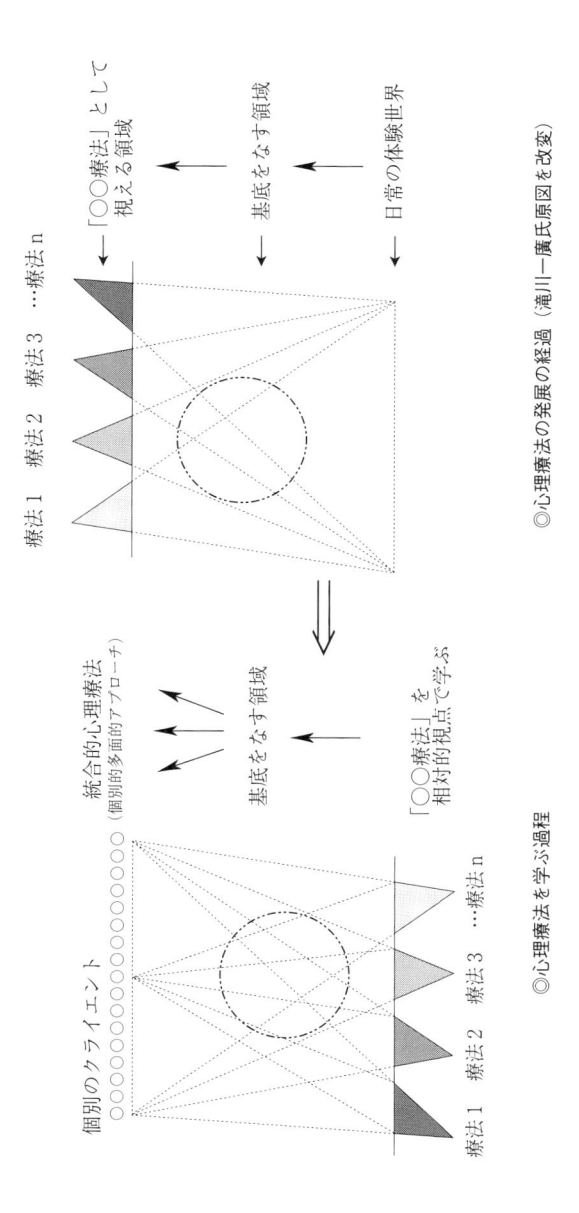

心理臨床の営みと生活事象 15

◎心理療法を学ぶ過程

療法1　療法2　療法3　…療法n

個別のクライエント

統合的心理療法
（個別的多面的アプローチ）

基底をなす領域

「〇〇療法」を
相対的視点で学ぶ

◎心理療法の発展の経過（滝川一廣氏原図を改変）

療法1　療法2　療法3　…療法n

「〇〇療法」として
視える領域

基底をなす領域

日常の体験世界

――援助理論や技法を支える要因

図1　心身に問題を持つ子どもやその親・家族に対する援助のあり方に期待されること

エントに対しても援助過程の展開につれ，各ステージにふさわしく適用される技法は変化していくことになる。統合的アプローチとはいくつかの基本的な心理療法の理論や技法を元に，つねに新しい理論や技法に対して関心を持ち，それらの特質をどのように個別の状況に適用していくか，あくまでもクライエントの必要性に応えることを目指している。

II 私の心理臨床実践と思索の軌跡

1．家庭裁判所調査官として（1959〜1965）

少年事件を担当してまず，非行少年の語る言葉を大切に受けとりたいと考える一方，それは偽りや願望で到底行動が伴い難い内容である場合も少なくないこと，少年の言葉をただ鵜呑みにするのではなく，彼が自信を回復し立ち直る契機となるような調査を行おうと考えた。そこで，次のように処遇意見を形成した。徒に少年の問題性ばかりを指摘するのではなく，根拠のある潜在可能性を見いだすように。そして，公共性ある表現を心懸ける。少年や家族の述べる主観的事実を大事にしながらも，客観的事実と照合し検討するように，バランス感覚を働かせる。面接場面や資料を読む際に小さいことにも気づくように，そして些細な手懸かりをもとに想像力を働かせて，理解をふくらませること。さらに，自分と事件当事者という関係の中だけでなく，組織の中の役割と責任を自覚することを元にしようとした。

2．留学中の気づき（1962〜1963）

留学先のバークレイの大学院では，講義ももちろん実習先での記録やカンファレンスは精神分析のオリエンテーションをとりながらも，平易で公共性ある表現がなされていた。質の高い心理的援助は学派を超えて通底するものがあることに思い至った。たまたまカール・ロジャーズ（Rogers, C.）の講演を聴く機会があった。大講堂一杯の聴衆のほとんどは精神分析学派，もしくは行動主義と思われ，はじめは何か冷めたクリティカルな雰囲気が感じられたが，講演が進むうちに堂内にはロジャーズの語る内容に深く傾聴する空気が生まれたのが印象的であった。「事実をして語らしめる」という姿勢の意味を強く実感した。外国人学生（当時は敗戦国の！）として，文化的，社会経済的背景を異にし，主訴もさまざまなクライエントに会う実習は厳しい経験であったが，関係

性の基盤は知識・技能とかたや人間性が問われることを再認した。

3．統合失調症圏の人々との出会い（1964〜）

　帰国し，家裁調査官研修所の研究員として，精神疾患を持つ非行のある少年への面接法を考えるという目的で，精神科児童病棟へ週一日出張することになった。今日と違い，そこは患児たちにとり，生活の場でもあるのに，人手不足から具体的描写を躊躇するような状況であることに驚き，面接やテストなどより，まず日常生活を少しでも整えることが治療の基盤にもなろうと，病棟の雑用掃除係を申し出た。師長さんはそれはあまりのことでお頼みできないと，病棟内の家庭教師とおやつや自由時間の相手を仰せつかった。菓子盆を手にホールに入ると「あ，シゾ（統合失調症，schizophreniaを彼らはこう表現していた）になったんでしょ，治って復学したんだね」とシャープな感じの男児が叫び，驚く間もなく別の少女が「へー，お姉さん，シゾ治ったの」別の件のシャープな患児が後日語ったところによると，「一見して暖かくて，冷静，クールな人に見えた。こんな激しい矛盾を抱えていては参ってしまう，病気になると思った」ということであった。私を元患者と思う彼らの内に「この人みたいに治れるのだ」という彼らの願いを感じ取り，出張期間中，ついに罹病の経験がないとは言い出せず，仲間として接して貰った。すると，いわゆる患者として対象化されて観察され，語られる側面とは別に，彼らは独特の脆弱性を基底に持ち，全体的なまとまりを欠くにしても，自分自身や家族，将来について真剣に考え，感じ，思い悩んでいること，存在の不安を感じていることをつぶさに看取した。また，同程度の病状，病態の患者であっても，家庭や職場，学校，地域社会など，生活環境が彼らに理解があり，生きやすい状況であるかどうかということが病の予後に大きく影響していることに気づき，そうした患者の家族への支援が重要であることを実感した（まだ，家族療法やその他，コミュニティ・アプローチなどというアプローチもほとんど聞かれなかった時期）。

　重篤な状態の患者に出会うときは，人生の葛藤がまだ少なかった頃の自分を思い出し，（たとえば日向で，母親の膝に抱かれ，子犬を撫でていたときの感興を想い出したりなどして……）自分を相手に素材として差し出すような，そのような自分にと心持ちを整えた。そして着手できることは何かを考え，たとえ小さなことでもそれをすることで，少しでも生きやすくなることはないであろうか，と接することが現実的に意味があると考えるようになった。この頃，

「支持する」ということが内包することの幅の広さと深さに思い至り，個別に即していろいろな原則を基底に置きながらも，多面的に考えることの大切さに気づいた。

4．発達障害児（自閉症児）の療育にかかわって（1976〜）

当時は自閉症児にはいわゆるプレイセラピィは無効である，科学的に行動主義的に，といった議論が盛んであった。だが私は，一言でプレイセラピィと称しても，誰がどのように何をするかによって違いが見られること，また，関係性の重篤な障害を持つといわれる自閉症児でも，人との繋がりを密かに求めていること，それは相手となる人のあり方と微妙に関連することを看取した。そこで，療育の中にも，楽しさや喜びを感じられるような活動を，そしてそこで会得するスキルを彼ら自閉症児が日常生活の行動変容へと汎化させ，展開していけるように工夫した。また，彼らは新たな行動を保持する力が弱いので，週1時間のセッションの目標とすることが彼らに根付くために，残りの23時間と6日間の生活とどう関連し連動させるかを常に考えるようにした。一方，発達障害児は学校場面では情緒障害児学級などで，相応の居場所を持てても，帰宅すると子どもらしい生活の広がりが得にくいこと，重篤な状態のわが子のケアに終日かかわって疲弊気味の親のささやかなレスパイトのために治療者的家庭教師（今日のメンタルフレンドに近い；村瀬，1979）なる活動を導入した。

5．いわゆる境界例といわれる青年のための通所施設の立ち上げにかかわって（1977〜）

当時はデイケアや通所施設などはほとんどなく，精神科を退院後や遷延化した不登校状態を続けて，居場所感覚が持てず，成長への次のステップが踏み出せない青年たちにとって，居場所感覚を贈り，社会的な巣立ちを援助することが必要とされていた。そこで，本務の傍ら，こうした青年たちのための通所施設の立ち上げを手伝い，スタッフの不足を補うことも兼ね，個別化した学習援助やさまざまな社会化を援助する活動にかかわった（村瀬，1996）。この詳細は文献3（1996）に譲るが，①医療機関や学校との密接な連携，司法・矯正機関，公共職業安定所，ときに商工会議所など，個々の青年の必要性に即応して，他機関との連携や連絡をとり，協力・援助を得ること。②学習援助やその他，習得が遅れている生活習慣や社会性などを会得するための援助は，あくまでも個

別に即応し，当人の自尊心を大切にしながらスモールステップで，教材や活動の進め方も創意工夫すること。③多くの医療機関や相談機関を経て，長い経過を辿る子どもの状態に疲弊している親や家族には，共に活動し，考えるというスタンスで，それまでの労を労いつつ，どこかに楽しみやユーモアを見いだし，エネルギーを賦活する援助となることをまず第一に目指し，次いで，青年の自立を助けるための共同援助者という視点でかかわった。④町内の清掃，集合住宅の子どもや親が訪れて楽しめるように動物を飼育する，午後，青年たちが戸外で運動している時間，屋内の一部を地域の高齢者の方々にお茶のみの場所として提供したりなどと地域社会にこの施設が受け入れられるようにさまざまな工夫をした。

　また，始めにプログラム，活動の枠組みありき，というのではなく，個別のクライエントの必要性に応えようと，あえてアメーバ的とでもいえようか，被援助者のその時の状態，必要とすることに焦点をあて，援助技法や援助法を模索し創案しながら進めた。たとえば，運転免許は取得したが，対人場面が苦手で，配送の仕事が円滑に進まない，あるいは臨機応変の対応が困難な青年のために，運送の有限会社を付設して，スタッフが配送を付き添って要領の会得を助けるとか，資質的に重篤で，一般就労が難しい青年のために片付け等の付加サーヴィスを持つ清掃の仕事などを一時行ったり，暴走を止めがたい青年にはＡ級ライセンスを取得させ，実際にレーシングチームを作り，レースにも出場させ，正しくマナーを守って走ることを勧めることから心理的安定とまとまりの感覚を増していくことなどを目指した。

6．親権・監護権決定の民事事件鑑定（1981〜）

　1970年代より，離婚の増加が見られるようなった。離婚には夫婦双方が合意しているが，子どもの親権の帰趨を巡って双方が譲らず，紛争が激化するという事件が増してきた。子どもにとっては父と母の何れが親権者として望ましいか，と尋ねられても，同じ次元の同種のものを比較選択するという意味にはなり得ない。第三者が比較評価する結果とは異なり，子どもにとっては両親双方を容易には比較取捨選択しがたい。何れの親が親権者として適切かという問いは法律的判断には容易にはなじみがたい，子どもの心理の専門家による鑑定に委ねようと，わが国ではこの種の鑑定では初めてという試みを受命した。昨今では，離婚の紛争解決に伴って，民事訴訟では時折，行われるようになって

いるが，この種の民事鑑定としては，わが国では初めての試みであった。①意思能力とは何か，ことに子どもの意思をどのようにして聴くのか。②現在の時点から将来をも見通して子どもの健やかな心身の成長のために望ましい要件をどう考えるのか。④一般に臨床では，守秘について意識的であるが，法廷尋問をはじめ，鑑定書も当事者をはじめ，正当な理由ある時は開示されるうることを考慮しつつも，事実をして語らしめる鑑定書をどのように作成するか。⑤公開の場，法廷での尋問に堪えうる事実収集と鑑定者の所見とはいかにあることが望ましいのか。このような，いわゆる成長モデルとでもいえる心理療法の課題とは，重複するところもあるが，異なるところもあるいわば決断モデルに則るというような仕事をした。このような場合のエビデンスをどう考えるか。根拠ある将来を見通す所見の形成の仕方はどうあるべきか，ということを自問したが，それは今日に至る課題でもある。

7．事実を分かちあうこと，子どものインフォームド・コンセント（1992〜）

　家存続のためでなく，子どもの健やかな心身の成長を目指し，子どもに家族を与えようと意図した，養子制度についての法改正に伴い，テリング（養子である子どもに，言葉を理解できるようになった頃から，その理解力に応じて，養親が「自分たちは生物学的繋がりはないが，あなたを愛し，よい家族を作りたい，と願って，養子として迎えたのだ」と子どもに告げること）に関連して，子どもに出自に纏わるような存在の根幹にかかわる事実をどのように伝えるかということを家族法学者の方々から法学講座に執筆を依頼されたり，生殖医療に関する法制定にかかわる法制審議会で心理臨床経験に基づく意見を求められたのは90年代以降のことであった。小児病棟で，慢性疾患を抱える子どもたちに多く出会い話を聴く機会を持ったが，彼らは真剣に病の予後を案じ，病を抱えて生きる生き方について話した。率直な会話をできる相手や機会を彼らが真摯に求めていることを再認した。

　文献を繙くと，身体医学の領域ではインフォームド・コンセントについては相当論議されるようになっていたが，精神医学的，心理学的には，人の存在の根幹に纏わるようなことがらを誰が何時，何の目的でどのように当事者に伝えるか，その後のフォローをどのようにするか，といった課題については，現実に必要とされる場合が少なくないにもかかわらず，論じられていないことに気

づいた。筆者自身の経験やこうした課題に直面してきた臨床家と研究会を重ねるうちに，事実を告げること，分かち合うことは単にいかに告げるかという技術的レベルのみでなく，この課題にかかわる臨床家には，どのような人間観を持つか，伝える基盤にそれぞれの子どもが「生まれてきてよかった」と生を享受する気持ちが持てているかを考え，それをまず贈ることを考えること，伝えるということは当事者の発達状態や諸々の理解力に応じて，わかりやすく必要に応じて繰り返し話し，しかも自然なフォローが必要であると考えるようになった。

8．養護施設，児童自立支援施設，情緒障害児短期治療施設など児童福祉施設の子どもたちに出会って——生活を生きやすいものへ——（1992～）

　子どもが抱く父母・家族像の発達並びに臨床心理学的意味について，一般児童・青年とさまざまな臨床群との追跡比較研究調査（村瀬，2001）を行った折に，児童養護施設児童たちと生活場面をともにしつつ彼らの父母や家族，将来大人となることや成長することへの率直な気持ちや考えを聴いたがこれが契機で，一時帰宅先や家族との繋がりをまったく持たない施設児童を自宅に招くということを行い，一方では施設ケアや職員の質的向上のための研修・研究としての事例研究や在園生や卒園生への追跡調査を継続して今日に至っている。ほとんどの入園児が被虐待経験を持ち，何らかの発達障害を併せ持つこのような施設においては，心理的援助が日常の生活の中で浮き上がらず，面接やプレイセラピィの週１回，１時間のセッションの内容が残りの６日間と23時間と連動するように留意すること，また，一見何気ない日常生活の中のやりとりにこそ，心理的援助の意味がある，ということの重要性が確認された。たとえば体調を崩し，受診した際，他の子どもが親に連れられているのを見て，初めて家族についての複雑な気持ちを言葉にする，就寝時，灯火を消して枕元を立ち去ろうとする職員に母親の消息を尋ねるなど，こういう例は枚挙に暇がないくらいであるが，日常生活のふとした折に子どもにとっては本質的な問いが発せられることがしばしばある。こうした折に子どもの気持ちを的確に汲んで，その子どもの受け入れられる程度に，その子どもの求めていることにどのように応えるかが課題である。

　また，被虐待体験から回復し，施設を巣立って社会で自立的に生活している児童福祉施設経験者が語る立ち直り，自立の道を生きられるようになるために

意味があった施設での経験として次のような要因を列挙している。①身勝手な内容を含んだことであっても，まずはよく聴いてくれたこと。②質素でも食事が配慮されていて美味しかった。③夜尿やその他，いろいろ汚しても清潔で暖かい寝具や衣類が何時も用意されていたこと。④小さなことにも気づいて，心配して声をかけたり，尋ねてくれたこと。⑤病気をしたときの看病の細やかさ。⑥こうした一見，何気ない日々の営みの中で，園生同士や職員との間に出来た人間関係。

9．重複聴覚障害者に出会って（1999～）

　1995年，日本心理臨床学会の自主シンポジウム「聴覚障害者の心理臨床」で指定討論を務めることを求められた。この折，聴覚障害を持つことの生きていく上での困難さを改めて再認した。その主な理由を挙げてみよう。①このシンポジウム開催に先立つ約1カ月間，筆者は自宅内にいる時間のみではあったが耳栓をして聞こえない状態で生活してみた。聞こえない状態で情報を得ようとすることは，こちらが意図的にかつ能動的にならねばならず，残る感覚を総動員した，おびただしいエネルギーを要するのであった。そして，そのように努力しても，あふれる情報の量と速度に対応することの難しさは想像を遙かに超えていた。コミュニケーションにとって，「聞こえること」は決定的な意味を持つことを観念でなく実感した。②わが国のろう教育において，現在では手話，指文字の表現が認められるようになってきたが，口話法（脣の動きを読み取って反されていることを理解する）のみが強調された時代が長く続いた歴史がある。そのため，聴覚障害者の中には自らに適したコミュニケーション手段を習得できないまま，社会に出てから疎隔感，疎外感に直面することになり，現実生活の適応不全とディスコミュニケーションの結果，不適応状態に陥る場合が少なくない。

　詳細は拙著（村瀬，2005）に譲るが，聴覚障害者を理解するためには，次のような視点が必要だと考えられる。

1）かのヘレン・ケラーは「聴覚障害と視覚障害の何れか一つを選ぶとしたら，どちらを選択するか」ときかれ，即座に「視覚障害を」と答えたというが，聴覚障害とはコミュニケーションの障害であり，重篤な障害である。
2）健聴者の言語感覚並びに構文構造と聴覚障害者のそれは異なる場合があ

る。
　3）障害の程度，発現はさまざまであり，それらは生育環境，時代（口話法の強調から手話，指文字の表現を次第に認めるろう教育の時代的変遷）とも輻輳している。
　4）手話は「日本手話」と「日本語対応手話」，さらには身振りなどさまざまである。
　5）適切な教育，養育が損なわれている場合も少なくない。

　この自主シンポジュウムの記録（村瀬，1999）が契機となり，1999年より，重複聴覚障害者施設で，投薬治療だけでは対応が難しい激しい行動化や自閉的な入所者に対し，心理的援助により，生活の質を少しでも高めてほしい，と依頼された。聴覚障害に加えて，知的障害，統合失調症などの精神疾患，発達障害を併せ持つ20歳代から70歳代の人々が対象である。手話を用いられる人は十数パーセント，ほとんどの人は筆談も難しい。障害に加えてほとんどの入所者は被虐待経験を持ち，家族の護りも薄い。聴覚障害者に対する心理的援助についての文献もきわめて少ないという状況で，当初は経験も見通しもなく，依頼を固辞したが，施設側の熱意で重篤な状態の入所者にわずかでも生きていてほっとする，あるいは楽しく感じられる時間を共有できないかと心理的援助を模索的に行ってきた。以下の事例はその試みの一部である。

【事例Ａさん】

　20歳代男性，自閉症を併せ持つ。施設職員によれば，情緒障害児学級でも，聾学校でもこの学級に合わない生徒と学校側からいわれ，小学校よりほとんど不登校。兄も不登校，母親の関心は兄へ向けられ，寂しい子ども時代を過ごしたと推察される。施設入所後は一人硬い表情で視線を伏せ，部屋の隅に佇立していることが多い。唯一，カタツムリを捕らえてきて，居室の中で飼育しているのが楽しみの様子。コミュニケーションツールは独自の身振り，文字は書けない。「もう少し生気を，職員の指示にも注意を向けるように」との施設の依頼。
　描画やスクイグルなどは少し難しいかも知れないとのことで，貼り絵ならば，とＡ氏の好きなカタツムリの貼り絵をサンプルに作り，提示した。じっと凝視してから，Ａさんは集中して図１のカタツムリを仕上げた。サンプルよりもよ

図2　Ａさんのちぎり絵

図3　Ｂさんとのスクイグル（1回目） 　　図4　Ｂさんとのスクイグル（2回目）

い出来映えである。Ａさんはいつもの硬い表情をやわらげ，目に生彩が宿った。今日はもういいと手振りで自ら終了し，両手の人差し指を頭につけ（カタツムリの角のつもり），軽やかにスキップして退室された。軽い身のこなし，スキップができること，表情のある顔，入所5年目に初めて見た彼の状態に職員は感嘆しきり。このあと，Ａさんの作業への参加が少しスムーズになる。

【事例Ｂ子さん】

50歳代後半，縫製作業班に所属し，食事は施設で，寝起きは近くのアパートに一人暮らし。独身だが，夫や子どもへの言及，その他非現実の話が多く，知的能力は平均と推測されているが，非現実空間に一人住んでいるかのごとくで，統合失調症とみなされてきていた（服薬中）。他者と何とか交流の端緒がつかめないかということで，スクイグル実施のグループへ参加した。

図3が筆者の線をもとに描いたＢ子さんの作品である。留守番をしている子ども（受話器を持つ人物）が「お母さん，早く帰ってきて……」と心細い想いで外出中の母親に電話をかけているところと説明された。筆者はこのスクイグル画にしばし言葉を失った。聞こえない人が電話で母親を呼ぶ……，それは聞こえることへの強い願望であり，一人心細く留守番している子どもというのは，

遠い昔日の心許なさを味わった体験の想起かもしれず，かつ現在の心象風景でもあろう。平素，訴えることはないが，B子さんは深い孤独感を抱いているのであろう……，と筆者は無言の間に思い巡らしていた。その筆者にじっと視線を合わせてから，彼女が描いたのが図4である。

「乳首をくわえた赤ちゃん」だとのこと。B子さんにもこんな赤ちゃんの時があったのだ，否，人は今でも，嬰児が受けるような無条件の受けとめを望んでいるのだ，という考えが瞬間的に筆者の脳裏一杯に拡がる。「まるまる太って元気いっぱいの赤ちゃんね。乳首くわえて幸せなのね，お母さんや皆からいい子，可愛い子って，可愛がられているのね」との筆者の語りかけに，B子さんは乳首をくわえる仕草をしながら満面の笑みを浮かべ，涎を垂らされた。「今日は満足，ここでやめる。いい気持ちになったからアパートへ帰る」と笑顔で帰宅された。このあと，非現実的話題は陰を潜め，静かに作業に参加し，周りの人とも手話での交流を少しずつ自然に行うようになっているという。

このようなその個人の特徴に合うと考えられる表現活動の適用によって，日常生活の仕方がかなり改善する例を経験した施設側から，次いで，孤立して終日固まっている，激しい衝動的暴力，あるいは過敏で不安，日常生活に支障様々など，という生活上に大きな支障を抱える入所者に「何か少しでも改善を」と働きかけを求められた。視線を合わせないので，手話は通じない，文字は使用できないなど，コミュニケーションに相当の支障を持つ人々である。ふと，これまで「他ならない自分」という大切にされた経験がほとんどない人，「自分にしっかりと関心を向けられたこと」がない人々であり，表現手段がきわめて限定されている人々であることから，ふと相互似顔絵を描くことを着想した。（村瀬, 2005, 前出）

これまでの文献では，セラピストと被援助者が相互に相手に似顔絵をスケッチしあうという試みは前例がないようである。時間をはじめさまざまな制約があり，この相互似顔絵法を施行する時間は一人25分前後であるが，次のように目的を考えた。①対象者の日々が少しでも良好なものになるための契機もしくは一助になるように。②重複聴覚障害者の心理アセスメントツールはこれまでほとんど手がけられてこなかったが，コミュニケーションツールが限られた人々を理解するための方法として資するであろう。③短時間ではあるが，入所者が個別化を楽しみ，気分転換を見いだす一助になる。④描くという営みは施

図5-a　筆者が描いたCさん　　図5-b　Cさんが描いた筆者

行方法を伝えやすく，描く行為には日常を離れてくつろぐという可能性がある。⑤平素は集団に埋没し外の世界とも交流が乏しく，刺激の乏しい生活の中にあって，個人としての自分が感じ，考えることを表現し，それに対する自分に焦点をあてた反応が得られることは，「関係」の意味を行動を通して体験できるのであろう。施行は個室に入所者を一人ずつ招じいれ，筆談，手話，身振り，絵のサンプルを示すなど総動員して「これから相互にスケッチしあいましょう。あなたを描いた絵は額に入れて差し上げます」と伝える。描き方は個人の自由に任せ，A3二つ折りの画用紙とクーピーを使用した。筆者は相互似顔絵を描くとき，対象者が機嫌のよいとき，微笑んだらこうでは，と想像を交えて描き，あまりストレートな写実は控えた。

【事例Cさん】
　軽度知的障害を併せ持つ50歳代女性（図5-aと図5-b）。
　日常生活でこれという大きな問題はなく目立たない存在。笑顔は見せるが目は常に笑っておらず，周囲とうち解けず，気持ちを表現しない。表現できない気持ちや感情を抱えている様子で，能力を発揮し切れていないと評されていた。職員も入所者も「Cさんの似顔絵だ」と一瞥して気づき，「似ている，優しそう」と話題になる。これにCさんは気分をよくされ，余暇にチラシの裏に動物の親子などを一心に描き，筆者にコメントを求め，それをプレゼントされた。次第に周囲にうち解け，重篤な入所者の世話などを自発的にされることもあるようになった。

【事例Dさん】
　自閉症を併せ持つ30歳代後半男性（図6-aと図6-b）。幼児期，児童期には多動でこだわり強く，聴覚障害者の施設でも発達障害者の施設でもなかなか

受け入れて貰えず，人為的に不登校状態に長く置かれた。こだわりの品を追って迷子になることしばしばであった。入所後，作業は何とかこなすが周囲とのやりとりはほとんどなく孤立。コミュニケーションは身振り。

開始時はスケッチではなく，筆者にまったく視線を向けずに自分の念頭にあるらしい人物像を描いていたが，途中で，筆者の手元で仕上がっていく自分の顔に気づき，筆者をまじまじ見詰めて写生を始め，真っ黒に塗りつぶした服の色（実際は淡いブルー）を修正し，目鼻を描く。出来上がったとき微笑（笑顔を見たことがなかったと周囲の言葉）。

図6-a　筆者が描いたDさん　　図6-b　Dさんが描いた筆者

図7-a　筆者が描いたEさん　　図7-b　Eさんが描いた筆者

来所した母親は「感じのよい頼もしげな青年に描いて下さって……」と。その後，周囲の人との自発的やりとりが少しずつ行われている。

【事例Eさん】

知的障害，自閉症を併せ持つ（図7-a，図7-b）。被虐待経験者でもあり身体に大きな傷跡あり。平素は極度に萎縮して，他者と自発的に交渉することはないが，衝動的暴力あり。入室すると床に大の字に寝て窓外の雲を凝視していたが，描かれているのが自分の似顔絵であることに気づくと，一気に輪郭と大きな赤い口を描いて出来上がりのつもりのようであった。だが，筆者の描いた自分の顔をまじまじ見てから，筆者を見つめて画用紙上の筆者の目，鼻，髪

の色，洋服の色を実物とクーピーを重ねるようにして，色を確かめて描いた。出来上がりに微笑（入所後初めてとのこと）。時々視線を合わせ，指示を受けとろうとする気配が生じてきた，という。

この相互似顔絵実施を見ていた職員は「かかわり方で人は変わるのですね……」と。これらの事例はささやかな実践の一端だが，わずかな接点を見いだして，対象者の特質に合うような方法を模索することによって，コミュニケーションの緒が生まれ，そこからわずかではあるが，障害は消えずとも生きやすさが増す方向へと展開することを示していえよう。

III 統合的アプローチについて

近年，海外では心理療法の統合についての関心が高まっている。学会も設立され，学会誌にはさまざまな議論が展開されるようになり（Journal of psychotherapy Integration），わが国でも討議されるようになってきている。ただ，これらの議論は異なる理論や技法をどう併せ統合したものにするか，いかに適用するかに関心が置かれているようである。筆者が提唱する心理臨床における統合的アプローチとはこれまで実践を元に概略してきたように，きわめて平凡な普通の営みであるが，まずクライエントの必要とすることに責任性を考慮しながら，いかに個別化して応えていくか，ということを基本にしていることに特質があるかもしれない。これまでの心理療法の特質とここで述べた統合的アプローチのそれとを比較し要約したものが表1（30～31頁；新保, 2005）である。

あえてクライエントの生活に即した統合的アプローチの特徴とは次のように要約されようか。
1) クライエントを人として遇し，潜在可能性の発見に努める。
2) 理論や技法については常に新たな展開に関心を持ち，学ぶことを心懸ける。ただ，それらの適用に際してよく咀嚼し，自分でも納得していること。
3) 心理臨床家は真摯に自己省察を常に行っている。複眼的視野で緻密に観察し，多軸で思考する。時間的・空間的に全体を視野に収める努力をしながら，援助過程の中では，緻密に焦点化した観方，かかわりをするバ

ランス感覚が必要.
4）発達的視点を取り入れた総合的アセスメントに努める．アセスメントと心理的援助過程とは裏打ちし合うように．
5）クライエントの必要性に応じて，コラボレーティヴに，他の専門職や機関と連携を適切にとる．あくまでもクライエントの必要性を考え，援助者は自己完結性に固執しない．

む す び

人が援助を受けるということに抱く痛みに常に想いを致していたい．

理論や技法の統合を考えるとき，誰にとって，どのような統合なのか，どのような意味があるのかを自問したいと考えている．そして，相手にいかに自己開示させるかという視点も必要であるが，どのような自分であれば，相手は自己開示されるのか，という視点を大切にしたい，と思う．

（事例A・Bは，『統合的心理療法の考え方』収載の「こころの糧と子ども時代」でも取り上げた．観点と考察の違いから，あえてここでも再度解説を加えた．）

文　献

1）滝川一廣：精神療法とは何か．星野弘編，治療のテルモピュライ．星和書店，1998．
2）村瀬嘉代子：治療者的家庭教師の役割．大正大学カウンセリング研究所紀要2号，1979．(In. 村瀬嘉代子：子どもと家族への援助．金剛出版，1997．所収)
3）村瀬嘉代子：よみがえる親と子──不登校児と共に．岩波書店，1996．
4）村瀬嘉代子：子どもの父母・家族像と精神保健．児童精神医学とその近接領域，42巻3号，2001．(In. 村瀬嘉代子：統合的心理療法の考え方．金剛出版，2003．)
5）村瀬嘉代子：聴覚障害者への統合的アプローチ．日本評論社，2005．
6）村瀬嘉代子編：聴覚障害者の心理臨床．日本評論社，1999．
7）新保幸洋：村瀬嘉代子の統合的心理療法．2005．(村瀬ゼミOB研究会における口頭発表より抜粋．近く金剛出版より出版予定)

表1 臨床心理学の代表的な理論と統合的アプローチとの関係

	統合的心理療法との共通点	差異（統合的アプローチの特徴）
精神分析学	クライエントの状態を的確にアセスメントするために，人格構造，自我の強度，疾病の種類や病態水準の深さなどを見ている。前田（1985）の退行水準と疾患の関係図などが用いられている。入院の必要性や司法機関の手に委ねるべきか等，ぎりぎりの判断の際にここでのアセスメントが用いられている。	病理を徹底して分析したり，治療するというよりも，健康的な側面や隠されたリソースなどの潜在可能性の発見に努める。過去探索的であるよりも未来志向型を目指している点
行動療法	クライエントが日々の生活の中で取り組みやすい個別・具体的な課題を与え，それを遂行していく中で徐々に問題解決能力や身辺自立能力が高まり，うまく問題状況を乗り越えていけるように援助していく。アプローチが極めて帰納的である点，クライエントの問題の性質や病態の重篤度，発達条件，社会的背景等を勘案し，オーダーメイドの方法を生み出してゆく姿勢があるなどの点において，山上敏子氏の実践と多くの共通項がある。	一般に行動療法は手順や内容に熟知していれば誰がやっても一定の効果を挙げられると考えられているが，同じ技法を用いても，効果に差が出ることもある。治療者側の人格やあり方を重視する点が異なる。また，マニュアル的にならず，普遍化，共通化，標準化にこだわらない点も特徴である。
クライエント中心療法	基本的な三条件を前提としている。何よりも理論と技法が一人の人間の中で，十分にこなれていて，かつ整合性を持っているか。そして，治療者自身の言動がどれくらい一致しているかという統合度が援助の行く末を決定づける援助者側の人格的統合のあり方が問われる。	病態水準の重い方や従来のカウンセリングの対象から外れる人々に対する援助の際には，もう少し多様で重層的な枠組みが必要である。技法面やかかわりの面においても，傾聴と積極的要約などの技法等，用いられる技法群も少ない印象を受ける。
家族療法	家族の自律的意思を大切にし，どのような治療形態をとるかはクライエントや家族と同意をしながら進めてゆくことが大切であると考えている点。クライエントと共に共働しながら治療関係を構築し，新しい家族の物語（ナラティヴ）を創出してゆこうとする姿勢は，アンダーソンなどと実践的には近いとの指摘もあり（森岡，2005），ナラティヴセラピーとの共通点に注目が集まる。はじめはひとつの学派について学び始め，治療者の成長の度合いに応じてさまざまな学派の技術を学ぶ必要がある（バーカー，1990）のも共通である。	深刻な虐待事例や家族から遺棄された子どもがクライエントの場合には，子どものイメージの中で家族を扱う必要がある点，重篤な障害児の母親に対する援助の際には，抵抗を生じるような内的な問題はあえて取り上げないよう留意するなど，家族療法でよく用いられる技法群を駆使して家族関係の改変を強力に推し進めようとする姿勢よりも，問題を抱えた家族関係や夫婦関係をそっと傍らから支えるというイメージや姿勢を大切にしている。治療者にはクライエントの日々の生活を豊かにし，潤いや安らぎをもたらすような具体的なアイデアの産出能力等が求められている。

心理臨床の営みと生活事象　31

（表1つづき）

短期療法	面接を含めたクライエントの一瞬一瞬のかかわりの質を高めることにより，結果として短期療法となることがある。効率的，効果的，短期的であるように治療者側が常に心がけているということも共通である。	統合的心理療法そのものは特に短期であること自体を目標として掲げたり，志向してはいないと思われる。
エリクソニアン・アプローチ	エリクソンの人生哲学でもある無意識への信頼，潜在的な可能性に信頼を寄せる姿勢や，鋭い観察力に基づくアセスメント，個々の状態に即して練り上げられた個別具体的な工夫の創出とは，非常に共通点が多いと思われる。創出されたアプローチが極度に文脈化され，完全オーダーメイドになっており，それゆえに初心者が真似できない点でも類似する。	村瀬のアプローチの中で古典的催眠法やエリクソン式の催眠が使用されたという例はないと思われる。エリクソンのアプローチは，どこかドライ（乾いている）な印象を受ける。それに対して統合的アプローチはどこかウェット（潤い，細やかさ）を感じさせるものになっているのでは？
コミュニティ心理学	必要ならば面接室外へ出て行き，地域の中で本当に心理療法的援助が必要な人に対して，質の高い支援を実践している点。一人の治療者がすべて抱えるのではなく，クライエントにとって必要なリソースを活用し，治療者は「つなぎ」，「連携」に徹することを基本姿勢としている。危機対応時は正にこのモデルで動いている。	治療者自身が精神衛生面での予防的介入を積極的に行ったり，地域の活性化を意図的に促進したりというかかわりはあまりないのではないか？　ただし，依頼を受けた組織や施設が活性化するようにお手伝いすることは頻繁にある。
遊戯療法絵画療法箱庭療法	方法論の一部として明確に位置づけられており，実際にアプローチとしても頻繁に用いられている。どのような限界設定をすることがよいのかなど，細かい観察に基づいた緻密な仮説が，その実践を支えていることを忘れてはなるまい。	左記のアプローチで生み出される結果を解釈することよりも，クライエントの潜在的可能性を発見したり，治療関係を構築したり，手先の器用さや巧緻性を開発したり，文字を獲得するように支援したりという，道具的活用が意識されている。
内観療法	面接全体計画（治療過程）の中で，自己を深くみつめることが問題解決に役立つと予測されるような場合に，内観のよさを損なわない程度に，通常の面接と組み合わせて実施するといったことがよく行われている。実際には，短期集中内観体験を途中で組み込み，日常生活の変容へとつなげる工夫がなされている（村瀬，1995, 2001）。内観療法を実施する際の，治療構造のセッティングの仕方や治療者の役割や姿勢などでの共通点が多い。シンプルかつ簡潔で，細やかな配慮がありつつも，べたべたした関係に陥らないというかかわり方も共通していると思われる。	内観療法そのものは非常にシンプルな枠組みで実施されているが，統合的心理療法においては，治療の構造のセッティングや文脈の設定の仕方がもっと複雑かつ重層的である。内観療法はピンポイントで使用しておられる印象を持つ。

さまざまなものの統合としての心理療法

はじめに

「人のこころを治癒したり，成長させるのは狭義の心理療法に限った働きではない，さまざまな要因が輻輳して影響をもたらしているのが事実であろう，このあたりを多角的に考究しよう」と，青木省三氏から伺ったとき，ある経験がそれはあたかも昨日のごとく鮮やかに想起された。「言葉は心理的援助の中心にあるものであることは事実であろう。だが，言葉以外の具体的経験やいわゆるセラピスト以外の人やことも，心理的治癒と成長の過程で，意味ある影響をもたらしていることが多い，そして，重篤な状態の人々には，今日を生きる，という生活を意味あるものに整えることがまず基本である」とその40年前の経験によって実感し，以後それは私の問題意識の基底を形作る要素の一つとなって，今日に至ってきたのである。

I 「支える」という営みの広がりと基盤，そして見通しについて目を開かせられた経験

家裁の調査官補になって4カ月頃，中学2年男子Kの分厚い事件記録を渡された。夥しい件数の窃盗であったが，それらは何れも食べ物の万引きや工場敷地内の屑鉄を盗っては売っている，という内容であった。家庭環境の欄に目を移した。父親は借金を拵えて出奔，行方不明。母親は男児三人兄弟を残し，末子である事件本人Kが3歳時に病死。長兄は矯正施設を転々として現在服役中，次兄も中等少年院在院中。少年は父方祖母86歳と二人暮らしだが，ほとんど不登校，街頭を彷徨している。祖母は衰弱が進み養育監督能力がない，少年の非行性が習慣化していること，基本的に社会化ができていないこと，養育監督能力のある人物がいないなどの理由により収容矯正教育が必要，少年院送致相当との意見が付されていた。

周囲の先輩からは，こういう環境の少年は多分兄たちと同じ道筋をたどることになるのが通例だと聞かされた。だが，非行性は進んでいるようにも思われたが，初めての家庭裁判所係属である。まず本人が会うことを受け入れるか会ってみて考えることにした。

　早朝，列車に乗って少年Kの家についたのは午前10時をまわっていた。家内工業の多い市街地のはずれ，あたりは田畑が広がっている。前もって，地元の警察に出張面接をする旨，依頼してあったが，はたして少年は指示通りに待っていてくれるか，第一あたりをうろついているという少年にうまく連絡がとれているのか……（当時，携帯はもちろんのこと，一般家庭には電話が無い家が多かった。そして，郵便だけでは確実に伝わる保証がなかった……）。
　それはここに人が住めるかと思うほど古びて荒れた平屋であった。障子も畳も破れた居間に少年Kと祖母は待っていてくれた。自己紹介を終え，面接の目的と事件送致理由を確かめると，祖母が涙声で語り出した。孫たちがみんな道を外れて申しわけない。もともと病弱なうえ，老衰で役立たずである。視力が衰え針仕事はもちろん，火を扱うのも心許ないので，食事は缶詰とパンや乾パンばかり，暖かい汁気の食べ物を近所の人がたまに届けてくれる。しかし，何分にも，息子や孫たちはこの村で人に迷惑をかける存在だから有り難いけど，辛い……。Kには口で愚痴っぽく叱ることしかできない。Kは兄弟の中では幼い頃は素直だったが，今は自分にろくに口をきかない，どこにいて何をしているのか……。こういう主旨の内容を繰り返しつつすすり泣くばかりである。
　Kに向かって，「今日はよく待っていてくれた，ありがとう」と声をかけると，一瞬警戒が緩みかけたが，年齢より小柄で異様に痩せた身体から，ここで気を抜いたら駄目だ，という構えが伝わってくる。背中を壁に張り付かせて，こちらを睨み付けている。と，少年の汚れて光っている制服の袖が大きなかぎ裂きでぶらりと下がっていること，胸のボタンも取れているのが目にとまった。（そういう服装で私に会うこと，それだけでも何かみじめで嫌ではなかろうか……）「大事な本題は別として，話はお裁縫しながらできるから，その袖を直そうかしら，よかったら上着をこちらへ」Kは驚いた，という表情で一瞬固まった。祖母は「目が急に悪くなり，字はもちろん読めず，針仕事も一切できなくなってしまった。お役所の方にとんでもないことだけれども，有り難いことで……」と。少年は怒ったような照れたような複雑な顔で上着を寄こした。手

早く修理ができあがった。「これで，一応普通の中学の制服，これなら学校へ行ける」というと，少年ははにかんだような，一方そんな簡単に笑わないぞ，という顔で小さく頷いた。

　たくさんの万引きや工場敷地内の屑鉄盗みについて，Kは丁寧に一つ一つ思い出しながら応えた。学業はクラス最下位で，言動も粗野ではあったが，質問への答え方，それに正確を期そうとしている様子から，見かけより潜在的には素質は低くなく，生育環境の不備のために学業不振，そして言動が稚拙なのだ，とみてとれた。事件について確かめているうち，昼を回ってしまった。私は近所にパンでも買いに行き（食堂やコンビニの無い頃），彼と祖母にお裾分けしようか，とふと考え尋ねた。Kは小さな声で，暖かい汁のある麺が食べたい，といった。祖母は遠慮してたしなめたが，私は雑貨屋で材料を求め，手際よく（？）かけうどんができた。「うまい！」とK。「暖かい，出汁のきいた食べ物は久しぶり」と祖母（本当は調査面接で一緒に飲食などしては絶対いけないのだ……。私には味の感覚はもちろん食欲もなかった，それより今後の展開の運び方で頭は一杯だった）。

　昼食を終えるとKの表情は心なしかあどけなく見えるようになり，気持ちをありのままに言葉にしようとし始めた。物心ついてからの寂しさ，悲しさ，悔しさ，怒り，恨み，屈辱感，恵まれない人間（多くを運命から奪われた人間）は少しばかり人様のものを盗っても当然なのだ，という強弁……。どうせ兄たちと同じようになるに違いないのだとも……。「生きていくときには分かれ道をどう選ぶか，そういうときがある，K君が（お兄さんと同じ道ではなく）自分の道を見つけられるように家庭裁判所はあるのだ，君の本当の気持ちを知り，君の周りの事情，いろいろすべての条件を総合して，君のこれからをどうしたらよいか，家庭裁判所は決めるのだ，希望通り何事もそのまま，というわけではないが，K君が自分のこととして，起こした事件のこと，自分はどうしてこうなってきたか，そしてどうしていきたいか，なにから手をつけていけばよいと思うか，について考えることが基本なのである」と面接の初めに伝えたことをより具体的に繰り返した。

　Kは畳に目を落としてじっと考え込んだ。「真面目になりたい，学校へ通って中学生の生活をこの土地でしたい……，この土地で自分の家族は軽く見られているがここは好きだ，この土地にいたい……。」「こんな風に考えたのは初めて……，普通の中学生になってみたい。」Kはひたと私を見つめて言った。初

対面のときの眼差しとは違い，そこにKの意志がこめられ，不必要な構えは消えているように思われた。

　あらかじめ出張の主旨といろいろご相談したい旨，連絡してあった民生委員と保護司（兄たちを担当されたこともあり，Kの一家の親類でもある）が来訪された。少年と祖母を屋内に残して，戸外で話し合った。「Kの家はすでに人手に渡っており，祖母には近日中告げることになっているが，民生委員や親類の相談の結果，祖母の老人ホーム入園先は決まっている。これまでのKの生活行動歴，環境，非行事件を考えれば，この際少年院送致が望ましい，今はよい機会である」と二人は確定したこと，として話された。それは通常の見識からすれば，きわめて当然な結論だ，と肯けた。だが，私は夢中で話してしまった。
　Kがやりとりの中で次第に示した変化と決意，それは貴重に思われる。もちろん，社会資源は乏しく，彼自身の決意も今の主観であって，それが実際の行為として根付くための支えはほとんどない，とも考えられる。まず，今夜の食事すら……，生活の基本すらも確保されていない……。しかし，彼がきちんと人と話したことは久しくなかったのではないか，彼の言葉をしっかり聴かれたことは近年なかったのではないか。彼は係属1回目である。初めての決意はまずは大事に聴いて貰えた，という経験こそが，人が長じて他者の言葉を聴くことができるようになる元ではなかろうか，その意味でKの決意を何とか聴きたい。でもそれは現実には無理，やはり少年院送致しか方法はないかも……。でも，何か不条理……。こういう主旨のことを夢中で言いながら，一方でそういう自分を恥じ，困惑していた。すると，民生委員と保護司の先生二人は声を一段と低めて相談され，突如言われた。
　「お嬢さん，いえ，家裁調査官の先生，貴女の仰有るとおりだ。そこで考えた。この村落のはずれに施設で育った天涯孤独の33歳の家内工業の主A氏がいる。奥さんと1歳になる赤ちゃんの三人家族。誠実な働き者で周囲の信望が厚い。彼の所にKを預かって貰ってそこから中学へ通わす。卒業後のことは私たちも相談にのって，何時かは独り立ちできるようにこの土地で育てよう，と。唐突だが，A氏は自分の生い立ちと重ねてきっと分かってくれる。これから，私たち3人とKと4人揃って頼みに行きましょう」
　あまりにも急でしかも一方的である。だが，Kはこれを聞いて「頼んでほし

い，マジメになりたい」と。

　A氏の住まいは家内工業の工場と2DKの小さな住まいであった。質素だが清潔で，小さな鉢物などよく手入れされていた。家の中の空気に生気がみなぎっている感じがした。A氏と一緒に奥さんも赤ちゃんを負ぶい紐で負ぶして，工場で働いていた。A氏は2人の委員の先生方から話を聞かされ，一瞬驚かれたが，真剣な面差しでしばし考え込み，奥さんの目を真っ直ぐ見て「いいだろう」と。奥さんも素直に同意された。Kはぴょこんと頭を下げた。そのKに向かってA氏は「今夜からここで一緒に暮らし，中学卒業まで生活の面倒は見る，しかし，経済的に余裕があるわけではないので，下校後2時間は工場の手伝いをしてほしい，日曜日は休み，親の代わりの役を引き受ける，自分も一人きりで努力し，ようやくこうして自分の住まいが持てた，似た境遇だ，努力してほしい」と。2人の委員の方々もこれからは何かとA氏宅を訪ね協力することを約束して下さった。

　4人はKの家へ学用品と着替えを取りに戻り，途中中学へ立ち寄って，ことの次第を校長や担任の先生に話した。学校では諦めかけていたKの変容への兆しに歓ばれ，心配りを行き届かせて指導すると約束して下さった。A氏の家へ再び向かうKの足取りはこころなしか軽やかだった。ただ，私に小声で「先生は街の人に見える。今度，この間，一緒に歩いていた都会風の人は？って聞かれたら恥ずかしい」と口ごもった。咄嗟に「亡くなったお母さんの一番下の妹が東京にいてたまたま訪ねてきた，と言えば？」と答えると，「そうだな」と彼はあどけない笑顔を見せた。A氏にKを託し，私たち3人が帰途につくとき，A氏一家とKは夕陽を浴びながら戸口に立って見送られ，A氏夫妻は振り返るたび深々とお辞儀をされた（お辞儀を深くするのは私の方なのに……，私は身を振る思いで歩いた）。

　Kは3カ月余の在宅試験観察処分を上昇機運の経過で終了となり，保護観察処分となった。
　中卒後住み込み稼労しながら定時制高校卒業を終え，腕のよい研磨工として今は一人立ちしている，と後日民生委員の方から便りを戴いた。

　窃盗事件を通して，Kは物理的，すなわち，住居，居住地域の上でも，また，

人間関係においても，居場所感覚のない心許なさや，そのように自分の存在の基盤を崩したもの——保護と愛着の対象を満足に得られぬ不満——への寂しさと怒りを訴えていたのであろう。

　Kの首尾よい経過は嬉しかったが，私はあの出張面接の日以後の展開を考えては，恥ずかしさを含んだ複雑な気持ちでいろいろ考えるようになった。

　早くから自立し，ほとんど自分の力で生活を築いているA氏，さまざまな意味で有り余る余裕があるわけでもないのに，快く突然のわれわれの願いを聴き届けて下さった。それは身を挺しての申し出である。それに比較すれば，私のしていることは……。家族同様の衣食の分かち合い，相手を気遣う気持ちのこもった日々のやりとり，誠実に暮らす今日一日は明日へと繋がり，そして多分それは将来へと延びていく可能性をもたらすものであること……。邪魔者としてしか見なされなかったKにとり，赤ちゃんをあやすこと，一家に卵をもたらす鶏の世話，そして金物製造の機械を動かす働き手としての誇り（労働基準法には厳密には触れたが），これらはいずれもKに裏付けのある自信を育んだ。しかも彼は飲み込みが早く器用で，有能な働き手になれる可能性が見いだされたのであった。すなわち，彼にとっては，自分の存在の意味が保証されたことであろうし，何よりも人目を忍んで一人彷徨していたときとは違って，人や物，ことへどうかかわるかという元形を日々の営みを通して学び始めたのである。言い換えれば，彼は育ち直りをし始めたのであった。

　学校では，個別に先生が国語や数学の基本を見て下さった。遅ればせながら彼は知識を得ることや技を会得する歓びを知ったのである。ときに経過を確かめるために訪問する私を，同級生たちは「東京の叔母さん」と見なしていたようであった。彼への気持ちを向け始めたA氏一家を初めとする地域の人々によって，支えられている，存在してよい「この自分」をKは実感したのであった。民生委員の先生は老人ホームの祖母の元へ休日Kを伴ったり，A氏一家にさりげない心配りをして下さった。

　私の指導担当上司や警察の防犯課では，あの家の兄弟の一人なのに，Kのその後は予想もしない落ち着きようだ，と私を労われた。だが，それは試験観察担当の私の面接の効果などということではなく，家庭裁判所といういわば権威付けられた枠組みのもとに，さまざまな人とこととが彼を支えようとした結果なのであり，それまで潜んでいたKの可能性が芽吹いた，ということなのであった。私はむしろ非力でささやかなことしかできないのに，あの日の午後「世

の中は不条理だ」などと口走った自分をいたく恥じていた。

　ことの成否はある視点から固定して展開のあとを因果関係づけることは容易であるが，現実のことの展開には多層に渡って，多角的多面的にさまざまな要因が輻輳してかかわっているのが事実であろう。臨床とは，その現実をいかに的確に捉えるかが常に問われているのであり，物事を自分中心に自己完結的に考えることは，適切でない，とこの時以後強く考えるようになった。

II　クライエントの必要性に応えるということ

　理論の有効性や技法の切れ味を検証するためにクライエントがいたり，人の心理的問題があるわけではない，とこれはあまりにも自明なことでありながら，ときにそれが忘れられたかに思われる事態にである。本当は心傷ついたり病む人の数だけ，いや一人のクライエントであっても治療過程の展開につれて，必要とする援助の内容や方法は異なっていくのである。したがって，心理的援助者は的確なアセスメントをもとに，常に目前のその人が，その時，その場で何をどのように，どこから着手するような援助を必要としているのかを理解して，クライエントの自立性を脅かさないようにそっとより添い手助けしていくことが求められている。

　問題の性質，病態の重篤さの程度，今が治療過程のどのフェーズにあるのか，それに即応した理論や技法を適宜組み合わせて用いたり，時には新たに工夫し，創出することが望ましい。良質な心理的援助とは，クライエントが既製品の服に体を合わせるのでなく，自分に合ったオーダーメードの服をきるのに似た，奇を衒わないがしっくり自然になじむ方法で援助されることであろう。ワクテル（Wachtel, 1997）が「探索的解釈的心理療法においては，実質的には患者のあらゆる発言はマニュアルにはない。……治療者は個々の特定性に対するあらゆる感受性を発揮する必要があり，今それが出現している特定の形態と情動的・歴史的文脈においては，いまだかつて聞いたことがないものを理解する必要があるということである。その上で，はじめて治療者はそれをかつて聞いたことがあるものの一例と見なす創造的選択を行うことができるのである」と述べるとおり，心理的援助とは，現実的に即応しながら個別に徹して，さまざまな要素を活かし採りあげて創造的に進めることが望ましい。

　ここで，さまざまな心理療法をどのように統合していくか，統合をいかに進

めるかということが課題になってくるが，これらの詳細については，さまざまな領域の具体例を挙げながらすでに論じた（村瀬，1985, 2003a, 2003b）。また，ワクテル（1997）も主に精神分析療法，家族療法，認知行動療法を取り上げながら，異なる心理療法の統合的な用い方とその際の課題について論じている。詳細はそちらに譲りたい。ただし，ここで，さまざまな理論や技法を用いていく場合に，単に多種類のものを総和的にあるいは折衷的に用いるということではなく，セラピストのあり方が重要な要因であること付言しておきたい。

Ⅲ　チームワークや連携を円滑に運ぶための素地

　心理療法の理論や方法は現在世界に400ほどあると何かの書物で読んだ記憶がある。実際，心理療法の理論や技法については細分化高度化が常に行われている，という感がある。これがクライエントや臨床の現実の要請に真に添ったもので，効果高く，副作用の少ないものである場合には，進歩ということであろう。

　一方，セラピストが自分の行っている心理的援助をいくら鮮やかに言葉で自己規定して評価しても，実際にクライエントがそれをどう受け取っているのか，そこが肝心なポイントであろう。さらに，クライエントの現実生活は，さまざまな人やこととの関係のなかで，さまざまな要素が輻輳して影響を及ぼしあっている状況であり，かつ過程である。したがって，たとえば，面接場面で語られる内界の推移や遊戯療法のプロセスについて，通常主な検討の対象とされる展開についても，それらがクライエントとやりとりをしている面接室やプレイルーム以外での生活とどのように関連しているのか，クライエント‐セラピスト関係の過程で生じていることは，それと平行している他の場面での生活の状態や人間関係とどのように関連しているのか，と考えることが必要になってくる。クライエント‐セラピスト関係を中心に置いて，全体状況を自分がその関係の構成要因であるとする視点と，そういうセラピスト‐クライエント関係を中心としながらも全体はどうなっているのか，という相対化した視点，この両者が基本的に必須である。さらに，実際には，クライエント‐セラピスト以外の関係の中で，意味深い治癒機転が生じていることは稀ではない。次にいくつか例を挙げてみよう。

　アクスライン（Axline, V.）の『開かれた小さな扉』（1972）の中に，孤独で

自室に閉じこもっている少年ディブスに向かって，庭師のおじいさんが1枚の落ち葉を手渡しながら，木の葉は風に吹かれて大西洋を渡り，ヨーロッパ諸国を巡り，また風に吹かれてもとのディブスの家の庭に戻ってきたのかもしれない，と語り，その木の葉が訪れたであろう国々の様を話して聞かせる。少年はその葉を大切に持っていて，アクスラインに向かって，こころの扉を開くようになったとき，その葉っぱを示す。その由来を聴いて，アクスラインはそこから少年を外の世界へといざなう会話を自然に展開させていっている。アクスラインその人の持つインパクトがディブスをしてその木の葉っぱの由来について話させたのであろう。木の葉のエピソードを展開させたアクスラインはセラピストとしてもちろん素晴らしい。しかし一方，まったく孤立していた少年に1枚の葉に世界への誘いをさりげなく仮託した庭師のおじいさんの存在，これもまた貴重な存在である……。これに類似した経験は私自身，平素の臨床で枚挙のいとまがないほどしてきた。言い換えれば，セラピストの主な働きの一つは，クライエントの周辺にあることや人との繋がりを意味あるものとして繋ぎ直し，そこにクライエントが新たな意味を見いだす手伝いをそっとすることである。心理的援助者はクライエントに纏わる諸々のことや出来事を時宜に応じて取り上げ，それの持つ意味を確かめたり，それの意味を良い物語に読み替えていく手伝いをする，という働きが期待される。

　かなり以前のことであるが，ある慢性化した統合失調症者の多い病棟で，活性化を狙ってグループ療法導入を若い心理職のスタッフが始めた。当初，どちらかというと症状に軽快が望めるような患者が選ばれた。はじめは参加に両価的な態度を示していた患者さんたちも，次第にグループ活動の日を心待ちにするようになり，ことに描画療法と陶芸は歓迎された。メンバーには時間感覚や行動に予定や手順を考えるという傾向が生じ，自発的な会話が多くなってきた，と誰しもが認めるような変化が顕れてきた。しかも，10カ月位すると，グループのメンバーに選ばれなかった，より重篤な患者さんたちにもささやかだが自発性や表情の軟らかさ，一見無目的にみえる常同行為がこころなしか減少の気配がみられた。これはグループ参加の変化の影響ではなかろうか，などとささやかれもし始めたのであった。

　ちょうどこの頃，別に目立つことなくこつこつ下積みの仕事をしている看護助手のCさんの存在に私は何とはなしに気持ちが惹かれた。自然なそしてエムパシックな動きを，人としてそれは当然のこととして行い，外見は大柄ふくよ

か，ハナマルキ印のおかあさん，という感じの人であった。4人ぐらいの子どもさんを育て上げた，生活を通して，人にかかわるとき必要なことを自然に会得した，そういう人なのであろうか，と考えていた。私たちは昼食を他の職員より遅れてとることが多く，季節の挨拶などをさらりと交わしていたが，ある日，Cさんは思い詰めたような真剣な表情で尋ねられた。

「あの，病棟でグループ参加メンバーに入っていない終日ぼんやりしているかに思われていた，重い何人かの患者さんが次第にグループに参加している人たちが期待して，活動へ参加するのに出かけて行くとき，その曜日と時刻に関心を抱き始めたように見え，黙っているけれど羨ましそうな表情を浮かべるようになったのに気づきました。見舞いに訪れる人も間遠，退院の目処もない人たちのそういう表情をみて，つい痛ましくなり，私でよかったら一緒に絵を描こうよ，と言いました。クレヨンは私が3箱奮発して，仲間で使うことにし，画用紙は新聞のチラシの白い裏面を使うことにしたのです。始めは，絵など描くのは何十年ぶりと戸惑っていたかに見える患者さんが，上手下手に関係ない，楽しめたらいいね，と促すと次第に描くのを楽しみに待っておられるようになり，大抵の人たちはお小遣いも乏しく，夏は白の丸首シャツでがまんしている，ということから，自分だけのオリジナルシャツを作ろうよ，とクレヨン染めをしたりしました。無理強いしないこと，熱中しすぎずにほどよく切り上げることを考えて勝手に進めてきました。でも資格も学歴もない私がこんなことしていけなかったのではないか，と今日は思い切ってお尋ねしたのです。」

その病棟が全体的に活性化の気配が生じたのは，グループ活動ばかりではない，患者さんの様子を的確に観察し，気持ちをくみ上げたCさんの存在も意味があったのである。「過剰な負担にならないよう留意されているし，共にその時間を楽しんで過ごすことができる，巧拙に関係なく自分の絵を自信はもちろん，他者からも大事にされる，それは貴重なことで，共にそこにある人の学歴など，本質的問題ではない」と私は答えた。「子どもを上手に育て上げた暮らしの中で培われた英知を感じる……」と私は思わず口を滑らせた。意外な答えが返ってきた。「そんなふうに思われていたとはほんとにうれしい。私の両親は早くに病死し，長女の私を頭に四人きょうだいが残された。私は夜昼働いて弟妹を成人させ，結婚させました。そんな次第で自分は独身です。学歴も中卒です。でも，自分は基本的に間違っていないのだ，と今ほんとにうれしい。出過ぎないように，患者さんの様子に気を配って私にできることをやっていきた

い……。」

　それぞれスタッフは多忙で，間遠ではあったが，以後，主治医を交え，看護師，看護助士，心理職，時に事務職員も加わって，グループ活動の意図していること，グループ以外にその意図は平素のかかわりの中でどのような表し方があり得るだろうか，と話し合う形式張らない談話会を開くことにもなったのである。

　なお，言葉の用い方は臨床の営みの上で，クライエント‐セラピストの関係においてはもちろんのこと，チームワークや連携をうまく維持し，コミュニケーションを的確に持つためにはきわめて基本的な留意点である。専門用語は公共性と内包する意味を正確に特定して表現する貴重なものである。専門用語によって，状況が解釈されると，混沌とした現象に構造が見え，その意味が明らかになる場合もある。だが，言葉の用い方については，意識的でありたい。平易で内容を正確に表す，公共性のある表現を心がけたい。さらに，解釈もそれを行うことによって，対象についての理解が深まり，次どのように対応していけばよいのか，その契機となるものであってこそ，意味があるのであり，解釈のための解釈は控えたい。言葉は状況と目的に応じてバランス感覚を働かせて用いられるべきであろう。ヘイブンス（Havens, 1986）は「心理療法のさまざまな学派が，知覚機能，思考機能，操作機能，感情機能といったそれぞれの機能によって特徴づけられることを指摘し，これらの機能が偏って用いられるのではなく，これらの機能が相俟って全体としてまとまることで，患者に適切に対応することが可能になり，統合的心理療法に向けて歩を進めることになる」と指摘している。

　チームワークや連携を行う上で，必要なことは，平凡で普通のことであるが，自分の立場やオリエンテーションの解説に急になるより，他者や他機関の役割や特質を理解するようにつとめること。ことがらのはかばかしくない展開については潔く自分が責任を引き受ける覚悟を，ことが成功へと向かうときは共同で働く他者や機関のお陰と素直に考えることが基本といえよう（村瀬，1985）。

IV　統合的なアプローチを行う援助者であるために

　さまざまな要因を意味あるものとして活かし，統合的アプローチを行っていくために，援助者に求められることを挙げて本章のまとめに換えたい。

1）生硬に直訳調に用いることのないように慎重でありたいが，基本的とされる心理療法の理論や技法については学び知っておくことは当然必要であり，また，新しい専門的知見についても常に吸収につとめ，自分のスタンスがそういう理論や技法の流れと広がりの中で，どういう位置にあるのか，ひいては，自分の引き受けられること，引き受けることができない，もしくは適切ではないことについて知悉するように，常につとめていること。
2）緻密で的確な観察をこころがけ，個別的にして，多面的アプローチを行う。クライエントのパーソナリティや症状，問題の性質に応じて，理論や技法を柔軟に組み合わせて用いる。この場合，技法の選択は援助者の好みではなく，クライエントのニーズに合うように，しかも，技法が全体の流れの中で浮き上がらないように自然であることを目指す。
3）クライエントの回復過程，発達，変容につれて援助の仕方（理論や技法の用い方）を変容させていく。
4）チームワーク，他職種や他機関との連携，他領域にわたる協同的かかわりを必要に応じて適宜行う。
5）セラピストはクライエントの客観的事実ばかりでなく，主観的事実をも大切に考える。自分の中で分かること，わからないことを識別し，わからないことを大切に抱えて，さまざまな方法でそのわからないことにわかる部分が増していくようにする。この不確定な状況に耐える。知性と感性のバランスを維持するようにつとめる。

このように考えてくると，統合的アプローチとはきわめて平凡な普通の営みである。ただ，良質の統合的アプローチとはそれを行うセラピスト自身には，バランス感覚をもって，さまざまなことに対する開かれた姿勢を持ち，摂取することを自分のうちに統合していく不断の努力を行うこと，そして，自分を相対的視点で考え，自分のスタンスを把握していることが求められる。このセラピストの姿勢があってこそ，理論や技法の単なる総和や折衷に止まらない統合的アプローチが可能になるのだと思われる。

文　献

Axline, V.: Dibs in search of self. pengain, Harmondsworth, 1964.（岡元，浜江訳：開かれた

小さな扉．日本リーダースダイジェスト社，1972．)

Havens, L.: Uses of Language in Psychotherapy. Harverd Univ. Press, Cambridge, 1986.（下山晴彦訳：心理療法におけることばの使い方．誠信書房，2001．)

村瀬嘉代子：地域社会におけるネットワーク．In. 白橋宏一郎他編：児童精神科臨床5　発達・社会・展望．星和書店，1985．(In. 村瀬嘉代子：子どもの心に出会うとき．金剛出版，1996．所収)

村瀬嘉代子：統合的心理療法の考え方．金剛出版，2003a.

村瀬嘉代子：統合的アプローチ──個別的にして多面的アプローチ．臨床心理学，3(5)：659-665, 2003b.

Wachtel, P.: Psychoanalysis, Behavior Therapy, and the Rerational world. Guilford, 1997.（杉原保史訳：心理療法の統合を求めて．金剛出版，2002．)

自律と保護のバランス
―― 世界に開かれゆく子どもの傍らにあるとき ――

はじめに

　かつては，潜伏期などとも称される期間に含まれ，この発達段階に続く思春期や青年期に比較して，一見平穏と見なされていた期間，つまり10歳の頃が，臨床経験の積み重ねを通して，実はきわめて大切なライフサイクル上の転換点としての意味を持つことが，諸家によって注目されるようになってきた。小学生による世間の耳目を奪う凄惨な殺傷事件の発生，一見無事の人に思われていた小学生の自殺などの報道に，その子どもたちの内面に何が生じていたのか，と深い困惑と戸惑いを大人は抱く。だが，これらの突出した事件当事者はもちろんのこと，実は誰にとってもこの時期はなかなかに重い大切な意味を持つライフサイクルの転換点なのである。

　ここでは少し観点を変えて，転換点を迎えようとしている，あるいは転換点を前に躓いた子どもの傍らにある大人，心理的援助者には，どのようなあり方が求められているのかについて，子どもの体験世界を想像しつつ，子どもに身を添わせる視点で検討考察してみよう。

I　10歳の頃の心理的特質 ―― 転換点とその体験世界 ――

　まず，少し幅広く学童期とよばれる時期を考えてみよう。それは大人の時間や体験とは異なり，子どもの日々の時間はほとんどが新しい出会いの連続である。出会いが心地よく楽しい場合は大切に密かに記憶されるであろうし，辛い経験も，また逆の意味で，仮に表面的には顕著に見えなくとも痛みとして残るであろう。また，この時期には乳幼児期の愛着形成という課題のやり残しを取り戻す，つまり乳幼児期の過不足を補うという意味もある。楽しい，嬉しい体験と辛い，あるいは悔しい，悲しい体験，それらをこもごもに程よい周囲の支

えの元に体験することにより，子どもは将来を思い描くことができ，かつ将来の挫折を乗り越えていける柔軟性をも身につけていくのである。

　この時期の子どもは内在化された愛着者の眼差しをもとに他ならない自分という意識を持つようになり，愛着者との安心できる関係をもとに，その期待に添いたいと社会の規範を取り込み，行動の適切なコントロールの術を会得していく。そのうえに対人関係の複雑なコミュニケーションの術を学び，自己と他者との相互的な関係の把握が可能になる。これによって，相手の気持ちを理解するに止まらず，視点を相手に移して，相手の気持ちを共感するということが深くできるようになるのである。

　このような展開の中で，個人差の幅はあるものの，10歳頃の子どもは抽象能力が増し，視野は拡大し，相対的視点でものを考えるようになる。青木省三(2005) は「子どもの視野は飛躍的に広がっていく。……自分は宇宙の中で一粒の砂にもならないことを，長い歴史の中で一瞬の点滅であることを自覚させる。人間の圧倒的小ささというものに気づく。それまでの自分中心の天動説的世界を失い，生きることの本質を知るといったらよいだろうか」と述べている。

　一方で，現実感覚や現実認識がより的確になる。この世は空想のように運ばないことも知る。いまだ，「性」の世界に入ってはいないが，子どもの誕生がコウノトリの贈り物ではない，紛れもなく人は生物的存在であることを識る。その現実は名状しがたい気持ちをもたらし，ときにおののきを伴うものである。生物・心理・社会的存在である自分は他ならない「自分」であると同時に，家族をはじめ多くの繋がりの広がりの中にある自分という感覚を意識的・無意識的に抱く。このバランスの中で，子どもは過剰なナルシズムにも陥らず，程よい自信を抱くことができるのだ。幼児期に被虐待状況から保護され，次第に安定を得たかに育っていた養護児童が，この頃，自分の抱く厳しい状況を，自分を相対化して捉えることで再認して心許なくなり，第三者から見れば些細な刺激に大きく傷つき行動化に及ぶのも，バランスある支えの実感が乏しいからであろう。

　成長発達の連続性の中の転換点，それがどういうものであるかは，それまでの成長過程の中で積み重ねられてきた準備条件の上に結実因子が持つ性質によって，規定される。危機の要素をはらむこの転換点とそれを超えるための要因について，例をもとに考えてみよう（守秘のため，本質を損なわぬように改変

Ⅱ　転換点を前に立ちすくむ子どもに出会う

【事例1】　A君　潜んでいた可能性に気づく

「小学6年の男児が服薬自殺を図り，命は取り留めたが，このまま帰宅させるのは心配。今から家族に付き添わせて，そちらへ行かせる，話を聴いてほしい」とある総合病院小児科から連絡を受けた。乳児を負ぶった若い母親と見るからに俊才という高校生の兄に伴われてA君は来談した。当初は別の担当者が面接した。小一時間して，その面接者から面接を担当してほしい，と依頼された。本人はほとんど沈黙し，若い母は後添えで「自分に対し，うち解けない，Aは小さいときから軽度の知的障害と家族も学校側も見なしてきた。何を考えているかわからない，ほとんどコミュニケーションは自分との間にはないが，乳児を優しく抱いたりする，わからない子ども……」と語り，兄は「頭は悪いけど，可哀相な弟です。家のことは他人には言えません……」と涙ぐんであとは黙して語らずだという。

A君の待つ部屋へ入るドアの前で瞬時佇み想像した。「大量の薬を飲むときの，追い詰められたような孤独，哀しさ，苦しさ，そして恐怖，でもこれらからもう抜け出られるのだ……という錯綜した内心の声……。ふと気づいた。生きている自分……，死ねなかった，決意が失敗に終わった失望，これからの展望が見えるわけではない不安，自殺を図った子どもと見なされるかもしれない恥辱……」「他人は将来の生を保障できないのに死ぬなという……，それは……」。こう考えると，A君が黙して語らない，いや語れないその気持ちが推察されるように思われた。以前にも増して孤独と悲しみ，あるいは憤りは深いかもしれない，それらは錯綜して本人を圧倒しているのではないだろうか，と。筆者はこの気持ちをそのまま抱え，無色の吸い取り紙のようになった心もちでA君の前に坐ると，挨拶の後，しばらく言葉が見つからなかった。

泣きはらしたように見える目でA君はじっと筆者を見つめていた。「大変なのよね……」と小声でいうと，A君は突如，涙声で「ずっと大変だった，一人で考えてきた……」と溢れるように一気に語り始めた。大要は次の通りであった。

実母は自分がものごころついた時からこころを病んでいた。入退院を繰り返

し，親子らしいやりとりの記憶はない，暗く寂しい家の中で，空気は淀んでいた。兄は秀才と褒めそやされ，勉強に生き甲斐を見つけていた。父は超猛烈エリート社員で，泥酔して夜寝に帰るだけ。空しくて何にも集中できなかった，家族の中で一人異端，頭が悪い，と言われた。そうなのか，と学校でも虚ろな気持ちで過ごしてきた。親戚の間や学校で自分は軽い知的障害児ということが定着した。やがて，家事を手伝っていた人（今の継母）が父と深い仲であることが小学4年の時わかった。母親の具合はいっそう悪くなった，こんな自分は生きていても仕方がない，と思うようになり，母親の薬を少しずつ盗んで貯め始めた。母親は調子が悪くて気づかなかった。母親は自分が小学校5年の時自死した。その時も残りの薬をすぐ自分の引き出しにしまった。

　間もなく，手伝いの人と父親は結婚し，結婚6カ月後に異母妹が生まれた。赤ちゃんには罪はない，と可愛くも思った。だが，人は10カ月胎内にいるのに。父とあの人，いや人間すべてが嫌になった。口を利かず，成績の悪い自分を父親は全寮制の上までいけるところへ入れれば何とかなると自分の気持ちに関係なく，転校させた。いじめにあった。もうここまで，とかなりの量貯めてあった薬を飲んだ。死ねなかった。いっそう怖い気持ち。どうしたらいいの？僕は駄目な人間，何もない！（A君の話は臨場感を持って伝わり，筆者の半身はあたかもA君であるかのような，それでいてその状況の意味をもう一人の私はじっと考えている，そんな時が流れた。）

　孤独な境遇で異母妹に罪はない，と優しく接するA君の思いやる気持ち，たとえ死の企図に行き着いても，その間孤独に耐えて自分一人でじっと考え続けようとする姿勢，なまじな甘えはすまいという気迫，それはA君の力であるともいえる。しかもいまだかつて自分の知的素質を応分に十分発揮してこなかった生き方はこのまま潰えてしまってはもったいない，と話した。そして，ずっと怯（こゎ）えてきた一人の世界を父親に伝えたらと小声で提案した。こんなに一挙に自分の気持ちを話したのは初めてで，父親には仲立ちするような呼吸で自分のことを伝えてほしい，とA君は構えをゆるめ，甘えを含んだ口調で述べた。

　父親はA君が孤独のうちにいろいろ考え続けてきていたことを識って驚き，そして自分もこころ病む妻の傍らで疲弊しきり，それを忘れるために家を省みず仕事に熱中したこと，異例の昇進をしてきたが，常に焦燥感と罪悪感に駆り立てられていることなどを語った。今の妻とのことを改めて子どもたちにきちんと話し，ただちに母親として受けとめきれなくても，正直に妻と共に兄弟に

対していきたい，栄進よりも家族生活を立て直したい，と方向を定められた。そして，自分の息子なのに気づいたら怒ったことはあるが，話したことはなかった，何か糸口となるように子どもとの間を橋渡しして，といわれた。同道した後添えの母親も同意見であった。

　A君に，父親がわが子に対する自分のあり方や来し方を振り返り，生活の立て直しを真剣に考え始められたこと，これからは自分たち家族で話し合っていかれると思うと話したことを伝えた。一瞬彼の表情はゆるんだが「先生は人がよさそうだから……，父親は銀座のクラブなどで大もてであそびなれているけど，先生のような人はどう分類していいのか戸惑って，思わず素直になったのだ，簡単に喜んではいけない……」とシニカルな表情に切り替えた。これまでの一人頑張るという姿勢から，筆者に少し依存しかけた分を修正するかのようにも受け取れた。

　A君は家庭へ引き取られ，地元の学校へ通学し，本来の実力を次第に発揮するようになった。父親は破格の有能ビジネスマンからよくできる企業人へとややペースダウンし，小公子を絵に描いたような俊才の兄も程よい脱線を楽しむ普通の優等生へ，そして，後添えの母親と赤ちゃんをひと組の存在として兄弟は受けとめ，一家の生活は次第に落ち着いていった。

【事例2】 B君　他ならない自分

　自閉症のB君は2歳半頃からさまざまな機関へ通い，療育を受けてきていた。知的素質があることに期待をかけ，家族は二人三脚の涙ぐましい努力で，学習に力を注いできた。だが，いかんせん，状況に即して活用されない知識は時に「ひけらかす」「滑稽」などといじめを受ける契機にもなっていた。B君自身，自分は何か周囲から浮いている，友だちにとけこめないと感じ始めているように看てとれ，しかもそういう自分に何か困惑し，かつどうにもできないもどかしさを抱いているように見えていた。

　小学5年生の頃である。ある日，彼は時間は基本的に無限に続くこと，直線的時間と円環的時間とがあること，一方，人間の命としての時間は有限であることを識り，「ムラセ，幾つまで生きたいですか」と訊ねた。軽薄にも，しかし正直に「命長ければ恥多し，というからあまり長くは……」と口にした。B君は悲しそうな表情を浮かべ「ボク，85歳以上は生きたいです」と叫ぶように言った。ああ，これほど多くの努力を続けてきても，いろいろな面で標準に

なれるという保障はなく，周囲と折り合いがつきにくい難しい日々を送っているのに，B君は生を享受して生きようとしている！　自分の浅薄さを振り返り，彼に対する畏敬に似た念が浮かんだ。

彼は続けた。「ボク，ヘンです。ボク，失格（突如，難しい表現を使うことがあった）です！」なにか，自分の障害を自覚し，それが周囲から疎外され，いじめられる要因であるらしいこと，そういう自分は（からかわれ，いじめられるとおりに）価値がない人間と感じているらしいことがひしひしと伝わってきた。発達障害児のプレイセラピィに，発達を促し学習と遊びを繋いで，生きた智慧となるようなかかわりを創出し活かしたい，と小・中学校の各教科の教科教育法の著書や遠山啓氏の算数の水道方式の全集などを参考に揃え，折りにふれ筆者は目を通していた。ふと斉藤喜博氏の国語の読本を取りだし，彼と一緒に一節を音読した。誠意をもって一生懸命学ぶ，生きる，その過程は尊い。その点で，人間に優劣はない，という要旨である。読みながらこころの底からその文に同感し，努力を重ねているB君やそのご家族へ自然に敬意が湧き上がっていた。

文の意味を説明し，この文と同じように筆者も考えている。大変だけれども，焦らずでもたゆまず課題を達成していこう，継続は力なり（彼はことわざが大好きであった）と伝えた。

二人は横並びに座っていた。一節を読み終え，窓外の景色を見るともなく一緒に見ると，B君は視線は窓外に向けたまま，そっと筆者の服の袖を摘んだ（控えめな握手のようにも思われた）。

紆余曲折はその後もあったが，B君やご家族は現実的な日々の生活に意味を持つ課題をこなしていく方向を大事にされ，落ち着いた自律的な生活ができるようになっていった。

【事例3】C君　「生きることには寂しさがあるのですね」

C君の両親の離婚調停，訴訟は6年目に及んでいた。幼児期は同居親と相手方の親との間を定期的に頻繁に行き来し，小学校入学後は休日に相手方親のもとに泊まりにいく，という面接交流を続けてきていた。C君は両親それぞれの長短を静かに看取し，しかし，係争中である二人の仲のことを考えて，両親の前では慎重に自分の感情をあらわにしないことが大事と考えてきているようであった。「一番の願いは二人がもとのように仲良くなることです。パパもママ

もそれぞれ大事です」。小学校2年頃から，小声でしかししっかり筆者に告げていた。

小学4年生のある日，「落ち着いた生活がしたいです。裁判所に行きたい，ボクの考えを聴いてほしいのです，両親にほんとは仲良くなってほしいのです」ときっぱりと語った。同居親にその意向を伝え，同居親とC君の許可を得て，担当弁護士に直接会った。

訴訟の進行を早める努力をすることには双方同意したが，復縁は叶わなかった。C君は言った。「大人って変ですね，好きだ，好きだと言っていたこともあったのに，どうして激しく憎み合うようになるのでしょう？」学歴や社会的地位は必ずしも，生きていく上での相互性や優しさに比例するとは限らない。そして，組み合わせのあり方が夫婦双方の欠点を際だたせてしまうこともある。また，夫婦の齟齬は当事者間だけの秘密も含まれている。子どもにとっては第三者から見る瑕疵とは別の次元で，両親それぞれがかけがえのない存在なのだ……。自分の存在の根幹を規定している親を否定しては人は自分を受けとめることが難しい。C君の胸中を想像しながら，さまざまな想念が頭の中を去来した。黙って伏し目がちにC君は筆者を見つめていたが，やおらリコーダーをとりあげ，バロック曲の数フレーズを吹いた。素朴だがしみ通るような音色だった。

「寂しいです」ぽつんとC君は呟いた。「C君にとってのお父さんとお母さんは，二人が離婚されても，C君と親子であることはずっと続くのよ，お父さんの好きなところ，お母さんの素敵なところ，それずっと大事に思えたらいいわね……」。しばし，沈黙が流れ，ふと自分を奮い立たせるような調子で，C君は言った。「学校の部活でモーツァルト・クラブっていうの仲良しと作ったのです。顧問の先生に子ども用に編曲してもらったのを合奏します」。彼は一節をハミングした。筆者も小声で合わせた。C君は笑窪を見せて笑った。

何か，立派だけれど少し無理した聖人君子ふうだと学校で心配されていたC君は年齢相応の腕白もやるようになり，程よく自分の気持ちを周囲の大人に伝えられるようになっていった。

III　転換点の前にある子どもの傍らで求められること

10歳頃の心理的転換といっても，それは当然，それまでの生の連続性の中

にあり，またその後の生の中で，そこに現れた課題は螺旋階段を登るように形は多少変わりつつも，繰り返し現れてその都度の解決が求められる。一方，子どもの成長を支え促すとき，その子どもの生物・心理・社会的背景要因をよく考え，保護から次第に自律を促す方向へと重心を移していくのだが，目前のその子どもの発達状態，パーソナリティ，環境要因などに応じて，保護と自律のバランスをとりつつ個別に即応してかかわるのが成長途上にある人々を対象とする臨床の要諦である。これには素早い的確な総合的アセスメント力が求められる。たとえば，小倉清（2006）は「他ならない自分」という存在に気づき，粛然とした気持ちになった状況を述べている。この場合は本人の資質，環境，それまでの生の歩みが豊かに恵まれたものであるゆえ，自然にその転換点は受けとめられ，自律と保護はあえて第三者の配慮を要する課題にはならないが，このバランス感覚は臨床では大切である。

　10歳の頃の子どもが生の本質に気づき，発するその実存的な問いには，生きることについての思考の完成度の高さに息をのむ思いをすることが少なくない。だが，観念としての理解の鋭さは，必ずしも人としての生きていく総合的知恵や行動力の成熟を伴っているわけではない。その子どもの状態に応じた保護の配慮が必要である。良き保護に支えられてこそ，自律への志向は現実的に適応的な意味のある行動として発現するのである。10歳の転換点にある人に出会うには，個別の状態に即応して，その子どもの自尊心を大切にしながら自律と保護のバランスをどう取るか考えたい。

　前節の事例が語るように，転換点の前に佇み，生きあぐねている子どもからの問いに向かうときは，援助者自身が自分は生の本質をどう捉え，それを観念としてだけではなく，どれだけ言行一致させて生きているかが問われる局面である。自分の内面に向けてこれを密かにしかし正直に行う人に出会うとき，子どもは孤立から，ささやかでも繋がりの端緒を感じ取るのではなかろうか。

　そして，まったく同じということは不可能であっても，その子どもからみて，世界はどう受けとられているのか，どう見えるのか，どんな想念が去来しているのか，彼（彼女）の体験世界をひとたびはこの世の常識や通念から自由になって，臨場感が持てるくらいに想像することがまずはじめに求められる。それが可能になったとき，孤立無援に感じていた子どもは，なにやら一人きりではないらしいという気持ちとなり，目前の課題を見つめ扱おうというエネルギーを喚起するのだと思われる。

さて，孤立無援と感じていた子どもとの間にかそけき繋がりの端緒が生じ，閉じた貝が蓋をそっと開くように戸惑いや望みが語られるとき，子どもの観念と生きる総合的知恵や技の未熟を補うべく，着手できる提案，あるいは緊張をゆるめて現実を見つめるゆとりを取り戻すような保護的な，現実的な言葉やかかわりが求められる。

む す び

　心理臨床場面で，10歳頃の転換点にある子ども（とりわけ立ちすくんでいる状態の子ども）の傍らに在る援助に求められることは次のように要約されようか。

　まず，転換点はライフサイクルの連続性と社会的文脈のなかにあることを念頭に，状況をトータルに的確にしかも敏速に理解する。

　次いで，社会通念や良識を知悉しつつも，それらから自由になり，その子どもの体験世界をなるべく身を添わせるこころもちで思い描き，臨場感を持って追体験してみる。すると，困難や苦悩を抱いて生きるその子どもに対して，自然な敬意にも似た気持ちが生じてくるであろう。そして，ささやかでも，繋がりの端緒が生じたなら，着手可能なことは何かという提案とときには具体的働きかけ，あるいは緊張をゆるめる手だてとなるようなヒントや状況の提供を行う。そこから，壁のように立ちはだかって見えた転換点を超える営みが始まるであろう。そして，援助者は自分自身の生に触れ，言行に乖離を多く来さないように自らに問うていることが望まれる。

　以上述べたことは，実は心理的援助のすべてに通底する要因である。だが，10歳頃という，人として，透き通ったような状態の一つの完成点に達し，そこから転換して，次の展開をしていこうとしているとりわけ生の本質に直に触れている人に会うときには，援助者にもひとしおの純粋さと想像力が求められるように思われる。

文　献

青木省三：人生における小学校時代．そだちの科学，4，2005．
小倉清：ライフサイクル上の10歳前後．臨床心理学，6(4)，448-452，2006．

子どもが心理的援助を受けるということ
―― 個別的にして多面的アプローチ ――

はじめに

　いただいたテーマは「子どもに心理療法を行うこと――アセスメント，ケースワーク，環境調整」である。ただ，心理療法を行うに際して，セラピストの意図は当然必要であるが，それを受ける当事者がどう経験し受け取っているのか，を吟味検討することが現実には不可欠である。さらに，援助という人へサービスするという営みには，それを提供する者，その受け手のあり方，そして，そういう営みは全体状況の中でどういう意味を持っているのか，というロングショットで捉え検討する，という3つの視点がある。クライエントのために役立つ援助であるためには，これら3つの視点を併せ持つことが必須である。
　子どものクライエントは自ら進んでということは少なく，周囲の大人に伴われたり，薦められてセラピィの場に現れることがほとんどである。基本的にはすべてのクライエントに対してではあるが，とりわけ心理的かつ社会経済的に受け身的立場にあり，かつ心身ともに成長途上に未だある人々に対するときは，自立心，自尊心を護るように心懸けたい。子どもの心理療法において，「よき素材，鏡，同行者，そして治療の自己完結性にこだわらず，あたかも夢の中の存在のように，消えるセラピスト」（村瀬，1990）でありたい。少なくとも「先生の治療のお陰で良くなりました」ではなく，「『先生にも助けてもらいましたけど，結局は自分なりに頑張ったのが良かったのだ，と思います』と言ってもらいたい」（村上，2004）というスタンスを基本としたい。
　なお，心理的援助，ケースワークの特質については，図1の実線で示すように定義上は考えられているが，実際には破線でしめすような現象が生じていることはしばしばある。子どもへの心理的援助に際しては特に具体的営みを通して，深い意味が伝わるということも稀ではないことを付記したい。

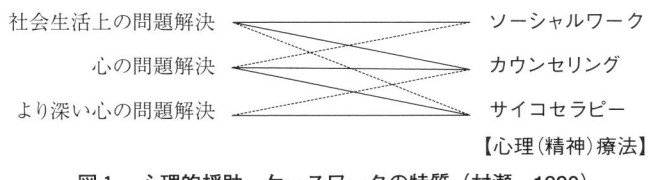

```
社会生活上の問題解決 ─────────────── ソーシャルワーク
   心の問題解決 ─────────────── カウンセリング
より深い心の問題解決 ─────────────── サイコセラピー
                                    【心理(精神)療法】
```
図1　心理的援助，ケースワークの特質（村瀬，1990）

Ⅰ　11歳から15歳の心的世界の特徴と現代の社会文化的状況

　そもそも不適応とは，個人の側の要因（身体的条件，知能的条件，パーソナリティの特質）と環境要因との関連によって生じてくるが，子どもの場合，心身の機能が未分化であり，自我は発達途上にある。とりわけ，11歳から15歳という年齢，おおむね思春期と言い換えられるが，この時期の人々は次のような課題に直面している。第一に，幼児期や児童期では，大人になることはまだ遠い先で，未来を考えることは憧れを含んだ夢の要素を持っているが，この時期に，自分の意志とはかかわりなく，突如大人になっていくのだ，いやすでに大人である証としての身体的変化が訪れる。そう，訪れるというより，「やってくる」という感じであろう。

　いやでも現実を受けとめることが課題になる。幼い頃の幼児的な万能感はもはや通用しない。「まぎれもなく自分も大人になるのだ，どんな大人になるか，なれるのか」。誰しも身体的変化に直面して，意識的無意識的に自分自身を問わざるを得ない。この時期までの発達課題を達成し，積み重ねができている子どもはともかく，その蓄積がおぼつかない子ども，つまり基本的な対象関係が満たされておらず，自分の存在やこの世を信じ受けとめがたい子ども，あるいは集団生活のひろがりにつれて出会う相対評価の眼差しに自信喪失した子どもたちにとっては重い厳しい問いである。

　この時期の第二の特徴は，児童期で次第に気づき始めていた，理念と現実の不一致，あるいは親も一人の人間である，という現実認識がはっきりしてくることであろう。現実は理想通りというわけにはいかない，しかし，生きるということは矛盾，パラドックスをどう生きるかということなのだという課題に目覚めることになる。よきモデルに出会えるかどうか，そして，その試行錯誤の道を同行し，支えてくれる人に出会えるのか，あるいは気持ちを分かち合って

くれる友人があるか，これらはこの時期を生きていく大切な要因である。

　かつて，都内の同一地域の公立中学生に対するほぼ10年の間隔をおくフォローアップ調査の結果，巷間指摘されるように世代間の境界が淡くなり，父母は物わかりよく許容的傾向が増した，という傾向が顕著になったが，それに対し子どもたちは居心地のよさと反面，より明確な保護と権威のモデルを求める気持ちもあり，幾分心許なさを覚えているのが看取された（村瀬，2001）。これは滝川（1995）が，現代の思春期像の特色として，まず，現代社会では以前よりも，思春期の人々は高度消費社会の中で洗練された消費文化の一翼を担えるほどの経済力があること（もちろん，社会経済的重荷にあえぐ環境にあって望む方向を変えざるを得ない子どもたちもいる）と，伝統的な社会規範枠による抑圧的枷も少なく，生活の中で自由度が増していること，さらには，家庭養育が〈性愛〉的な神話的なものになったため現代の思春期は養育者との対決的な反抗というより，養育者との一体性からの離脱という色彩の強いものになっている，と述べていることと表裏一体をなしており，実態であろう。厳しい抑圧や貧しさなどという障壁に阻まれることは少ないが，手応えの乏しい許容的な淡い浮游感のある人間関係，そうした中では見つけにくい人生の目標，そこで生じる茫漠とした不安を現代のこの時期の人々は抱いているのが特徴であろう。薄い透明な膜を通して，何か手応えの乏しい漂っているような人に会っているような感じを抱かせられることがある。昨今の非行少年について，神谷（2004）が自己感覚の空洞化，他者感覚の空洞化を指摘するところにも通じると考えられる。

　一方で，本来は愛情と保護を与えられるはずの親から，虐待され，物心両面の苛酷な扱いを受けるという，基本的人権や人間としての尊厳を脅かされ，深く傷ついている子どもたちもいる。現代のこの時期の人々は，思春期をかつては養育者からの独り立ちに伴う自立と依存の激しい葛藤状況にある疾風怒濤の時代と考えられたようにはひとくくりにできず，多様な発達の課題を前にさまざまな問題がある，と考えられる。

Ⅱ　発達途上の人々にかかわる心理臨床に求められること

1．この年齢の人々への心理的問題の現れ方とそれへのアセスメント
　1）不快や不安，苦痛を感じつつも，自分の問題は心理的なものだという自

覚を本人は持ちにくく，治療理解や援助を受ける意欲は乏しい場合が多い。援助の場に彼らを伴い，その問題点を説明するのは多くは周囲の大人である。彼らによってもたらされる情報はそれが他者から見た現象記述としては正確でも，当の子ども自身がその行動や症状の背景に抱いているであろう怖れ，怒り，悲しみ，不安，恥，困惑については概して十分に捉えられていない。心理臨床家は参考資料を活かしつつも，子どもの訴えや行動からのメッセージを虚心に受けとること，あるいは言葉にしきれない喉元一枚下の想いをそっと汲み取るべく想像することが求められる。

2）かつてアンナ・フロイト（Freud A, 1966）は，この時期の人々の症状の顕れ方について「思春期は，神経症や精神病，境界状態における症状と類似した症状を示し，ほとんどすべての精神障害を覆い尽くすような形をとってあらわれる。このような両極端に広がった変動の幅は，人生の他の時期ならば高度に異常と見なされるほどのものである」と指摘した。これは今日も該当するように思われる。したがってアセスメントを行う際には，単に疾病や症状の名称をつけることを超えて，問題そのものの認識，問題を生じた因子，問題を持つクライエントについて，彼（彼女）の背景事情をも含む総合的理解が必要である。つまり，診断的理解，名称診断的アプローチに止まらずに，多軸で観察思考する，内面的深層理解と全体状況をとらえる視点との統合が必要である。

3）この年齢のクライエントは鋭く相手の肺腑をえぐるような本質直感的な言葉を発するようなこともあるが，言語を自分の意志を伝える道具として十分会得していない場合も多い。交流の手段として言語のみでは不十分で，さまざまな技法的工夫が求められる。

2．セラピストに求められる留意点

1）柔軟性，押しつけがましくない能動性が求められる。

2）前節1．に述べたようなことを考えると，この年齢のクライエントが援助者を受け入れるには，それまで見知ってきた大人たちとはどこか違う何かしら新鮮で純粋な存在——子どもが信頼をよせ，よい意味での同一視の対象とできるような統合のとれた人物でありながら，他方，柔軟でとらわれない姿勢の持ち主——であることが望ましい。

3）一方，秘密保持は大切であるが，ことの内容によっては，心理臨床家一人で対応することが不適切，もしくは責任が取れないような場合には，子どもの同意を得るように努めて時機をとらえ，関連領域の専門家や機関との連携，リファーすることが必要になってくる。
4）症状や問題行動を疾病学的に理解するのはもちろんのこと，それらの行動によってその子どもは何を訴えようとしているのか，その発現状況や，生育・環境的背景をも併せて理解し，症状や行動上の問題に込められるメッセージを汲み取らねばならない。

　さらに，発達の状態，その特質を的確に理解するように努め，行動や症状の改善，消褪をはかるばかりでなく，発達や教育の達成を促すことも併行して進めることが必要である。
5）セラピストは自分の土俵でなく，その子どもの土俵に上がって，その子どものアルファベットを使えるか，少なくとも使おうとする努力をするか，その子どもが今用いているルールをまずは知ってみることが望まれる。換言すれば，セラピストの得意な技にクライエントをのせるのでなく，そのクライエントの今の状態――つまり障害の性質，パーソナリティ，発達状態，年齢，性別，社会文化的条件――にとって，どの技法がよいのかを考えていく，同一クライエントでも，援助過程の進行につれて，状態像が変化する，それに併せて技法も即応したものを用いる，というようでありたい。奇を衒って，いたずらに目まぐるしく技法を変化させるということは論外であるが，クライエントは何か特定の技法，あるいはその援助者の得意とする技法の切れ味を試すためにいるのではないことをこころに留めたい。

　さらに，用いられる技法が援助の過程の中にしっくり自然に必然的に収まっていることが大切で，そうあることによって，クライエントは自分が本当に主体性を認められているのだ，操作的に扱われているのではない，と感じることにもなる。さまざまな技法を自然に自在に駆使していくためには，平素からユース・カルチュアに関心を抱いていること，好奇心を持ち，たくさんの「心の窓」（山中，1981）を開いていることが望ましい。

　狭義の専門的学習は言うに及ばず，幅広い教養の習得，経験の蓄積，さまざまな事柄に対する開かれた関心をもつ態度が要るであろう。

6）この年齢の人々は精神的に自立の課題に遭遇しているとはいえ，精神的・社会経済的に周囲の環境の影響を多く受けている。彼らの精神風土に関与している家族，学校，種々の医療機関，社会福祉，司法機関，その他の関係者との緊密な連携や調整活動が求められる場合が多い。とりわけ，環境の中でも，昨今，親となる世代が少子化，都市化の進む中で，生活経験を確かに積むことなく，いわゆる生活の知恵が乏しいまま親になり，意識では子どもを可愛いと考えつつも，気持ちを具象化して伝える技が伴わない，したがって親子の間の疎隔感，ずれが埋まりにくい，という状況が少なくない。このような親への現実的，支持的アプローチの技が心理臨床家に今後ますます必要とされるであろう。

Ⅲ　環境調整

1．親，家族へのアプローチ

　昨今の家族，親の問題についてはしばしば指摘されており，あえて繰り返さないが，先が見えにくい時代の閉塞感が基底にあること，疑似体験で大量の情報を入手できるようになり，具体的な試行錯誤の経験の中から生きた知恵を会得する機会が減り，われわれの想像力や思考力は殺がれがちだという現実がある。こういう状況にあって，心理臨床家はいわゆる狭義の臨床心理学の理論や技術に加えて，よきコモンセンス，生活感覚，生活の知恵を豊かに持つことが期待される。クライエントの親が親として育っていかれるのを見まもりつつ，状況に応じての具体的な情報提供，生活の知恵や技の会得を助力することも必要になる。

　しかし，未熟に見える親だからとて，人として遇する姿勢を忘れてはならない。責任感が薄く見える行動をとる親は自分の内に恃（たの）むものを持たない心許ない存在なのである。そこを汲んで，親へのアプローチの要諦を挙げてみよう。

1）親の内に潜む自然治癒力を大切に。親がそうせざるを得なかった必然性を考え，まずはよい聴き手であること。
2）過去を責め，悔いることより，今ここからできることを考える。親にすべての原因があるという印象を持ちやすい危険性が援助者にはある。
3）親も一人の人間である。当面の葛藤から自由な話題を共有してエネルギーの再生産をはかること。一方，親自身の課題や問題解決を手伝うこと

も必要。
4）どのような親であっても，子どもはこころの底で親との精神的和解，受け入れられることを望んでいる。親と子どもを繋ぐというこころもちを忘れずに。
5）援助に際しては，セラピストはできること，できないことを正直に伝えて援助方針を率直に示し，親の希望や見通しを聴き，現実的に方針を共有するように努める。
6）親が強迫的によい親であろうと，自分自身を束縛しないように。「ほどよい母親（good enough mother）」（Winnicott, 1965）を念頭におく。
7）一方的解釈に陥るのではなく，症状や問題行動の意味を親と一緒に考える。ただし，次に列挙するような親の不安を和らげるための努力が必要であろう。
　　①疾病や状態像について，親がその時受け入れられる限度を考慮しながらわかりやすく説明する。②その状態をどう捉え，着手できるところからどのように始めればよいか，時には先例も挙げ具体的に考える。③実際にどのような態度をとったらよいか，ことにクライエントの両価的言動の意を汲んでいたずらに振り回されないように。日常生活に即応した現実的工夫をこらす。④援助方針や現時点で考えられる見通し，予後についても可能な範囲で伝える。
8）親の認識や対応の変化に対しては素直に敬意を表現する。
9）両親のいずれに対しても原則として公平に。家族成員の誰かに対して，援助者の未解決の感情を交えて加担することがないように自己省察を。
10）親や家族の変容を一方的に期待するのではなく，セラピストも親や家族との出会いから学ぶ姿勢を持つ。

2．チームワークや連携を円滑に運ぶために

親子・家族であっても亀裂や反目し合うというような人間関係を経験してきているクライエントは，援助者側のチームワークの質の程がいかほどかを問うような反応をすることも稀ではない。「他人ですらチームのメンバーの特徴を相互に理解し認め合って，相補的にそして協力し合える」ということを示せることが，クライエントの人間関係に対する不信を和らげることになろう。難しいクライエントに会っていると，とかく関心はクライエント－セラピストの二

者関係に集中しがちであるが，むしろチームのメンバーや周囲の同僚，機関内他部門の人々とよい関係を作る配慮が治療的環境を醸成する意味でも大切になってくる。

　学校を始め，他の関連機関と連携協力する場合も，こちらの説明を行うことに急になるより，相手の立場や機能を理解することに努めること，ことが滑らかに運ぶときは相手に感謝し，滑らかに進まないときは原因を外在化させることに夢中になるより，責任を引き受ける覚悟，自分のあり方を考えることがコラボレーションを円滑に進める基底である。そして，オフィシャルな連絡会，協議会の類を大事にしながらも，平素から，人間関係を広げ，豊かにすることを心懸けること，平素の積み重ねが役立つと思われる。

　重篤なこころの傷を癒し，ときに育ち直りを助けるということは，心理臨床家一人で自己完結的に行うには多くの場合，無理がある。事態が複雑に輻輳してくると，教育，医療，福祉，司法，時には産業，そしてその子どもの生に意味を持つ市井の人，というように関連するさまざまな機関や人々と連携し，協力協調して援助の営みを進めることが不可欠である。

む す び

　子どものこころを支える営みは，「迅速に，大量に，均質に，巧みに」という今日行き渡っている原理になじまない面がある。子どもは援助者に次のようなことを求めているように経験上考えられる。ベクトルが一方を指す思考様式ばかりでなく，ほどよい調和点を，矛盾した課題に出会う局面でどう見いだしていくのか。原理原則やマニュアルを知悉しつつも，とらわれない，対象の必要に即応して責任を負える範囲でかかわること，つまり「よき創造性」を持ちうるのか。おもねるのではなく，子どもと共に育ち子どもから捉えられる存在であり得る要因は何か，しなやかに常に考え続けることが必須である。

文　献

Freud, A.：The Ego and the Mechanism of Defence. International Universities Press, New York, 1966.（牧田清志監訳：自我と防衛機制．岩崎学術出版社，1982.）

神谷信行：弁護士の立場から見た青少年犯罪の諸問題．In. 青少年犯罪――その病理と社会．明治安田こころの健康財団，pp.73-146, 2004.

村上伸治：心理療法における治療的変化の場と自然治癒的要因．In. 村瀬嘉代子，青木省三編：すべてをこころの糧に──心理援助者のあり方とクライエントの現実生活．金剛出版，pp.50-72, 2004.

村瀬嘉代子：サイコセラピー・カウンセリング・ソーシャルワーク．青年心理, 85 , 26-35, 1990.

村瀬嘉代子：プレイセラピストに求められるもの──現実と非現実の中間領域を生きるために．季刊精神療法, 17(2), 119-125．(In. 村瀬嘉代子：子どもの心に出会うとき．金剛出版, 1996. 所収)

村瀬嘉代子：子どもの父母・家族像と精神保健．児童青年精神医学とその近接領域, 42-3 , 184-198, 2001.

滝川一廣：思春期心性と現代の家族．精神神経学雑誌, 97(8), 586-598, 1995.

Winnicott, D.W.：The Maturational Processes and the Facilitating Environment：Studies in the theory of emotional development. Hogarth Press, London, 1965.

山中康裕：治療技法よりみた児童の精神療法．In. 白橋宏一郎ほか編：治療関係の成立と展開．星和書店, pp.57-100, 1981.

青年の心理的援助において求められるもの

はじめに

　このような貴重な機会をいただき，皆様とご一緒に学ばせていただきますことを深謝致します。大会長の青木省三先生がお言葉を添えて下さいましたささやかな一書（村瀬嘉代子［2005］『聴覚障害者への統合的アプローチ』日本評論社），この帯封に中井久夫先生が「普通のおばさんを目指す異能の心理士」とお書き下さいました。一人の市井の民であることを基本にしてまいりましたささやかな経験に基づき，現時点で考えることをお話させていただきたいと存じます。

　「青年の心理的援助」と一言で表現しても，当然，対象となる人の主訴，病態の水準，心身の素質的要因，環境条件などを総合的に考え，援助の仕方も個別に即応したものとして異なってきます。ここでは病態の程度や問題の性質を異にしても，心理的援助に際して通底していることは何かを考えることに致します。

I　私の基本姿勢

　クライエントの抱く問題の性質や病態，その背景事情などに対応して，援助の仕方は当然変わってきますが，何れの場合にも通底する基本姿勢として，自分が責任の負える範囲とことの性質を考えつつ，個別に即応し，過程の展開状況をも考慮しつつ，援助の方法を工夫します。この場合，援助者の意図をクライエントはどのように受けとっているかを照合し，できるだけクライエントと双方向性を持って，目的や経験を共有するようにします。

　この双方向性を持って援助を行うためには，援助者の意図をクライエントがどう受けとっているか，クライエントに身を添わせる姿勢で想像し，考えるということが必須といえましょう。

また，ある種，伝統的な心理療法の時間感覚，つまりはじめに何回かのセッションが導入期，もしくは見立ての時期で，それから治療が始まる……，という考え方もなるほどそうではありますが，しかし，いかに「生きられた時間」としてお互いに時間を経験し，生きていくか，と考えます。ですから，クライエントが部屋へ入ってこられるその時の様子，言葉を交わすその前から，ある種の出会い，双方が気づきを体験しているわけで，見立てというのも，一瞬，一瞬，相手に対する仮説が次の気づきによって修正されていく，そういう展開の中で，1回のセッションが終わる，というように考えます。何か，初回に面接が終わって，さてと考えるだけでなく，プロセスの中で，観察，気づき，それについての思考，を展開させている，面接が終わったそのとき，もう一応その時点で見立てができている，というように進めます。もちろん，その場面はさりげなく自然にやりとりが展開するように心懸けるわけです。

　臨床場面には，あらゆる局面にパラドックスがつきまといます。マニュアル通りにことが割り切れて進められるということは実際少なく，自分は不確定さに耐えられるか，事実に正直になれるか，現実的にほどよい「解」をどう見いだすか，ということが問われていると申せましょう。

　援助者は淡々と事実に対し忠実に考え抜き想像をめぐらすこと，でも肩の力を抜いている，するとクライエントは「自分の力で何とか越えてきた，越えようとしている自分だ」という感覚が持てるのではなかろうかと思います。

　心理的援助とはそっとさり気なくクライエントの寸断されている歴史が繋がるように，そして，彼／彼女が人やことと繋がれていく，時間的展望と関係の網の目の中に居場所を見いだしていくのを手伝うことといえましょう。

II　青年期の人々の援助に通底する特質

1）援助者は全体を俯瞰し，かつ焦点を捉えながらも，ひかえめに舞台の板，もしくは黒子のようでありたい，クライエントの主体性を可能な限り大切に保障したい，と考えます。クライエントの青年が自分の努力でここまで来た，と考えられるくらいに，本来援助者というのは「そんな人も居たのか……」というあたかも夢の中の存在のように，援助過程終結後はクライエントの意識から消える存在であるのが理想だと考えます。

2）治療や問題解決と同時並行に，心身の成長，学習，スキルの会得も進められるような配慮が必要です。この場合，第一に退行促進と成長促進とを同時に意図した重層的なかかわりの工夫が望まれます。たとえば，粘土や泥あそびより，手打ち蕎麦をを作ってみる。そば粉を捏ね，手で形作るという退行的要素と出来上がった蕎麦を周囲の人にもてなし振る舞うことを通し，自分も役立つ，人に喜んで貰える有意味な行為ができる人間なのだ，という誇りが持てて成長を促す契機になり得ます。第二には，クライエントが現実との接触を保てるように，そして観念過剰に陥らないで，生きる智慧を会得できるような工夫が望まれます。第三に，青年は試行錯誤的展開を経て，人間関係の持ち方を会得していくものであることを承知していて，焦らず，しかしそっと見捨てることなく見まもる姿勢が必要です。

3）ほとんど例外なくといっても過言でないくらいに，生物・心理・社会的要因が輻輳して，問題や症状の発現に到っているので，一直線の因果論的発想にとらわれて，固定的な見立てをしないように注意が要ります。理解とは常にそれは現時点での仮説で成り立っているのであり，仮説の精度が高まるのがいわゆる理解が深まるということです。このように考えておりますと，援助者の姿勢は自ずと断定的，固定的ではなく，クライエントをはじめ，ものごとへ開かれた姿勢を持つことが可能になると申せましょう。

4）青年の独り立ちを援助していくことと，一方では親子関係の修復をさりげなく援助すること，親子間の和解の緒が生まれることを併行して進めていきたいと考えます。そのためには，クライエントの青年が抱く漂う「自分」，心許ない「自分」にどう居場所感覚を抱かせるかが課題となりましょう。

　すでにいろいろ語られておりますように，居場所感とは，時間的並びに空間的拡がりの中で，人が自分独自の在所を持つという感覚のメタファーです。居場所感は次のような内容を内包しています。

　まず，空間的居場所です。これは自分の家，部屋などというように，物理的空間をもとにしてはおりますが，大切なことはその家の中，ある

いは自分の部屋の中，その他，物理的空間の中で，本当に自分がくつろぎ，緊張を弛めてほっとできる，あるいはここは自分がありのままに居ていい場所だ，自分の場所だという感覚を抱ける空間を意味しています。それは立派な個室が必要だというような意味ではなく，狭く質素な場でも，「ここは自分の好きにしてよい，自由にしていてよい」という空間なのです。

　次に，時間的居場所感を考えてみますと，一つには自分自身の歴史が積み重ねられて今に繋がり蓄積されている，という暗黙の感覚を指していますが，その上に，この時間の流れは急激に変わることはないけれども，現在との連続性の上に未来の展望が描けるという，過去の上に見通しと希望が持てる，という感覚を含んでいます。ひとつ付け加えますと，非常に重篤な状態で，自分の個人史も定かでない，不遇の記憶しかない，と言っておられるような中・高年の重複聴覚障害の方々が，ふと小さな点のような，それでも自分にとって肯定的意味を含んでいると受けとめられる児童期や青年期の経験をたった一つでも想起されることが契機となって，寸断されていた歴史が繋がっていく可能性があることをしばしば経験してきました。

　親子の葛藤や亀裂に青年が自ら対処していく傍らにある援助者は，まず，事実を事実として素直に受けとめる姿勢，そして，自分自身や自分の親子関係を相対化して掘り下げて考える，そして自分の個人史を正直に受けとめる姿勢が根本に求められます。目前のクライエントに身を添わせるこころもちで，その青年の内面や彼をとりまく環境について，想像を巡らしながら，かたや自分自身の歴史をそこでもう一度掘り下げて辿っている，クライエントと援助者としての自分との関係，さらにはそういう援助活動が展開している全体状況にも思いを巡らしている，と焦点を捉えつつ，全体性をも併せ理解する姿勢が必要です。

5）行動，生き方を選んでいく青年の傍らにあるときには，どういう留意が要るでしょうか。

　人としての尊厳を著しく傷つける行為であったり，顕著な自傷他害の行為については，それを止めること，方向転換を助けることは必要です。ただ，現実には微妙な要因が輻輳していて，単純には割り切れない，戦（おのの）きつつ当の青年のいささか不安を覚えさせる判断を傍らで，いざと

いうときに差し伸べる援助の心づもりをしながらも，尊重して当事者の試行に委ねる，ということもありえます。テキスト通りには運ばない，だが，そのぎりぎりの試行を行って，ささやかでも成功体験を持ち得ると，青年は一山越えて，次の成長へと進みだす契機を掴み得るように思います。青年の行う決断，行為の中に一抹の不安要因があっても，援助者はさりげなくセーフティネットをそっと用意するこころもちで，まず当の青年の主体性を尊重することが意味ある転機をもたらす場合が少なくない，これが青年への心理的援助の特質の一つと申せましょう。

上述した青年期の人々への心理的援助の特質が問われた事例を要点のみ，本質を損なわぬように秘匿性に注意して次に挙げます。

【事例１】母親を看とり見送った被虐待児のＡさん

ある養護施設から，高校２年のＡさんの一時帰宅を認めることが適切か，Ａさんの気持ちの確かさについて相談したい，と依頼がありました。Ａさんは母親のパートナーからの性的虐待により，中学１年時に施設へ措置されてきたとのことでした。

Ａさんの話に耳を傾けると，母親は現在もそのパートナーと同居しているが，末期癌で残る時間は自宅で過ごしたいと自宅療養中であること，パートナーはかつてＡさんが同居していた頃に比較し，母親の病の重篤さに圧倒され，仕事と母親の世話に追われて，態度は幾分真面目になっている，ということでした。施設側ではそのパートナーに面接したが，一時帰宅して，しばらく母親のもとに滞在し母親を看病したい，というＡさんの希望を叶えるには，不安があるということでした。

私が耳を傾けると，Ａさんはものごころついてからの母親との間の辛い体験，さらには母親のパートナーによる屈辱的な経験を切々と語りました。その状況の辛さを思い描きながら聴いておりますとＡさんは少し爽やかな決断がついた，という表情で話し出しました。「暦年齢と人の精神の年齢は比例していません。母親は愚かで，幼稚な人です。大人としての思慮の確かさ，母親としての深い気持ちや行為を望んでも無理なのだと，今，気づきました。私は被害者です。でも，母はもう時間が幾らもありません。しかも今になっても覚悟ができていなくて，治る，と口にしては治った後の生活を話して一人で喜んでいる

のです。母に対する気持ちは腹立たしさと哀しさと混じり合って一言では言えません。下校途中，施設の先生には黙って，一人で母親の主治医に会ってきました。治らない，多分あと３カ月はもつまい，ということでした。母への怒りはいっぱいあります。でも死んでいく人なのです。もう時間がありません。この時間の中でできることをして世話しよう，それが子どもとしての私の考えです。母のパートナーも病人の前ではもう手出ししないでしょう，させません……。」

　施設が一時帰宅を許すには不安と考えられるのは当然でした。しかしＡさんには今，この時に母親を看病しなくては，もうその機会はない，というのも事実です。親への怒りや憎しみを超えて看病しよう，その気持ちを大切に受けとめる，「赦す」ことを経験してＡさんは，次の高みへ開かれるであろうと，私には思われました。リスクを含んだ一時帰宅でした。Ａさんは学校に事情を話して，早退や時に欠席して，母親の看病にこころを尽くしました。酸素ボンベをもって，遠い母親の郷里まで，お墓参りに母親を伴いました。Ａさんの看病に満足して，母親は５カ月後に静かに亡くなられたのです。Ａさんはこの必死の看取りの過程で，少しずつ自分の怒りの固まりは解けていき，自分の将来を思い描くようになった，と言いました。寂しそうである反面，やさしく柔らかな表情を浮かべるようにもなり，高卒後は自活の道を見いだされました。

【事例２】不安に彩られた母親との一体感から，「本当の対話」をし，自分の障害と父親の死を受けとめていったＢ君

　中学２年生のＢ君は一見少女と見まがうような内巻きのセミロングヘア，花模様のアップリケが施されたブランド服を身にまとい，人目を憚らず母親にもたれるようにして街路を歩く姿は一見，仲良し母娘と見えるほどでした。難聴（補聴器を用いても聞こえは不十分であることを後になり自認）だが，小学校は普通学級で通し，中学校から聾学校へ転校。級友のいじめと教師の無理解がもとという理由で親子共に「行く必要のない学校」とほとんど休みがちの状態でした。

　Ｂ君が３歳の時，自宅が不審火で全焼し，続いて父親は母親の目撃する前で事故死されました。母親はその後半年間，失声状態となりその後も外出できず，知人に買い物を頼み，Ｂ君と閉じこもりの状態をＢ君が小学校入学時まで続けたということです。

B君の聴覚障害は2歳半頃より指摘されたものの，母子間の意思疎通には大きな不自由はなく，特に訓練に通うことはありませんでした。小学校入学後はB君は口唇術を半ばひとりで覚え，小学校低学年は成績もよかったとのことです。ただ，難聴であることを秘していたことから「呼んでも返事をしない」「人の働きかけを無視する」と事情を知らない級友から苛められ，母子密着と言う印象を強く与えることもあって，学校側からも，本人のパーソナリティと母親の過干渉や過保護がすべて問題の原因と見なされ，母子は学校に不信感を強めたということでした。ただ，小学6年生の担任にはある程度素直な気持ちで対することができ，聴覚の障害についても正直に話して，聾学校転校の決心がついたということでした。ただ，聾学校へ移籍してみても，聞こえに障害があることを受けとめきれず，浮き上がった存在と周囲から見なされていました。すべては学校，世間の無理解が自分たちの生きにくさの原因なのだ，という共通感覚をこの母子は抱いていました。
　母親の結婚生活はまことに残酷な運命で砕かれたものでしたが，しかし，結婚以前にも何か大きな人生の負荷を背負った子ども時代がある人らしい，ということが私には感じ取られました。
　まず，母親の話を素直に聴き，B君には聴覚の障害を話題にする前に，差し当たっての遅れた学業や鬱屈したエネルギー発散のために，面接時間には，主要科目の勉強のコツについて話したり，卓球やバドミントンをしました。そのうち，他者の前では母親に密着しているかの如く振る舞いつつ，こういう障害を持つ身体に産んでくれたという親への不満や母親のどこかうち解けない沼のような世界（彼自身の表現）が不気味で腹立たしく，家では暴力を振るっている，狭い住居に一緒に暮らしているが気持ちは通じていない，苛々して矛盾した行動をとっているのだ，とB君自身から語られました。
　母親も結婚後の不運以前に，生い立ちの中で経験してきた辛酸を語られました。被虐待経験，父母の離婚，それに伴う経済的困窮，母親とその妹を引き取った母（B君の祖母）は精神的不調を来し，親としての役割がまったく取れなくなってしまい，小学6年頃から母親が戸主のように振る舞わざるを得なかったこと，その上，母親は容姿に恵まれたこともあって，学業の傍らモデルで家計を支え，いわゆる子ども時代を味わうことがなかった哀しさ，悔しさ，疲労感で一杯であったということなどが堰を切ったように語られました。しかも，そうした生活からの脱出と安心できる家族生活を夢見た結婚生活が不運の連続

で失われたのでした。母親は自分の生い立ちの中での苦労を思うと，B君へは可愛さと物足りなさと期待外れとで，自分でも自分の気持ちが掴みきれないのだ，と苦渋に満ちた様子で語られました。「夫が亡くなってから，人と話したのは初めてと言う気持ちがする，12年ぶりのことだ……」とも。

やがて，母親は自分が自分の親族と距離を置かざるを得なかった事情，幼いときからの不運の数々，でも今はB君との生活を大切にすることを自分はしたいと自覚した，と素直に話し，B君も護るどころか自分を虐待した家族の生計まで担ってきた母親の苦労，健気さに気づき，自分はどうしたらよいかを考え始めたのです。B君は手話を覚え，自分の障害を他者にも伝え，健聴者を装って頑張り，結局疎外感を味わうことになるという従来の行動様式から，次第に現実を受けとめ始めました。服装も男子らしいものを着用するようになり，髪型もさっぱりと整え，補聴器の装用が見えることを厭わなくなりました。

母親も手話を習い，B君やその友人と交流を持てるように努力し始めました。そして，引きこもった生活から，病院給食の仕事を始め「今の体型では元モデルとは誰も信じないでしょう」と笑いながら元気に振る舞い，職場の信用を得るようになられました。B君も障害を抱えて生きる青年の海外交換短期留学などを経験し，自分の現実生活を生きる覚悟が定まってきたようです。家族にも優しく，有能な働き手だった父親の追慕と父親が生きていたら，何を自分たちに期待するだろうかと考えることが，B君と母親の共通話題になっています。

む す び

青年の心理的援助は，次のように要約できるでしょうか。まず，何か特化された技法を求めるというより，基本的に，まだ未熟な要素が多分にあるクライエントであっても，人として遇すること，当事者の自尊心を大切にする。その上で，その青年の問題点指摘にいたずらに急になるばかりでなく，潜在可能性の発見につとめる。こちらが前もって理論や技法の枠組みに添って，相手に出会うという姿勢よりも，柔軟に個別化して多面的な援助技法を工夫する。的確な見立てを行って，クライエント自身の試行錯誤をかなりの覚悟を持って見まもり，待つ姿勢が望まれると考えます。

そのためには，援助者自身も常に課題意識を持ち，かりにささやかでも青年と成長変容を共有したい，という姿勢を持つことが望ましい，と考えます。

障害を抱えて生きることとライフサイクル

はじめに

　本日，皆様とご一緒に考えることができることを大変嬉しく思いますが，私は臨床心理学が専門で心が傷ついたり病んだりされている方がどういうふうにしていったら少しでも生きやすくなられるかということを心理学の理論と方法で考えていくのを専門にしており，いわゆる障害児教育とか，障害の問題の専門ではないのに，こういう機会をいただきますことを大変恐縮に存じます。私がどういうふうにこのことにかかわってきたかということを初めに少し述べさせていただいて，そして今日，皆様とどういうことを共有したいかという結論のようなことを先に話させていただこうと思います。

I　問題意識と現実

　私は1959年に大学を卒業いたしまして，家庭裁判所の調査官になりました。振り返ってみますと，私の研究テーマや仕事の上での問題意識というのは，実は最初に現実に触れたときに疑問に思ったり，うまくいかなかったことをずっとその後，細々とですけど何十年間か抱えてきて，その間に螺旋階段をだんだん上がっていくように同じことを繰り返しながら，少しずつそこで気づき，形成してきたものです。未だに戸惑っておりますけれど臨床というのは先に理論や方法があるというよりも，そうした先人の残したものをしっかり勉強するのが大切だと思うのです。しかし，それにとらわれてその枠に当てはめることから現実を見るのではなくて，勉強はしっかりしていろいろなものを身に付けているけれども，しかし大事なことは目の前の一人ひとりの人，その現実をよく見て，それに必要なことは何かということを編み出していくのが臨床だと思います。

　そう考えてみますと，実は当時今から四十数年前，そういう問題意識は希薄

でしたけど，日本の現場でも非行少年といわれる人たちの中での発達障害の子どもの比率というのは非常に高かったと思います。でもその頃はそういうところまでまだ議論が到底及ばない，今日たとえば書店に参りますと専門書が溢れていてどれを買おうかと思うくらいですけど，当時は臨床という言葉はほとんど聞かれない時代でした。

私は学校で心理学を勉強いたしましたけれども，それは統計ですとか実験心理学で，生きた目の前にいる人の気持ちをどういうようにして理解するかというそういう心理学ではなかったのですね。ですからまず，少年に出会ってはたと困りました。「これから真面目になりたい」と多くの少年は言うわけです。累犯者の，相当犯罪性が進んだ人は偽りらしい態度をとりますけれども，そのときに一方で相手の言葉を大切に正直に受け取りたいという気持ちと，でも言われたことを「ああ，そうなの。じゃあ，真面目にやるのね」と言ってそのまま家に帰してさらに大きな事件を起こすということになれば，本人自身そしてまた，社会防衛的にも大きな問題ですから，この人の言葉や言動にどれぐらいの信憑性があって，それがこれからの生活にどう根付いていくかということをしっかり理解するのが調査官の仕事なのです。それについて自分の学んできたささやかな心理学というのは本当に役立たないということで愕然といたしました。

どう勉強したかということはさておきますけれども，今振り返って自分の力が足らなかったなあと思い，でもそのことがその後のいろいろな問題意識の元になった一人の少年のことをまずはじめに話させていただきます。

II　ある少年の事例

その少年といいますのは，10代後半の年長少年でした。当時（1960年頃）は虐待とか不登校という言葉はなかったのですね。それで，窃盗で逮捕されて身柄つきでまいりましたけれども，生育歴を見ますと今日いいますところの虐待で，家の中ではその子の能力が低いということで，もう本当にひどい扱いを受けて，学校も長期欠席のまま家に居られず野宿を重ねているという生活の中で窃盗を行ってきたという少年でした。彼は，私に真面目になりたいと言うのですけれども，鑑別所の知能検査で確か，IQ70位でした。知的障害があるのですけれども，知的障害のほかに自分の家族，親からいじめられてきたという

そうした人間不信，心の痛手と，それから長い不登校の生活で元々の素質が低い上に社会性の学習不足が著しいという少年でした。

　四十数年前ですから，私も若くてナイーブに少年には見えたのでしょう。役所の人間といえばいかにもそれらしい人が出てくるだろうと想像される中に，そういうナイーブな人間が現れたというか，私が本当に心細さでただひたすら一生懸命という気持ちを見てとったのか，両々相まってでしょうけれども，真面目になりたい，一生懸命働きたい，ここから出たい——鑑別所ですから，身柄は拘束されているわけですけれど——ということを彼は言いました。先ほど申しましたような生育歴ですし，素質も低く学校も行っておりませんし，警察や検察庁の意見は当然少年院送致。こういう揚合，医療少年院に行くことも多いのですけれど，周りの先輩の調査官も「そんなの迷っている必要なんかない。貴女は少年院送致の意見を提出して彼は少年院へ行くのだ」と言われました。もちろん，初心者として，上司や周りの意見を大切に聞くことは大切です。けれど，そのときふと私が思いましたのは，これだけ身近な親からも虐待され，家に居られない，そういう生活を送ってきて，人間不信を強く抱いている。そういう人が一度は自分の言葉を人から信じてもらわなかったら，おそらく人の言葉を聞く人になれないんじゃないだろうか，と。

　これがたとえば強盗傷害ですとか，もっと重い事案でしたらこういうことは言っていられませんし，決して盗みがいいとかそんなこと毛頭思いませんけれど，やむにやまれず野宿して，飢えて食べ物を盗ったというものでして，彼が少年院に送致されるのが妥当という意見はもっともではありますが，次のように考えました。生活背景からきている全体的な発達の遅れが著しく，社会適応力がないということですが，まずこの少年が自分の言うことを真面目に聞いてもらえるという人や場所があるという経験をすることが基本だと私は思ったのです。ところが少年の家族は，先ほどから言いますように，今日でいう虐待している状態で，「こんな子どものために裁判所に何度も呼び出されて，話をすることだってうんざりだ」と，「もう審判のときも来ませんよ」と言われ，私に，私の旧姓は礒貝というのですけれども，「礒貝さん，そんなにこの子がいい子だと思うんだったらあなたの養子にしてくださいよ。もう来ません」と言って，何も受け付けないという状態でした。

　こういう少年院送致になる1つ前の段階，あるいは保護観察決定をする1つ前の段階にしばらくその人の状態を見て，それから最終結論を出すことで試験

観察という制度があるのです。私は試験観察をしようと思いましたが，まず彼の住むところがないわけなのです。家族が引き取らないと言いますし。それかとてすぐどこかに就労できるだけの力があるというわけでもありませんし，でもこの子が初めて自分なりになんとかやってみたいというその気持ちにその機会を提供しなくてはと思って，ふと周りを見回しました。今日では家庭裁判所にもいろんな細やかなステップを踏む制度ですとか，補導委託制度というしばらくお預けして，少年の様子を見るというような委託する先もありますが，当時はそういう社会資源も乏しい情況だったのです。

　新米の私が「どうしようか。審判までの期日も迫っているので」と思いましたときに，今と違いまして，お昼はよく出前をとる時代でございましたが，裁判所にお蕎麦の出前に来られるすぐ裁判所の裏にありました，今も名前を覚えておりますけど「一寸一（ちょっといち）」というお店の奥さん（おかみさんとみんなは言っておりましたけれど），その人が中には少年刑務所仮出所の人を引き取って働かせて立派に更生させたとか，そういう少し難しい若い人を雇っておられることを漏れ聞いたのを想い出しました。出前に来られたときの何気ない受け答えもきびきびして，小柄でかわいらしい顔立ちの方でしたけれど，本当に生きる知恵があるという感じの方だったのですね。普通そんな採用されたての調査官補が自分で補導委託先をいきなり開拓するということも少し無鉄砲だったのですけれど，「こういう少年が居るのですけれど，しばらく雇っていただけないでしょうか。裁判所と近いので私はなるべく様子を見るようにいたします」とお願いしました。一瞬驚かれましたけど「いいですよ，お嬢さん」と言われて，お嬢さんというのは世間知らずでこの人ちょっと頼りないと思われたのでしょうけど……。引き受けていただいてその店にその少年は勤め始めました。

　今のように子どもにどういうステップで社会適応力をつけるかなどというテキストもなかった時代なのですけど，初めに皿洗いからやっていけばまあ仕事になるのではないだろうか，そのうち出前を持って行く，そして空をさげるという，という具合に出前をできるようになるのではなかろうか，と。ところが，ことはそう容易ではありませんでした。一生懸命やっていてもお蕎麦を置いてくるときは夢中で置いてきますが，あとで今日届けた分を3時頃になって空を取りに行くということをするときに，どこに何個届けたかということを実は記憶できていない，それでただ自転車に乗ってぐるぐる回っているということが

あることがわかりました。

　このままだと，また家出して放浪ということになってしまうなと思い，私はその後，いろいろ発達障害のある人にかかわるなど考えても居りませんでしたが，ここで，しっかりやりなさい，真面目に働きなさいと言葉で告げると，それではだめだと，よくあるそういう抽象的な言葉でこの子を励ましたって仕方がないと考えました。そこで，そのお蕎麦屋さんの配達区域の地図を描いて，そしてシールみたいなものを作って，届けたときに地図の上に今日はどこに置いたというシールを貼っておいて空を取りに行くと，わからなくてぐるぐる回って叱られるということがなくなることに気がつきました。それからまた，お釣りを受け渡ししなくてはならないのですけれど，今のように電卓が普及している時代ではなかったのですが，これが集金だよといってお釣りが然るべき量入っている袋を渡されても，彼はぱっと100円玉とか10円玉とかそれがどうなるかっていうことがわからないのです。じゃあということで古い封筒を切って，そこに10円玉，50円玉，100円玉というふうに入れて，上に書いておいて，いくらお釣りがいるときはこれをみてやれば間違わないし，後でお店に帰ったときに集金が不足しているとか多過ぎることはないだろうというふうに教えたのです。

　いわゆるスモールステップなどという言葉もテキストもない四十数年前ですけど，夢中になってやっているうちにまあまあ仕事ができるようになり，それで一生懸命働く，真面目だということでお店でも可愛がられ，給金をもらうと彼はそれで初めて自分のお金で足に合った運動靴を買えた，秋が深くなったので冬物のジャンパーが買えたっていうのを仕事の合間に見せにくるようになりました。「ああ，なんとかうまくいっているのかなあ」とほっとしました。そこがまだ若くて浅はかだったのですけど。4カ月くらいでこの試験観察は，つまり仮の処分ですから，これで大丈夫だろうという周りの助言もあり，彼は保護観察になり私の手元を離れました。

　やはり近いのでときどき私に会いたいようでやって参りましたけれど，裁判所というのは決定した後のことをフォローする機関ではありませんし，「新しい保護観察所で保護司さんや周りの方の指導を受けるように」と「私のところにそういうふうにあんまり再々来るんじゃないのよ」と言いきかせました。それからどれぐらいでございましたでしょうか。かなり経ちました土曜日，退庁の時間で帰ろうとしているときに，真っ青になって痩せた彼がやってきて私の

顔を見るなり，「はあー」と溜息をついて「悪いことをしていた。ごめん」と言って倒れ込んだのです。とにかく，すごく痩せてお腹が空いている様子だったので，裁判所で食べ物をあげたりすることはもちろんしないし，よそに調査に伺ってもせめてお茶までとかそれはきちんと距離を保たなければならないのですけれど，彼にまずはパンを買って，「どうしたの？」と聞きました。すると彼が言うには，誘われてかなり大勢の青年が組織的に盗みを働く窃盗団の見張りに自分はついて来いと言われてふらふら行ってしまったそうです。でも，彼は知的に障害があって機転が利くわけではありませんから，犯罪を働くにはかえって足手まといだということがグループの犯罪者たちからするとすぐわかり，そのまま彼をいらないと言って放って，みんなでまた盗みの旅行に行く前に少しでももとをとろうということで，今はもうありませんけれども当時は売血制度がありまして，それで彼の血を抜けるだけあちこちで抜いて，それで貧血状態になって捨てられて，ふとそのとき彼は私のことを思い出して裁判所にやってきたのですね。本当に愕然といたしました。

　私がすぐ保護観察所に連絡すると「お宅に訪ねてきましたか。いや，それは本当に良かった。実は仮出所してきている大人のプロ級の犯罪集団が今グループであちこち高飛びしながら盗みをしているその中に入っていたのです」「よくあなたを訪ねていった。今すぐ身柄を確保するから保護観察所に連れてきてください」と言われました。裁判所の上司に報告しましたら，私は一言でいえない気持ちで動転していたのですけど，「あのとき本当はもう施設に送ってしまえば簡単なような子どもの気持ちをあなたは信じてやりとりして，あの子なりに働いた，だからこういうとき訪ねてきたのですね。良かった」と言ってくれたのです。でも，私はそんな単純に良かったという気持ちにはとてもなれませんでしたが……。観察所まで行くのに今のように自動車が普及している時代ではございません。所長の車で真っ直ぐ送るというので，黒塗りの上等な車に彼と２人で乗って行って，保護観察所では「ああ，良かった」と。

［まとめ］

　私はここからいろんなことを反省しました。当時のシステムとしては無理ですけれども，彼の初めの気持ちを大切にし，スモールステップを踏んで彼なりに仕事ができるようにはなっていきましたけれど，本当はもっときめ細かく，息の長いサポートが必要だったと思います。それから彼が働くことについては雇い主だけではなくて，もっといろいろなサポートがあれば再犯も起きなかっ

たのではないかと思うわけです。しかも勝手知ったる勤め先というところでそのお蕎麦屋さんにも盗みに入っていたということがわかりまして，私はいてもたってもいられない気持ちになりました。ちょうどすぐ給料日だったので１月分の給料，当時今のような払込ではございませんで新札でございましたが袋を開けずにそのままお蕎麦屋さんに行って「本当にご迷惑をかけました。私が新米なのにこんなふうにお願いしたことがかえって大きなご迷惑をかけました」と言いました。すると，その懐が深い機転の利く，温かい感じの蕎麦屋のおかみさんが私の手を握られて「これ，あなたのお給料袋を持って来られましたね。あなたは心柔らかなお嬢さんですね」ってまたお嬢さんですねって言われて，「痩せても枯れても，この一寸一はあなたのお給料を当てにしなくてもちゃんとやっていけます。大丈夫です。気持ちを治してしっかり仕事をしてください」と言われました。

　私はこの失敗からさまざまな課題を与えられ，考え続けてきました。私が，これまでどういう仕事をしてきたか，その中で発達障害というものをどう考えてきたかを振り返りますと，1970年代に自閉症の方にお会いするようになりました。当時自閉症というのは生物学的な要因が基礎にあり，受け入れるとかプレイセラピィというのは無駄だという議論が盛んになった頃です。でもそのとき，ふとこう考えました。プレイセラピィと一言でいっても，これはＡさんがやるのとＢさんがやるのとでは違いますね。たとえばこの紙コップ，私が持ってもＢさんが持っても紙コップであることには変わりはありませんけれど，プレイセラピィというのはいろんなものを内包しているので人によってずいぶん違うだろう，人の要因を考えずに単純に結論を出していいのだろうかと，でもよく見て接してみると，実はこちらのことをそういう子どもたちはもう体感覚的に感じていて，こちらが何を感じ，どういう人であるかということも実は感じとっているらしいのです。

Ⅲ　聴覚障害の子どもたち

　人間というのは，その当時から生物・心理・社会的，この３つの側面から総合的に考えていくべきで，あまり単一の，これが新しいきく方法だとか，これでいったらいいという新規のものにとらわれるよりも，物事はバランス感覚を

もって，着手できるところから一つ一つ具体的に積み上げていく努力をすることではないかなと思いました。その後，いわゆる境界例，パーソナリティ障害といわれる方たちのことが大きく精神保健の世界で取り上げられるようになりましたけれど，そういう方というのは非常に人を惑乱させて振り回されるという，いかに迷惑で大変な人かという議論が盛んでした。

　しかし大事なことは，着手できるポイントを探して一つ一つ取り掛かれることをやっていくのが現実の臨床であるということと，よく見ていると，そういう人というのは人として必要なものを人生の初めの時期からきちんと受け取っていない，そうであれば暦の上では青年期に達していても，もう一度育ち直るということが必要ではないか，ということで，そうした行き場のない青年たちのための通所施設を立ち上げるのを手伝って，その人に合ったやり方で社会復帰していける方法を考えるということを1980年代から発達障害に加えてやるようになりました。それで最近，これも私は決して聴覚障害など専門ではなかったのですけれども，聴覚障害の臨床にささやかながらかかわらせていただくことになりました。実は聴覚障害というのはコミュニケーション障害であって，たとえば皆さんは聞こえない人は手話を覚えればいいだろうというようにお思いでしょう。ところが，NHKなどのテレビに映ります手話というのは日本手話というので，あれは正しい日本語に準じた語順でそれが手の形に置き換えられたものです。たとえば，「私は昨日学校に行って，久しぶりに友だちに会って嬉しかった。」これが普通の日本語の順番ですね。これに沿って私はというふうになるのですけれども，ところが，元々聞こえに障害がある人というのは想像していただければわかりますように，コミュニケーションとは，これを是非伝えたい必然性のあることから人間は言葉とか身振りで発しますから，先ほどの文章ですと，「嬉しかったよ，友だちに会って，昨日学校に行って」という順番になるわけです。これは伝統手話といって手話には日本手話と伝統手話と両方ございまして，そういう意味でも「じゃあ，手話を覚えればいいか」というとなかなかすんなりいかない難しさもあるのです。

　それから，聞こえに障害がある上に，自閉症の方ですとか知的障害の方はこうしたサイン言語を覚えることが難しい。指文字の会得も難しい。ですから，本当に二重，三重の難しさを抱えて生きていかなければならないのです。あるいは精神的な病になられても，そうした自分の状態を相手に的確に伝えることができないことによって投薬量をはじめ，いろいろな対応がぴたっと合わない

ということで，さらに状態が悪くなる。そういう重複聴覚障害，いわゆる中年以上，高齢の方もいらっしゃいますが，聞こえない上に発達障害を併せ持つ，あるいは，中には視覚障害，見えなくて聞こえないという方もいらっしゃいます。

その重複聴覚障害者の施設から平成10年頃でしょうか，私がある本（村瀬,1999）を編集したのをご覧になって「とにかく暴力が止まない人や拒食でご飯をまったく食べない人がいるのでなんとかカウンセリングして欲しい」と求められ，でも見通しがないことや自分に責任が持てないことを軽々しくお引き受けするわけには参りませんし，私は「そういうことは経験もないし，わからない」とお断りしたのですけれど，片道2時間位かかる遠方から，お忙しい中，施設長さんや看護師さんがいらして，「じゃあ，何ができるでしょうか」ということで，そこに伺うことになって今日に到っております。その二重の発達障害に加えて聞こえないという障害を持っていらして，しかも中年以上，あるいは高齢になった大変な状態の方が，それでもそこからほんのささやかでも生きる希望を取り戻され，このあいだよりは人間的なまとまりのある振る舞いをなさるというときに，何が必要かということを模索する，そう常に私は模索しているのです。

Ⅳ　発達障害児とライフサイクル

そうした経験の中から，では一体発達障害というものを生命として宿ったときから高年齢になるまでの間，ライフサイクルの中でどう受けとめていくかということをこれからご一緒に考えたいと思います。

「こうすればこうなる」という，貼ってすぐ効くサロンパスのような明解な理論や方法論があるというよりも，いつも新しい課題が目の前に広がってどうしよう，しかも，それに引用してくる前例やお手本がないところで同僚やそこの職場の方と手探りする中で，よく観察して見ているとほんの小さなことでも何か糸口が見つかるのですね。

【事例】
前述した聴覚障害者施設の中の，一人の20代後半の青年のケースです。
彼は，肥満で一日中ほとんど床に転がっているような感じでした。少し作業できる方は軽作業のグループもあるのですけど，そういうのが無理な人たちは

ゆったり班と称してひなたぼっこしたり，簡単な食事を作る，お食事というか，おやつを作る一部を一緒にするといった具合です。でも本当にやることがないという生活の中で，その青年は，本当にご飯の時以外は床に一日転がっているような状態だったのです。

　自閉症ということで，子どもの時は彼が耳が聞こえないということも4歳くらいになるまで周りは気づかなかったようです。それで，ずいぶん辛い経験をし，どこにも居場所がなかったようです。いくつもの施設を転々として，その施設に来られました。まずコミュニケーション手段の手話も指文字も，それからボディランゲージも使用できず，とにかく能力が低くて苦労されていました。手話とかが覚えられなくても，ここでこの人にわかってほしいという人間と人間とのつながりとか生き延びていこうと希望を持ち始めた人は，その人独自の身振りをされるので，それをよく見ていると，「ああ，こういうことを望んでおられるんだな」ということは汲み取れるようになり，そこで，コミュニケーションが生じるものです。そして，コミュニケーションがある程度できるようになると向こうも安心して，こちらの土俵に乗ろうとしてくるので平易な手話を覚えようとされる。そこで少しずつ人間関係の広がりができていくというわけです。

　しかし，この青年は，床に転がっていて，それで初め，施設の方は「いや，もうどうせあぁです。仕方がないんです」という感じでした。いちばん簡単な作業で新聞に入れるチラシを10枚ずつ数えて束ねるという仕事だったのですけど，「数も勘定できないし，無理ですよ」と言われたのです。でも，その人をよく見ていると濃いピンク色が好きだということがわかったので，ピンク色の丸い玉を作って，それで彼に誘いをかけたら，なんだろうかなっていうふうに，その作業している台の向こう側に座られたので，それでこの白い丸を10個，そしてそのピンクのシールをたくさん作っておいて，ピンクのシールを1つ置くのに合わせてこちらのチラシを1枚置く，またピンクのシールを置く，それでチラシを置くというふうにしていくと，10個の丸ですから10個ピンクを置くと10枚チラシが一束にできるわけですね。

　これは，今の費用対効果ということを強く謳う世の中ではそんなこと，あっという間にできること，すごく能率が悪いという言い方もできますね。でも人として生まれてこの人，床に転がっているんですよ。自閉症で聞こえない，小さい時から生育歴もわからないのですけれど，とりあえず，食べて生きていく

表 1

乳幼児期
1. 誰しも乳幼児期に必要としていることを障害を持つ子どもは十分に与えられてきたであろうか
    ①そのままをよしと受けとめられる……生まれてきてよかった，この世は生きるに値する
    ②さりげなく自分を見守っているまなざしがいつもあるか
    ③この世的利害から自由な視点で，行動を楽しみ，生きている喜びを実感できるか
2. 子どもの障害に保護者や大人が気づくとき
    ①子どもの重篤な内科の疾患を識ったときの親，子どもの精神的障害を識るときの親の態度（大江健三郎と東大の指導教授，乙武氏が生まれたときのご家族）
    ②行き戻りつもどりつのこころの道程
    ③受容と受けとめること。行きつ戻りつする気持ち
    ④人間の強さ，品性とは
3. 子ども自身は生まれてきてどのように自分や世界をどう体験しているのであろうか

ことは保障されても，このままで本当に人としての生き方としてどうなのであろうと思ったのです。それで，一緒に行った同僚と先に申しましたような工夫をしました。すると，彼は起き上がって来て，その後かなり変わって，その人なりに今，簡単な手話は覚えようとしたり，それが元でコミュニケーションが少し成り立つようにもなっておられます。

このように，私は本来の発達障害そのものを専門にしているわけではないのですけれど，向こうから問題がやってくるのに「どうしようか」と考えてきたことをライフサイクルに沿ってお話しいたします。

V　乳幼児期の発達課題

これまでの実践を振り返って反省を含みますけれど，まず乳幼児期の課題が何かということを考えてみますと，誰でも人として，乳幼児期に必要なことを得ることが当然大事なわけです。障害を持って生まれてくる子どもさん，今，私が申しております障害というのは一見，そうとはわからないといわれている

レベルの方だけではなくて，非常に重い人までいろいろな人を含めて使っている言葉なのです。でも，そういう子どもたちはごく健康な子どもが当然として受けるものを受け取ってきただろうかというふうにふと考えてしまうのです。

　もう今から30年前ですけど，私は周りの人から「純然たる知的障害の子どもというのは最近少なくなって，知的障害の子どもも何か落ち着かなくって情緒的な問題を持ってますよ」と言われたことがあります。けれど，それは文明が進んでいろいろな意味で生きていく上で高度なテクニックが求められ，スピードが大事にされ，という時代になると，そこで生きていくためには知的なハンディがあると難しいわけす。発達障害者にとっては，そういう難しさ自体が元の素質の脆弱性にさらに反応として生きにくさというものを感じさせられて，イライラしたり，なんだか怒りっぽかったり，パニックも起きやすいのではないか，と思うのです。たとえば，私が今，中世のラテン語だけしか話さない国に行って，そこで，じゃあポツンと一人置かれたらすごく戸惑うと思うのですけど，本当はそういう状態じゃないだろうかと思うと，相手がイライラしたり怒ったりパニックを起こしても，そうであろうなあという少し気持ちのゆとりが取り戻せるのです。私はこうした発達障害児の子どもさんに会っていて，そうした焦燥感とか飽き足らない感じとか，あるいは不安感を多くの人が持っているような気がするのです。

［徳之島でのフィールドワーク］

　今から2年前でございますが，突然，徳之島から，鹿児島県の離島ですけど，お電話を頂きまして，「本を読んで，是非来て話をして頂きたいと思った」と言われました。伺うと徳之島というのは鹿児島から飛行機は一日に1便，片道1時間，それから船ですと12時間かかる。その時は都合がつかず，「私，話ベタですから本をお読みになってください」と申し上げました。すると，「いやそんな，みんな本は読みませんから来て話してください」とおっしゃって，その年はどうしても時間が取れませんのでお断りしたら，また翌年お電話をくださいました。そこでふと考えましたのは，そんなに長い時間をかけて行って私の下手な話を短い時間して帰京するよりも，実際，発達障害児を受け入れていらっしゃる保育園に私が朝から夕方まで子どもたちと一緒に過ごす。そして保育士さんやあるいは普段地域の精神保健の第一線に携わっていらっしゃる保健士さんともその日ご一緒してどんなふうに子どもと接するかというのを一日やってみる。わずか一日ですけどその日の夕方，ケースカンファレンスをして，

夜，地域の専門家の方々にお話しするのはいかがでしょうかと提案し，そこで2泊3日の生活をしたのです。園児が130人いる保育所にいわゆる障害があると診断された子どもさんは5人でした。確かに発達のレベルからいうと相当に重篤でその行動自体は決して軽くないのですけど，でもその子どもさんに会って非常に印象的だったのは，どの子もおおらかで伸びやかで，自分はここにいていいんだという「居場所感覚」を持っていることだったのです。

　私はそういう発達障害の子どもさんにあまり東京ではお会いすることがなく，そのことにまず驚きました。実は，徳之島では一家に子どもさんが，5人か6人が普通でございます。そこは離島で，すぐそばの沖縄県はいろんな意味で，航空運賃一つにつきましても離島政策の配慮を受けておりますが，徳之島ですとか他の奄美諸島はそれがなくて，経済的な問題，社会的な問題は，厳しいものがあるところです。にもかかわらず伺いましたらば，発達障害児について町内の人は「ご苦労さんね。そういう子どもさん，育てて」と言って，手代わりがないときは留守番をしてあげたり，ちょっと預かってあげたりそれが普通だということです。

　たとえば，首都圏でのことですが，こういう子どもさんと接してきて，中には本当にいわれのないいじめを受けている例がいろいろありました。子ども同士のいじめだけでなくて少し伸びてきた子どもさんに親御さんが匿名電話をかけて「お宅の子どもがいるためにうちの子の偏差値が1つ下がって進学に差し障る」というようないじわるをされる世知辛さに比べると，「誰もそんなこと言わないから子どもはおおらかなんですよ」ということを伺いました。障害児といわれますけども，感情的に不安定で爆発したりするのも，器質的な脆弱さだけに起因するものであろうか，そのままよしと受けとめられる，本当に生まれてきて良かった，この世は生きるに値するという感動を理屈抜きに味わうということは，障害のある子どもさんは一体どれだけあるのだろうかということを考えます。もちろん善意からではありますけれども，本当は健康な子どもに対してはさりげなく見守って配慮をしてるというのが自然かと思います。しかし，どちらかというと少しでも何か，こういうふうにしたらこうなるだろうとか，ためにするというまなざしに多くさらされ，さりげなく見守られるという，そういう自然なふわっと包まれるような経験を発達障害児は小さいときからどれだけ持っているんだろうか。そして，この世的な利害関係から自由な視点で無邪気にいたずらとか「ああ，面白いな」ということを心底楽しめることが一

体どれだけあるのだろうかと思いました。少しでもそこは変えるように，そこを伸ばすようにという課題のもとに非常に多くおかれて生きているということは，それは非常に大変なことだなという，尊敬にあたる気持ちを抱きますけれど，でもそういうそのままの存在が尊いというふうに思われることがどれだけあるのだろうかと，少し疑問を持ちます。

そう考えてみると，相手がすごく興奮したりこちらが戸惑うような行動をされても，その人にとってみればこの世の中はものすごく高いハードルが多い，なぜか自分の責任ではないのに居場所感覚を持ちにくい，辛いだろうなと，自ずとこちらの表情や醸し出す雰囲気が少し和らいで，それがまた相手にも伝わるということではないかと思うのです。

Ⅵ　子どもの障害に気づくこと

こうした子どもの障害に保護者や大人が気づくとき，「じゃあ，どういうことが考えられるだろうか」ということです。これは佐々木正美先生（小児科医であり児童精神科医）との私的なお話をしているときでございましたけど，先生が小児科医として東京女子医大の病院で小児ガンの子どもさんの診察をされていて病名が特定され，それを親御さんに告げると，もちろん非常に狼狽されるけれども，でもどうしようか，ということにすぐ姿勢を立て替えて治癒のためにはどんなことをどうやっていったらいいのかと現実的に動きはじめられるそうです。非常に重篤な場合で命は難しいというようなときでも，その残された時間をどう過ごすかということで姿勢を立て替えられる。そこが重大なことを告げられても違うのだ，と。

障害があるということを告げたときの親御さんというのは一様にそんな「どうしたらいいか」とか「じゃあ，こうやって生きていく」というようにすぐにはなれず，非常に深く逡巡される。そこが大きな違いだとおっしゃいました。これは，とても根本的な大切なことのように思われます。時として，今でもこの親は子どもの障害を受容していないという，そういう台詞を聞くことが多いのですけれど，私は人の気持ちってそんな容易に重い事実を受けとめられるのか，受けとめていかなければならないというそれは現実ですけれども，受容すべきだということを第三者がその当事者に向かって当然のように言うというのはどうだろうかといつも疑問を持っています。

この一つの例で，大江健三郎さんが東大のご自分の指導教授を訪ねられたとき，たとえば，英文科というのは卒業すればいろいろつぶしがきく専門ですけど，仏文科は，その道で本当のエキスパートにならなければならない。それだけに，ある時期までは仏文科というのは一番自分たちはできるんだというような自負を持っておられたということです。そういう状況のときに大江健三郎さんがご長男が生まれたということをその指導教授に話しに行かれたら，「ああ，そうだね。今度生まれてきた子も君みたいに，ここの研究室に来て」とおっしゃった。それは祝福の気持ちでおっしゃったのですが，それに対して大江さんは「いや，子どもはこうこうこうこうで，非常に重い障害を持っています」と話されると，教授は赤面されて，言葉がなくなって非常にしどろもどろになられた。このように，恵まれたできる人でも，社会経済的にも恵まれた世界でそれは自分に関係がないと，生きてきた人にとって，障害というものをどう考えるかというのは，即座に言われてなかなか言葉や態度にできないのは想像できることです。その先生のご様子を見て大江さんも言葉を失って「ああ，自分はここで他の友だちとは違った形で，でも子どもと大切に生きていくんだ」と思いながら，自分も戸惑いながら教室を後にしました，というエッセイを読んだことがあります。健康で丸々した赤ちゃんを見ると人はもう理屈ぬきに「まあ，かわいい」と言いますけれど，そういう普通のことを普通に言われることなくして，自分の生を受けとめる人生が始まり，それを生涯担っていく。そして，ほめられるときもそれはある考えた結果，努力の結果に対してほめられるので，理屈ぬきにいいと言われることが難しいという条件を担って生きていく人に対して，そういう平板な憐憫というのではなくて，その状況がどういうものかということを深く想像する気持ちをどこまで私たちが持つだろうかということが課題だと思うのです。

　それで，乙武さんとおっしゃる，評論家から今は小学校教諭になられましたが，手足が不自由な方のご本の中に，この方が生まれたときにお母さんにどうやって伝えようかって周りが非常に苦慮された挙句，でもこの子はこうだよと言ってその赤ちゃんを見せた。お母さんはとても明朗なオープンな方だというふうに，この乙武氏は言ってらっしゃいますけど，見るなり「まあ，可愛い子ね。だるまさんみたい」とお母様はおっしゃったそうです。僕は母親がそう言ったというのを聞いて，とても何か，妙にこだわらなくて，こう生きてきましたと書かれているのですけど，どんなものに対してでもそれはそれとして尊い

なあ，と思えるそういう気持ちをこの発達障害の人に出会うときに，私たちが持っているかどうか，これを周りの人が持つかどうかということが実はその人のこれからのあり方にとても大きく影響すると思います。

そう考えていますと，私は保護者の方が先ほど申しましたように，単純にその物事を受容できたりできなくって行きつ戻りつされるのは当然ではないだろうかと思うのです。私はどこか自分の本にも書きましたけれども，重度の情緒障害児学級にいらっしゃる模範的にしっかりしたお母さんといわれてる方が，あるとき私と話していて，「1年に1回だけ1月の7日，そうした親だけが集まって，お母さんだけが集まって，子どもは誰かにみてもらって朝から晩までその日だけはもう立ち上がれないくらいへべれけに酔うのです。その1年の1日があとの364日を生き抜くエネルギーなのです」とおっしゃってから，パッと口に手を当てて「あっ，言うんじやなかった。言うんじゃなかったのに，先生と居たらなんか緊張が緩んで言ってしまいましたけど」とおっしゃいました。そのお母さんはもう模範的にしっかりされた方で，迷いなく子どもの問題を受け入れてやっていらっしゃるというふうに周りから見なされていましたけど。私はやはり人の気持ちというのはそういう一言で尽くせないものがあるというものを，それが自然だと素直に思う気持ちがとても大事ではないだろうかと思います。

VII　子どもが体験する現実世界

では，子ども自身は生まれてきてどのように自分や世界を体験しているだろうかということです。これがなかなか本人がうまく言語化できる人たちではございませんし，わからないのですけど，本人の世界をどう受け取っているかという，そこを想像することがすごく大事な課題ではないでしょうか。

たとえば，学齢期ですと，普通健康な子どもというのはこれだけの課題をこういうふうに努力すると，これ位できるだろうというおおよその目処がわかるわけですね。ドリル1つとっても，宿題でも，あるいは1学期の勉強の量とか，それから運動の，たとえば鉄棒ができるようになるとか，何かちゃんと本人の中で目標とそれに至る道筋というのがある程度わかりますけれども，障害のある子どもさんというのはこの努力が一体どういうふうに意味を持っていくのかということをどれ位のパーセンテージの人がどれ位本当に自覚しているのか。

表 2

学齢期
1．見えないゴールに向かって継続的な努力をする障害者本人の気持ち
2．努力目標に順位をつけて，可能な範囲で目的を共有する
3．他律の中にどのようにして自律を味わい，人としての自立心（自尊心）を会得するか
4．達成目標は障害者本人のニーズに適ったものであるか
5．生活の中にユーモアや楽しみを
　　巧拙に関係なく趣味やその子どもの世界をガイドラインやマニュアルを知悉して生かしながら個別化した多面的な工夫をこらした援助を
6．時には「家を開く」ことを，日常生活での交流の機会
7．きょうだい，親戚，地域社会との関係

ときどき立ち止まって考えないと「これだけやれるようになった」って喜んでいても，それがものすごく本人に負担になっていることもある。
　だからといって何もしないで任せておけばいいというのではないのですけど，その辺のきめ細かなきちんとした捉えがとても大切だと思います。

【事例】
　最近の例です。お子さんがもう40歳近いとか，中年になろうとする，そういう障害者を持っていらっしゃるご家族の方が訪ねていらして，いろいろ以前のことを振り返ってお話になられたり，これからどうしようかということをお話になる中で，ある時期は自分も非常に一生懸命になって二人三脚で，あるいは子どもに叱咤激励してやらせていた。それで，ある長距離マラソンで完走させたっていうことで得意になっていましたが，その集合写真で見たらわからなかったけど，その頃，自分の娘はすごく便秘で苦しみ不機嫌だったけど，「走ろう」と言って走らせるとマラソンを完走したし，それを褒めていた。だけど，ふっと自分が老眼になったので拡大鏡でその集合写真の走っている娘の顔を見たら，ものすごく辛そうな顔をしていた。走っていることが楽しいとか，ゴールに着いていいっていう顔をちっともしていなかった。あの時，遅くてもいい，完走できなくてもいい，もっと楽しみながら，本人も喜びを感じられるように，どうして考えられなかったのだろうか，あまりにも夢中で一生懸命で頑張ろうというふうに強いたことがかえって他の行動の乱れになっていたかもしれな

い。でもそういうことは後になって気づくのですよね，ということをおっしゃいました。

　努力目標をどういうふうに適切におくかということは大切だと思います。2番目ですけれども，努力目標に順位をつけて，可能な範囲で目的を共有するということです。あのこともこのことも〜というふうに気になりだすとたくさん挙がってきますが，まず必要なものを項目として挙げていって，目の前のその子どもさんの，今の発達の状況に即応して着手できそうなことから，しかもまず危険を伴うような生きていく上での安全に直結したようなことから項目を選んで，あれもこれもというふうに焦らない，繰り返しながら2つか3つずつやって定着していったら次に移るということも，これはおうちの方と双方向的に目的を相談しながら進めて行くときに特に大事ではないかと思います。

Ⅷ　子どもの自己決定能力

　次に学齢期の普通に健康な子どもは次第に自分のことを自分で考え，決めていく喜びを味わう，これが大きな課題になるわけですけれども，発達に障害があってすべてを自律的に対処できなくても，その人なりに人としての自尊心をどう持つように育っていけるか，そこも大切なことです。

　いわゆる今日の費用対効果を考える，あるいは早くたくさん上手に，というそうした基準からだけ考えていると，なかなかそのことには意味がある「あなたはこうなのね」ということが言えなくてつい注意事項が多くなったりします。私は，16年くらい前から養護施設に伺ったり子どもさんたちを家にお招きしたりしてかかわっているのですけど，そうした心が傷ついている家族と一緒に住めない子どもさんの中に発達障害を抱えている人の比率は一般の子どもさんより少し高いような印象を持っております。そういうカンファレンスに出席してみると，実際に行動上の問題が多いのですけれど，それでも資料に問題点ばかりが羅列してあるという印象を受けることが多い。寝るときにせめてその子を落ち着かせようと思って，「今日，こんないいことがあったっていうことを言おうと思うけど，一つもないんですよね」とプレゼンテーションされることがありました。私はふと，その子どもさんについて，「食が細いとかすぐ熱が出て風邪ひきやすいとか，そういうことありますか」とたずねると，「いいえ，

何食べてもお腹も壊さないし，ものすごくタフで，だからエネルギーがあってこういう乱暴もするし，体はものすごく元気です」とおっしゃったのです。私は，「今日一日，何か身体の病気にならないで無事に過ごして健康で寝られるということだってすごくありがたいことだと思いませんか」と申しますと，職員の方は「ああ，そうか」というお顔をなさったのです。限りなくきめ細かくものを見る，そしてあまりにも空気のように当たり前だと思っていることにも実は意味があるというふうに考えてみると，私は非常に重い子どもさんと暮らしていくときでも，その中に，その人が自尊心を見つけられることは必ず出てくると思うのです。

4番目の達成目標は，障害者本人のニーズに適ったものであるかどうかということです。これは言葉がなかったり，意思表示ができないような子どもさんには何を望んでいるかということは双方向性を持って確かめて，次の課題を考えることは難しいですけど，少なくともある程度コミュニケーションが成り立つときにはこちらが一方的にメニューを考えるというだけではなくて，子どもと分かち合っていくということが必要でしょうし，ことに本人の意思が確かめられないようなときにはいっそうきめ細かく保護者の方ともお話し合いしていくという，こちらだけがよかれと思ってプログラムを考えていかないということが大事だと思います。

そして，これはよかれと思ってのことですけれども，一生懸命になると生活の中にユーモアとか楽しさとかということが少なくなります。中高年になった障害のある方に接して思いますことは，技術の上手，下手に関係なく，自分の楽しみですとか趣味を持てるように育った方とそうでない方というのはずいぶん日常生活の気分が違ってくるのです。たとえ技術的に上手でなくても幼児期や学齢期にその子が興味を示すものを何か趣味として一生楽しめるように伸ばしていくことはとても大事だと思います。

【事例】

一人の視覚障害と重い知的障害をもつ子どもさんです。就学猶予の次には訪問学級で先生がおうちに通ってくださるという形で育ててきたのですが，あるとき，おうちの方がその子どもさんが，土鈴の音がどうも好きらしいということに気がついて，それであちこち旅行されるときに，全国の土鈴を集められました。「ああいう素焼きの手の感触というのは独特ですね。その土鈴を触ると，形は似てるようでも音は微妙に一つ一つ違います。それを聞き分けることが趣

味になって，大人になってからもイライラしたり，辛そうなときに土鈴を前に並べて触らせるようにするとそれで気持ちが和む。それでこの子はこの土鈴の音を楽しむということを知って，ずいぶん気分的にバランスを取り戻せるようになりました。楽しんでるんです」ということをおっしゃいました。

　このように訓練とか，努力ということの合間にユーモアをどう組み入れるかが大事だと思います。たとえば，同じかけっこでも，あるいは「よーい，どん」とか，鬼ごっことかそういうのにのらない子どもでも，私は足首から紐をいっぱいつけて，それでそこに違った大きさの小さな空き缶をくっつけると，今はどうかわかりませんけど，以前アメリカで新婚旅行の人が出かけるときの車の後ろにそうやって紐で缶をいっぱいつけてカラカラ行く，それを想い出して私たちも足首に缶をリボンで結びつけましてみた。するとそれが面白くって子どもたちは走り出す。かけっこということがわかってやり始めるとか，それから鬼ごっこというのも，子ども同士で追っかけるということはいきなりできなくても，少し重くても私どもスタッフが子どもさんをおんぶしてスタッフ同士が追ったり追われたりすることから，つかまえるということがわかっていくという具合です。今は付加価値のついたいろいろな遊具ですとか，療育用具もたくさん既製品のいいものもできましたけど，応用して思いもかけないものを使うことも大事だと思うのです。たとえば，追っかけっこでいいますと，ルールを説明しても，逃げるとか追うとかがわからない，ところが援助者の大人がピアノのカバーの黒い布を被り，子どもを追いかける。捕まえられた子がピアノのカバーの中にだんだんこう抱き込んで入れていくと，それがおかしくてそのルールを少しずつ理解するという，大変さの中にちょっとおかしみをいつも取り入れるセンスがほしいのです。
　「家を開く」という妙なことを書きましたけども，これはユートピアのようなことではございます。ここにお集まりの専門家の先生がよりよくご自分の専門性を高めていくという勉強をしていただく。それは非常に貴重なことで，それがこうした子どもたちに対するサービスの質を上げることは事実です。ただ現実の問題として，世の中のまったく違う領域の人たちにも人生にはいろいろな形がある，そして税金を払うこととは別に，人は分かち合って生きるというセンスをもう少しみんなが持つようになったら，時に障害をもつ子どもさんを家に招くとか，音楽会へ行くなど，日常の交流機会をもつことなどが増すと，

こうした発達障害を抱く子どもさんに生きやすさが少しは増えるのではないかと思います。

IX　治療者的家庭教師について

　1970年代の終わり頃，子どもの状態が重いので冠婚葬祭すらも時に遠慮され，交際をなるべく少なくして，あまり外と交わらないというような，ご家族の方とお会いしていました。当時はセミロングの髪が流行だったのですけど，大抵みなさんショートカットにされていて，それで，私はきっと美容院に行く時間も惜しい，今のようにレスパイトケアとかショートステイとかそういう制度のない時代でしたので，手代わりを頼むこともできないし，それで髪を簡単に短くしてらっしゃるんじゃないかと思って聞いてみたら，「そうだ」とおっしゃいました。

　障害のある子どもさんをいろいろ配慮しながら毎日弛(たゆ)みなく努力して育てることは大事ですけど，その間に父親も母親も一人の人間として，自分を慈しんでホッとするということをやっていかなかったらそれはとても過酷な無理なことではないでしょうか。

　それで，これをどうしたものか。私が手代わりするということは無理なことです。今では不登校の子どもにメンタルフレンドという制度が全国にできましたけど，当時はなにも無かった時代です。でもふと考えて，大学生でそういう子どもさんにお兄さん，あるいは家庭教師のような，あるいは親戚の若い人みたいなほど良い距離感で——私はそれを治療者的家庭教師と名づけたのですが——やってみようという人と，それから相手の子どもさんや親御さんと会っていただいて，それでうまくマッチングしていきそうだったらやり方の条件は双方で相談していただこうと思いました。1週間に1回あるいは場合によってはもう少し間隔を開けたり狭める場合もございましたけど，家にその人が居て子どもと遊んだり，それからちょっとお留守番する間にお母さんがいつも気にしながら買い物に行くとかじゃなくて，ちょっと病院とか，ゆっくり子どもを連れないでお使いできる，そして気持ちをフレッシュにしたところでまた子どもに接していただくということで，「治療者的家庭教師」という制度を細々とはじめました。

もうひとつは，たとえば，この養護施設でもそれから情緒障害児学級でも学校から遠足に行くとか，招待されて劇場に行くとかそういうことがございます。でも，そのほかに普通の家に普通の客として招かれるということもとても大事ではないかと思うようになりました。忙しいものですから短い時間ですが，発達障害児の子どもさんや養護施設にいて気持ちがかなりすさんでいるような子どもさんもお招きするようなことをしてきました。そうしますと，人というのは，これはやはり時と所と相手という状況に応じてそのときそのときの行動を選び取っていくわけで，「もう大変な子ですよ。大丈夫ですか」と施設や学校でおっしゃるような子どもさんでも，うちに来て一日過ごす間にはその人の一番いいところが出るのですね。私は決してやさしく，ちやほやするのではなくて，むしろ必要なことはあっさりはっきり「これはこういうふうにしましょう」とか，それから，「それは危ない」といって，決してべたべたはしない，そんな甘いことはないと思うのですけど，でもうちに来ると本当に何でも面倒くさくてやらなかったという子どもさんが積極的に私と一緒だったらやる，といろいろなことに着手したりいたします。
　そういうことを考えてみますと，これからの時代というのは，学校ですとかあるいは相談所とか研究所という施設の中だけでなくて，もっと市井の人々がいろいろな条件を担って生きていく人生があるということを心のどこかに留めて，普通の家が開かれていくように，そういう社会にならないか，なるといいと痛切に思います。そこで，本当にささやかですけれど私は，そういうことを行い，折に触れてお話ししている次第です。

　それから学齢期のもうひとつの問題は，障害のある子どもさんと他の兄弟の関係です。私の長い臨床経験の中で思いますことは，ご両親の考え方が一致してこの状況を担い分かち合って生きていこうというコンセンサスがおありですと，それは自然に兄弟に伝わっていきます。ただそのとき，非常にしっかりして，この子は大丈夫というふうに思われるような，健康で健気なしっかりした兄弟のことを頼りにして，つい障害のある子どもさんの一方に親のエネルギーがいってしまっていたりしますと，ある時期とても健気ないいお姉さん，お兄さんを演じたそういう兄弟が思春期や青年期になってふっと疲れが出て，そこで多少のいろいろな問題が出ることもあります。
　非常に多動で目が離せないような子どもさんにとっての治療者的家庭教師が

表3

思春期・青年期
1．大人になるということ，人としての性の成熟をどう受けとめるか，問われる家族のあり方
2．存在所属感をどう提供できるか
3．現実的な目標，努力の大切さ
4．趣味，自分の楽しみの世界をどう見いだすか
5．緩やかでも続く学習効果

中・高年期
　それまでの積み重ね，集大成，人間関係をいかに持てるか

いてくれる間に，親は他の健気なお姉さんを連れて少し現実離れをしてふわっとできるような，宝塚少女歌劇を一緒に見に行っていただくとか，何かの展覧会を見に行く，つまり，健気なあなたのことも決して忘れていないというサインをしっかり他の兄弟にも贈るということがこの時期にとても大事な課題ではないかと思います。また，地域社会とか親戚に対しましても，どういうふうに折を捉えて，妙に閉じられてそのことを伏せていくというのではなくて理解を得るようにしていくか，それをさりげなく援助する，それも大きな課題だろうと思います。

　それから思春期，青年期でございますけれど，まだ幼児期や児童期というのは，何ができるようになるか，集団の約束事をどう会得させるかというような努力の目標の方向が一方向ですけれども，青年期になってまぎれもなく自分の体は変化する大人になるということをどう受けとめるか。多くの書物がありますが，これについては具体的に書かれていない，しかし，当事者の方々が，こういうお子さんにかかわるときに現実にはかなり難しい課題になると思うのです。

　これはそういう子どもに接するときに，大人として自分はどういう人間なのか，人間にとっての性や愛情とは何なのかということを自分がどれだけしっかり考えているかということが問われることではないかと思います。それから夫婦が本当に内実お互いに信頼し合って分かち合っているときには，細部の正確さは別としましても，適切に性的な衝動や欲求をどんなふうに受けとめるかと

いうことが適切に伝わるように経験的に思います。基本的に大人が自分の人間としての所業をどう受けとめているかということとの相関関係にあるように思われます。

X　成人の発達障害

　発達障害の人にかかわるということは，ある時期まではこういう目標を考えてその子がどういう子どもかというふうに子どもを対象化して，何を教え伸ばしていくかという三人称的に考える，このウエイトが多いように思うのです。自分は実はどういう人間で人生をどう考えているか，自分の生きていく根本をどのように受けとめながら暮らそうとしているかということを本当に自分が正直にしっかり見つめるときに，人が困る，そういうことはしない，それから体というのはこういうふうに大事だということを伝えようとすることが相手に適切に伝わっていくような気がします。実は発達障害にかかわるということは臨床の営みの集大成ではないかと思うくらいです。

　一方でそうした，たとえばいじめられるときに，まあ本人はやりたくないのに性的な逸脱行動をいじめっ子からさせられて，それが周りから非常に浮き上がって大変ということがありますけれども，そういうことに対するあるコントロールが働くという意味でも，これまでの段階に申しましたように，全体的な総合能力は低くても，自分の存在を受けとめてもらったというある安心感があって，そして技術的につたなくてもこれは自分の好きなこと楽しいこと趣味だということが見つかっている子どもの場合には，発達課題をうまく乗り越えていけると思います。

　次いで，5番目ですけれど，たとえば，20代半ば過ぎてから，よほど意識的に何か文章を書くとかそういう仕事についていれば別ですけれども，大抵の人は，20歳過ぎてから文章を書くことを，意識的により洗練させようとか言葉をたくさん覚えようとかいうことは，多くの場合されないのではないかと思うのです。

　小さいときから会いはじめ，今40歳近くになられる方々と私は断続的に今もいろいろ行き来があります。それはいわゆるクライエントとしてではなく，その人なりに何とか仕事をして社会人として苦労は多いけどやっている，あるいは企業に入ることは無理で作業所に勤めているけれども，わずかだけど収入

が得られて，土日には自分の好きな電車の趣味で，これからここに地下鉄を敷設したらどうかな，って地図を見て自分なりに東京の中心からここに地下鉄を敷くとどうなるか，その土地に行ってみるのが趣味である，だからそういう楽しみがあるから生活はつつましくても楽しいとか，長く断続的にやりとりがある方のくださる手紙で，在学中そんな文章や字を書くとは思えなかったような熟語が使ってあって，字も少しずつですけれどもきれいになっている方々が居られます。ある人は30歳過ぎてから本当に緩やかですけれど手紙の文章が整って難しい言葉も使われている，私がある時感動して尋ねましたら「いや，先生に出すときには，辞書を引いて考えながら手紙を書くんです」といわれました。今，手紙を書くとき辞書を引く人ってどれだけおられますでしょうか。そういうことで，発達障害の人というのは，字だけでなく，そうした対象があって，そしてそのことがきちんと伝わる，あるいは認められるという状況があると，中年になってからでも緩やかな成長をされていくということを経験的に思います。

　中高年になってそれまでの積み重ね，集大成として，人間関係がいかにもてるかということですけど，そうした発達障害児といわれた方々の親御さんももうお亡くなりになられた，そうした40代，50代の方の施設の中で，いろいろな難しさがあるという人についてケースカンファレンスでお話をうかがっておりますと，いわゆる能力として評価し，数値として表すと同じぐらいでも，先程来から申しましたように，小さいときからの人間関係の積み重ねの中でその人なりに自分は存在していいんだ，かけがえのない子どもだという感覚を味わうことがより多く経験できた方というのは，能力的に高くなくてもそうした家族と一緒に住めない状態になっても，比較的その方なりに穏やかな生活をされています。最近では，ある時期までは少しがんばらせればこの人は一次方程式も解けるとか，人間をトータルに考えるというよりは狭い意味での学力が少しでも増進することが全体の成長であるかのような誤解を強く持たれる方も中にはあって，何か月月火水木金金という，結果としてそれは生きていく上で総合的な智恵として実らないような努力を強いられ，しかもその過程で自分はとても厳しく扱われたという感覚を持っている方というのは，何気ない，意味や文脈は違うんですけど，ある言葉とかあるフレーズを聴いて，それが昔自分が厳しく辛く当たられて教えられたということが，フラッシュバックで浮かび上がって，それで非常に不機嫌になられるというようなことがあります。そういう

意味で能力というものをどう考えるか，むしろ人間力というのでしょうか，情緒的な満足，人としての誇りをどう用意するか，それをどういうふうに子どもさんが持てるように育てていくか，これは本当に小さいときからの積み重ねだということが，中高年の方のカンファレンスや先ほど申しました今私がかかわっております重複聴覚障害者の施設にいらっしゃる方々に接して私が思うことです。

【事例】
　ただ，そこが人間の力だなあと思う，決して失望だけでないのですけども，その重複聴覚障害の施設で，自分は小さいとき聞こえないということを家族も周りの人も気が付かないで呼んでも返事をしない，言われたこともわからない，態度が悪い子だということでものすごくいじめられた。うちの事情でしばらく施設に入ったら施設でも態度が悪いということで大変な扱いを受けて，それで小学校に入学して検査をすると聴覚障害だとわかったのだけれども，その後も頻繁に寮の中でいじめがあり，そのうち家庭的な背景も不幸な状態になって自分は天涯孤独な状態で恨みでいっぱいだといっていた方が居られました。行動上の問題があった方ですけど，でもその方が手まねやあるいは部分的に手話や少し書ける文章で切々と訴えられるものを聞き，そんなことはないでしょうとか，あなたも迷惑をかけているって盛んに周りから注意されていたんですけれども，まずその人の訴えを根気良く大切に聞くようにしました。長く訴えをくり返されましたが，あるとき私は，「ずっと施設にいて運動もしなくてちょっと体を使いたいと思いませんか。一緒に卓球をしませんか」と言うと，怪訝な顔をして，相手は私が卓球なんかできないと思ったのでしょうけど，卓球をしました。昨今は下手にはなりましたけど昔は少しは強かったので，彼が思っていたよりは手応えがあり，彼も初めて笑って感情を出し，自分も聾学校の中学のときに卓球をやっていたことを鮮やかに思い出したのです。つらい不快なことがいっぱいあって，過去の歴史が途切れており，そういう健康な私たちが自分はこうだったなあという自分の歴史をすうっと思い返すようなことが，不幸な人というのは多くの場合，自分史が寸断されてよい想い出が少ないのです。その中で一つ，こんな自分にもいい経験があるということを思い出されて，それを契機に徐々に変わっていかれたようです。

【事例】
　また，もう70歳近い方で，いろいろ周りを悩ませていた方も，言葉のやり

取りも無理なので，お互いに，「顔をスケッチして似顔絵を描きましょう。描いたらば額に入れて差し上げますから」と言ったのです。それで，お互いの顔を描いたのですけれど，考えてみるとその方はもうずっとそれまで員数外みたいな扱いを受けて，自分をじっと見て自分のなるべくいいところ，私はそこで似顔を描くときに，どこかその人に似ていることはもちろんそれは似顔絵ですから大事ですけど，そのまま「描くとしずんだようなあるいは非常に不満な表情とか抑うつ的であったりとなるわけですけど，この人がもし微笑されたらこんなではないかなというふうに描くのですね。そうすると自分の表情を見られて，それでふと自分は絵が好きだったということを思い出され，それで学校も断続的にしか行けなかったのですけど，ある時期の聾学校の図画の時間のことを思い出すことが元になって次第に変わられて，むしろ他の人のケアをされるようになられたのです。

人間というのはそれが点のような思い出であっても一つ貴重なものを思い出すことによって，よく考えているとそれが連想をもたらして，感情や思考の展開が生まれていくわけです。ですから教育というのは，目の前ですぐそれが花咲き実らなくても，幼いときの経験，いいものというのは必ずその人が人生を永く生きていくときの糧になる。そういう意味であまり自己完結的に，そうやったら今学期の終わりにこうなったとか卒業のときにこうだ，そうなることが理想ではありましょうけども，でも未来に向かっていい種をまいていることになればいいなあという，そういうこころもちもどこか要るのではないかと思います。

おわりに
―― ワークシェアリングという思想 ――

最後に，世の中のこうあればいいなあということを改めて痛感したエピソードをお話しして終わりにしたいと思います。

私，これはほかの目的なんですけど，おととしと去年とスイスに参りました。ご承知のようにスイスというのは国語が，ドイツ語，フランス語，イタリア語，それからハイジャーマンというドイツ語ではないんですけど，でもドイツ語に似た言語がある。人口が450万余りの国で，国語がいくつもあり，そして州ご

表4　援助する者，療育する者にとっての課題

- 自分の内心が問われるということ
- 焦点と全体を併せ見ること，トータルな視点に立つアセスメント
- 無理なく，無駄なく，むらなく，ほどよく
- 絶対評価と相対評価を柔軟に，多軸多面的に，ささやかでも創意工夫の楽しさを

とにある種の独立性が強い独特の国です。そういうところで手話とかコミュニケーションはどういうふうに捉えているのかということで，チューリッヒ郊外の施設をお訪ねしました。チューベンタールというところです。スイスはスウェーデンと並ぶほどの福祉国家だということもありまして，ただその制度の違いを垂涎の気持ちで言っていても仕方がないのですが，入所者が60人のところに非常勤も含めて90人職員がおられ，またボランティアもたくさん来ておられるというところです。いわゆるインスティチューションという施設というのではなくて，ここはビレッジだと，外に行って就労できる人はそこから通われますし，非常に重い人は中の作業場，工場に，それからもっと重い人は絵を描いたり好きなことをしていて，年齢も，小学生から高齢者まで，最高の方が97歳までいらっしゃいます。

　国籍の多くはスイス人ですけども，ヨーロッパ各国から，中にはベトナムや中国やフィリピンという東洋の人もおられました。そこでまず一つにはベトナムから来た小学校2〜3年ぐらいの子どもさん，女の子なのですけど，窓に花，ゼラニウムがヨーロッパではきれいに飾ってあるのですけど，それのビニールのカップの中に1センチ5ミリぐらい伸びた苗をそっと大事に植えてるんですね。それはとても知的に低くてまだこちらに来たばっかりで言葉もわからないし手話もできない子だっていうのですけど，でも彼女はとっても誇りを持ってビニールカップにその苗を植え替えていて，私が「ああ，あなたが植え替えているのはチューリッヒを始めスイスのあちこちの窓をきれいに飾っているあのゼラニウムの元なのね。すてきね」と言いましたら，通訳の方が，その子にわかるように身振りで訳してくださると，その子がにっこりほほえんで，土のついた手を差し伸べて，私と握手したのです。それから，その中の工場ですけど，これは普通の生産効率からいうとまったく逆な発想で，このフロアーの半分よりちょっとあるのですけど，かなり広いところに多様な工作機械がありまして，その人の能力に合わせて作業ができるようになっているのですね。たとえば麻

痺があって知的な遅れがあってというある娘さんは，こういうケースの中にナットを入れていくのですが，そんなことを健康な人がしたら，ぱあっと入れたら10秒もかからないぐらいの，1ダースずつ入れていくのを不随意運動をなだめながら入れている。でもそれはその人の仕事として，彼女の作業としてある。案内してくださる所長さんが彼女を労うと，とても誇りに満ちた顔で喜ばれました。それからその工作機械も旋盤一つとってもかなり熟練度の高い人が使うようなものから，割とやさしそうなのまでいろいろある。ですから自分の応分の力で仕事ができるようになっているので能力があまり高くない人でも誇りをもってそこで働けているのです。これは世界の有名な企業の下請けで，いろいろな会社の名前が出ていて，日本の一部上場会社の名前も2つほど入っておりました。

　これは普通の意味でいうと生産ということからすればペイしないことかもしれません。でも私はこういうワークシェアリング，自分はどこかで働くことによって社会に参加できて意味があるということを，能率ということは少し別にして，分かち合うことがいるなあということをそのとき思いました。そして，高齢者の方もお茶の時間でして，そこに行きましたら10人くらいの方がにこやかに居られて，日本から来たのだということを所長さんが案内してくださいました。所長さんがおっしゃるには，スイスに尋ねてくる日本人はたくさんいるけど，このチューベンタールという聴覚重複障害者の施設に来た日本人はあなたが初めてだと，とても喜んで親切に迎えてくださいました。日本から来たというとそこにいらっしゃるお年寄りの方皆さん，聞こえないわけですよね。聞こえないのですけど，指文字でヤーパンというのを見てわかって，自分では聞こえないけど「ヤーパン，ヤーパン」といってとても喜んでくださいました。そして一人の92歳の女の方がちょっと待っていてと言って，自分のお部屋から2枚の額に入った写真を持ってらした。一枚にはリボンを付けて正装した可憐な少女が写っていて，もう一枚はにこやかないわゆる円満な表情をしたお年寄りが写っておられるのですけど，こちらの少女は自分がビレッジの中の聾学校を卒業してこれから家に帰って牧場の仕事をする卒業式のときに撮って世の中に出て行くときの写真だと。もう一つの写真というのは，65歳になったときにもう社会で十分働いたので年金でこれから施設に暮らすということで，ここの施設に入ってきたときの記念写真だとおっしゃいました。記念写真を私とツーショットで撮りたいといわれてツーショットの後ろにその写真がうまく背

景として写るように撮ってと言うので，デジカメですから撮るとすぐ写っているのがわかります。ご覧になって，とってもいい記念になった，ヤーパンと撮ったということも記念だし，それからこれを見ると自分の一生がここで思い返される，これを見ながら自分は一生を思い返していくだろう，とってもいい写真ができたって喜ばれたのです。

　たとえば先ほど申し上げましたように，実際にそれは徳之島もそうですけど決していろんなところが全部いいということではなく，実はスイスにもさまざまな問題がございます。けれども，ヤナセのディーラーの工場の隣に，おそらく何百年も前から同じだったのだろうなあと思うような牧場があって，牛がいる美しい風景があるんですね。実は近隣の欧州のEU諸国の牛乳に比較し，スイスでは普通の古典的な昔ながらの牧場で搾れる牛乳の値段はが３倍するんだそうです。しかし，この景色やこの牧場，このスイスらしいものを残していくために，スイス人は誇りを持ってスイスの牛乳を飲むのだとか。もちろんスイス国民が全員そうされているんでなくて，EUから安く輸入されるものを飲む方もおられるんですけども，でもスイスではそういう心意気を持っているということで，ワークシェアリングということを考えさせられました。それから私一つ記念に戴いて帰ってきたのですけど，いろいろな手作業をしているお部屋では，87歳になる男性の方が毎日裏の林に行って枯れ枝を拾ってきて，長さが６センチくらいの細い枯れ枝を束にして，その束の真ん中に細いろうそくを立てる。そうすると，小さな薪の中にろうそくが立っていてインテリアの飾りにもなるわけですけど，近所のおうちでは暖炉を燃やすときの薪に点火するのに，今はもちろん点火器というのは電池が先の所で火を灯してすぐ燃えつくのがありますけど，でもそのおじいさんの作られる小さなミニチュアの薪に火をつけて暖炉に火をつける。そうすると，雰囲気があるということで，その枯れ枝の薪が一応商品として心にかけて買う人がいるので，おじいさんはその年になって障害があっても生きがいと人間として誇りを持って生きているのです，と所長さんがおっしゃいました。お茶の雰囲気もとても自然な感じでしたけども，所長さんは「ここまで来るのにずいぶん障害があっていろいろな苦労されたと思うけど，もう手話も指文字もそれから筆記の文字も要らない，黙っていても気持ちが通じるのです」とおっしゃいました。現在の日本では難しいことですけど，私は専門家の資質を上げていくということと同時に，私どもが少しでも社会に発信できて，分かち合うという市民社会の意識が少しでも今より増

えたらいいなあということを強く思っております。

文　献

村瀬嘉代子（編）：聴覚障害者の心理臨床．日本評論社，1999．

特別支援教育におけるカウンセリング・マインド
――軽度発達障害児への理解と対応――

I 問題の所在

　発達障害者支援法が平成16年12月1日に公布された。この法律によって，すべての障害者がわが国において支援の対象として，ようやくというか，初めて明記された。これを受けて平成19年度から，特別支援教育が実施されるようになった。この法律については，理念型であり，その目的とすることを実現するための具体性については，いささか疑問があるという指摘も，巷間耳にする。また，特別支援教育の実施についても，危惧するところや問題が語られている。条文を読むと，指摘されている疑問や問題はむべなるかな，と考えられる。
　しかし，視点を変えてみれば，法が示す理念や目的を，行政が具体的施策の立案，遂行を通して進めるのに併行して，それを基底で支えるのは，市民一人ひとりが障害者の特別支援という課題に関心を抱いて，理解を深めるようにし，さらには各自が応分に自分の生活の中で，できることは何かを考え，行動するという精神風土が必要ではないかと思われる。本誌（精神療法）編集担当者の意図されるところは，そのあたりではないかと忖度された。
　さて，昨今，障害者自身の手記も発表されるようにはなってきており（Williams, 1992；森口, 1996, 2002），発達障害児の家族による育児や療育の経験を記述した著書はかなり数多く出版されてきている。
　しかし，当然とも言えるが，多くの成書は，発達障害とは如何なる特質を持つのか，それの成因や予後，そしてそれへの対応の方法論や技法についての記述が中心である。多くの文献は発達障害をいわば三人称的に対象化して観察し，考察する視点で記述されている場合がほとんどのように思われる。ここでは，なるべく当の発達障害児が自分や周りの世界をどう受けとめ，経験しているのであろうか，という当事者に寄り添う視点を取り入れながら，軽度発達障害児

の理解と対応について考えてみたい。対象とされている人に身を添わせようとする，これがカウンセリング・マインドの基本であろう。

Ⅱ　発達障害を捉える視点

　当然ではあるが，医療や療育，教育において「発達障害」を考えるとき，発達障害という事実を対象化して，「それ」と捉え，その特質を把握し，それへの対応を考える。そして，本来はそこでは家族成員にとって，豊かな交流の場であることが望まれる家庭においてすらも，あくまで熱意と愛情に基づくものであるにせよ，そして，療育は第三者からは想像し得ないような努力と思慮と継続性を必要とするものではあるが，子どもが障害を抱くという事態がひとたび明らかになると，親子の生活は「障害」へどうかかわるか，という視点が中心になりがちのようである。いや，ならざるを得ないのが実情であろう。
　だが，アスペルガーのK君（アスペのK君などという表現も！）や，ADHDのMちゃん，などと当然のように語られているのを聞くと，こころが怯んでしまう。なぜ，K君はかくかくしかじかの特徴のある子どもさんで，アスペルガー症候群でもある，とかMちゃんは〇〇が好きで，△△の状況だと集中して面白い絵が描けるのだが，たまたまLDの特徴も併せ持っている，という具合に捉えられないのであろうか。なるほど，いろいろな表面上に現れる行動特性は，基底にある発達障害によって相当に規定されるのは事実である。しかし，障害名で一括りする視点を少し弛めて，個人をよく観察すれば，同一障害名を持つ子どもも，実際には個性豊かで，どこからその子にかかわりの緒を見いだすかがより容易になるのではなかろうか。

Ⅲ　支援を必要とする子どもたちは世界や自分を
　　どのように受けとめているのであろうか

　この世の中では多くの場合，基準や標準は多数派にあるのが，自ずと現実である。障害を持っている子どもたちは，標準にどこまで近づくか，標準的になれるのか，という目標に向かって努力することを求められている。健常児は何かを習得もしくは学習する場合，目標に照合して，どういう方法で，どれくらいの時間とエネルギーで，どのように集中すれば，ほぼこれくらいに目標に到

達するであろう，と見透しを持つことができる。また，見透しがあるゆえに努力を継続しやすい。自分が主体だという感覚を持ちやすい，といえよう。それに比較して，発達障害児はいい意味での主体性を持つと自ら感じることは難しい，多くの状況で受け身的であらざるをえないのではなかろうか。能動的でありうる状況が限定されているということは，人としての自尊心，自信を持つことにブレーキをかける要因であろう。

　さらに，軽度発達障害児というと，「軽度」がつく故に，障害は軽くて生きやすい，と容易に考えがちではないであろうか。彼らは外見は一見したところ，普通でまとまりがあるという印象を与える場合が多い。だが，人一倍努力しても，記憶の保持が悪かったり，自覚するまえにひょいと行動が言葉より先に出てしまう，思うことを飾らずに口にすれば，結果として浮き上がって一人異物感を味わっていることになる，あるいは意図したわけではないのにブレーキが行動にかかりにくい。これは当人にしてみると自分と周りの世界は何故か歯車がかみ合わない，気がついてみれば失敗している，意図せざる不本意な結果が生じている，という経験に常に曝されているのではなかろうか。

　治療や療育を行っている援助者側は，それぞれの子どもに対して，到達目標を考え，状況の意味を自覚しているが，援助を受ける当の子どもはどれくらい，自分についての目標を理解しているであろうか。何をどこまで，どのように進んでいくのか，よくわからずに（わかることはかなり困難な場合が多いけれど），変容，改善へ向かう長い道程は，当人がうまく言語化できないにしても，厳しい何やら不確定なものとして体験されるであろうと想像される。彼らの時に激しく苛つく行動化は当面の不快刺激の他に，こういう基底に横たわるある種の自尊心を脅かされる経験，不安に根ざしている場合も多いのではなかろうか。

　自傷他害のある行為はもちろん矯正されねばならないが，発達障害児は多くの場合，本人にとっては快，楽しいと経験される行為がそのまま容認されることが少ない。これも閉塞感のあることであろう。

　2007年2月，療育相談・研究会に出席のためにある離島を訪れた。発達障害児を受け入れている保育園で，1日ではあるが，子どもの登園時から帰宅時まで，保育場面に参加した。そこで出会った発達障害児たちは確かに行動は緩慢で，年齢の発達基準に満たなかったり，多動で適応上，かなりの困難が観察されはしたが，表情に陰りがなく，自分自身の生を享受しているように見うけられた。周りの子どもたちも，何とか折り合いをつけ，集団の流れが妨げられ

ることも，それはそれとして分かち合う雰囲気で共に過ごしていることが印象的であった。聞けば，その地では，近隣社会もそういう子どもを育てる親に「ご苦労さま」といういうねぎらいの気持ちを誰しもが持ち，隣近所の中で，他家の障害児の育児を自然に手伝うことも稀ではないのだという。都会で出会う発達障害児の，ときに，陰りのある表情を思い浮かべていろいろと考えたことである。(本書82頁〜［徳之島でのフィールドワーク］で詳しく述べた)

発達に障害のある子どもたちは，健康で諸々の条件を兼ね備えた子どもに比較して，「そのままで，存在自体をよし」として，無条件で受けとめられるという経験をどの子どもも十分しているのであろうか。存在をよしと受けとめられるということは，当人にとって，生きる希望と努力を継続するための基盤である。

Ⅳ 自分をどう受けとめるのか

「自然の成熟，成長に委ねるほかに，何らかの援助を受けて成長変容を求められている，それもどうやら長期に及ぶらしい，そういうこの自分とは一体どういう存在なのであろう？」。こういう問いを発達障害児はある程度の現実認識を確かに持てるようになり，自分もやがては成長し，大人になっていくであろうことを自分自身に引き受けて認識する頃抱く。幼児期からかかわりを筆者が続けてきた，14歳になったある自閉症男児は，時折誕生会など合同のイベントや待合室で出会う神経症圏の来談者たちが，状態の改善につれて心理療法は終結となり，姿を見せなくなることにふと気づいた。「自分たち（発達障害児）は長期にわたって通っている，自分は独り立ちするのが難しいのではないか，これからどうなっていくのか，その理由は……！」という趣旨の内容をぎこちなく語り，「ムラセ，そのままで，変わらないで！」と痛切な声で叫んだ。

幼児期から，長い時間とエネルギーを使って（経済的負担も），療育にたゆむことなく励んできた彼とご家族にこころの底から湧いてくる敬意をもって，「個人に与えられた特質に応じて，必要な努力を重ねていくことが生きる上で求められる。結果の大小，もしくは量ではなく，その人が自分の力に応じて日々積み重ねていく努力，質が尊いのだ……」という意味のことをようやく伝えた。彼はこの問いをその後も繰り返した。彼のそのとき受け容れられる状態に応じて，気休めにならぬよう，しかし失望することではないと，解りやすく

話すように努め，必ずしも世の中は常に相対評価で決まるのではないことを思い起こすようにした。

　最近では，軽度発達障害児の子どもに対して比較的早期に「インフォームド・コンセント」をした，障害を持つことを告げた，と聞くこともあるようになった。自分自身をどう捉えるか，ということは生きていく上で根幹の課題である。その子どもが自分にまつわる事実を知ることによって，より生きやすく，適応が促進されることに役立つように，十分に配慮して，告げることが必要である。

　そもそも，コンセントとはラテン語のcon（共に）とsentire（感じる）に由来する言葉である。熊倉（1994）は「インフォームド・コンセントとは同意を求める人と同意する人の間の共感の上に成立する」と述べている。個別に徹して，その子どもの幸せを考えるとき，邦訳の「同意」よりも，「共感」に根ざした営みであることに常に留意していたい。インフォームド・コンセントは「説明と同意」と訳されているが，当事者が治療方法をいくつかの選択肢の中から選ぶ余地のある場合に比較すると，障害について知らされるということの意味はさらに重い。選択ではなく，まさしくどう受けとめるか，ということである。子ども自身が知りたいと望むようになった時を一応原則として考え，誰から，何のために，どのように伝えるか（村瀬，1996；清水，1999）を熟慮した上で，伝えるべきであろう。そして，伝えた後，その子どもの状態を十分捉えながら，その子どもが自分の抱く条件を受けとめ，その課題に取り組むのを援助していくフォローが必要である。そして，そういう事実を子どもに話し説明する大人は，「生の質」について，「早く，上手に，多量に」という価値観のみに拘束されていない，その個人の尊厳ということをどれだけ真摯に平素から考えているかが問われることになろう。

V　発達障害児を育てる親への援助

　健常児の育児に比較して，発達障害児を育てる場合，親は「親」であるという役割意識を自他共に強く持ち，さまざまな面で継続的努力を求められているのが現状であろう。時に，子どもの障害を認めようとしない，というように見られる親，とりわけ母親はその事実を内心では誰よりも気づきながら，対応の方法や将来を想って戸惑いや不安に駆られ，表面では否認しているかの態度を

とられていることが多い。一方では，適切な療育によってかなりの改善や展望の開けることが期待される状況でも，意気消沈して動きがとりにくくなっているという親もある。個々の親の気持ちの背景をさりげなく的確に汲み取ること，そして完全を期待するより，ウィニコット（Winnicott）のいうほどよい親であることをすすめることや，親も親であると同時に一人の人として，自分の生を享受することをそっと支える姿勢も援助者には求められよう。多くは，親は子どもの発達の障害にどう対応するかについて，「親」というスタンスで常時いろいろと考え行動することが有形無形に求められがちであるが，息長く療育の過程を着実に進んで行くには，親であると同時に一人の人，としてこころのゆとりを取り戻したり，生気を賦活させるような自由な時間と場が持てるようでありたい。筆者は，親面接の場で，子どもにいかにかかわるかという話題に終始せず，時に親自身が生きる葛藤をまだあまり味わうことのなかった時代の心躍る経験についての回想に耳を傾けることなどを自然に行うことがある。これは一見，中心課題から外れるようでありながら，エネルギーを賦活し，気持ちを新たに立て直す意味があるように経験上思われる。

　さらに，援助者の側で当の子どもへの発達課題を見立て，親に一方的に指示もしくは指導するということが，ひところまでは比較的多くなされてきた。しかし，子どもの状態やそれにまつわるいろいろな事実を親と共有し，何を目的として，何をどこから誰がどのように進めていくのか，について常に親と援助者，さらになるべく当の子どもをも交えて，双方向性を持って，進めていくことが望ましい。それは，自分たちの課題を納得してこそ，自らの課題として引き受け，主体的に努力する意欲も生じて来るからである。

Ⅵ　事　例

（守秘のため，事例の本質を損なわぬように改変と合成がなされている。）

【事例1】自分の言葉を取り戻し，再生したA君　中学1年

1．母親がまず一人で来談
疲労困憊した様子で，涙ぐみつつこれまでの経過を話された。
　A君は2歳半頃，中核症状が出揃っているということで，ある大学病院精神

科で自閉症と診断された。人との繋がりは持ちにくいが，幼児期，独特の生硬な絵ではあるものの，描画を長時間集中して楽しんだ。その絵が「障害児の絵画展」に展示され，絵が注目されるのに反比例するように，絵画教室で関心を持たれることが薄れると（本人はそう感じた様子），ピタッと絵を描かなくなった。幼稚園，小学校とお客様で，いじめの対象になりながら，本人は所属感なく立ち歩いていた様子。療育は数カ所で受けてきたが，生活上のさまざまな困難は拡大してきている。

現在は母親への暴力，盛り場徘徊（居場所がないためと思われたが），学校では無視か，いじめの対象，いじめられるとき，性的逸脱行為を強要されることがある，吃音の他に汚言チックもある，成績は最下位，友達はない。下校後，小学5年頃までは母親が遊びなど相手をしていたが，体力的に限界であり，衝動的暴力に困惑しているという。

2．A君が来談：「ボク，護って！」

初回面接：何者かに駆り立てられるようにそわそわ動き回り，チック様の発言がある。自己紹介する筆者をじっと見つめて一呼吸おき，必死の様子でどもりながら，「ボク，護って，ボク真っ青……」と。外界に対する強い恐怖感と脅えに突き動かされているのが伝わってきた。突き放したような答えをすることに胸が痛んだが筆者は応えた。「そう，いじめられて辛いのね，嚇かされて変なことを言ったりしたりして毎日怖くて大変なのね……。でも，私はあなたと何時も一所にいるわけにいかないの，その都度護ってあげるということはできないの。でも，あなたが自分の力で自分を護れる人になるように手助けをしたい……」。

A君は呆然とした面持ちで筆者をしばらく凝視した。気づくと強い顔面チックが止んでいた。やおら，傍らのメモ紙に筆者をスケッチした。硬い表情の人物であり，絵には脅えと警戒心が現れていたが，全体的にバランスのよい形の捉え方を見ると，現在は学業はオール1ということであるが，経験不足（というか落ち着いて経験を味わい自らに同化していくこともままならない）と情緒的不安定さが学習を損なっているのではないか，知的素質は一見した行動特徴から推測されるよりも高いのではないか，と考えられた。

初回面接以後，彼は人物の特徴を捉えたポンチ絵風の絵を描くことを再開した。それらの絵を見ると，彼の言語表現は拙いながら，内言語やイメージとし

て，対象となる人物の特徴を相当的確に捉えていることを表していた。その辺りから，面白い，という感覚を主体的に味わえるように，言葉を自分のものとして安心して使えるように，TATのカードを用いて，1枚の絵について，1節ずつ交互に文を繋いで1つの物語に作り上げることを提案した。A君はどもりながらも，関心を示して，交互物語作りTATを始めた。カードは本来の順序でなく，彼にどのカードから作りたいか，選んでもらった。

　当初，彼の話はまとまらず，吃音がひどく通常の会話は成り立たぬ状態であったが，このTAT合作物語を試みるうちに用語の感覚は少しずつ纏まったものになってきた。ある日，カード14について，A君は「ある青年が自殺を試みる」と述べ，それに対し筆者が「それを止める」というフレーズを続けると，「ふりきり飛び降りる」という。そこで，筆者が「あわや，その瞬間，天使が手にした白い花でその青年にふれると，青年はまるまる太った可愛い赤ちゃんになりました」と結ぶと，A君は初めて笑顔を見せた。こういう自分の生を享受しようとするささやかな萌芽を現実適応力に何か展開できないか，何か1科目でも学習に関心を向けられるようになりたい，さらに関心をもって集中する姿勢が生まれるのではないかと考え，英語を採りあげることにした。A君には「あなたはいじめによって，自分でも口にしたくない言葉が口をついて出るようになり，自分でも辛いのね，いじめにあって汚されたA君の日本語は今はそっとしておき，中学生は誰でもが初めての教科である英語，いじめによって汚されていない言葉をいっしょに学ぼう？」と提案した。5つの文型を会得してから，面接では簡単ではあるが，最近の生活の様子，今，思うことなどを英語で彼は表現した。それに筆者が応えるというやりとりを通して，彼は表現すれば呼応する相手があるのだ，どうすれば伝わるのか，と少しずつ考え始めたように見えた。辞書を引いて，言葉の意味を知る歓びを知り，そこから教科書を開いて，内容を理解しようという姿勢に繋がっていくように見えた。

　次第に暴力や盛り場徘徊，汚言は消褪していき，母親との会話が交わされるようになった。「自分はどんな赤ん坊だったか」「自分が生まれてどんな気持ちがしたか」「幼稚園や小学校で席を立って歩いてばかりいた自分はどんな気持ちがしていたのか」など，自らの生育歴を話題にし，母親から「A君の出生は両親の歓びであったこと，立ち歩いているわが子を心配していたこと」などを素直に告げられると，不安で煽りたてられているように見えた落ち着きのなさはいくぶん和らぐ方向へ向かい始めた。筆者には，小学校時代にいじめられた

体験，その恐ろしさを誰にも適切に伝えられなかったそのときの気持ちを語った。こうした彼の寸断されていた脅えに彩られた個人史をたどり直し，自分史が繋がると，彼には当面の未来について考える余裕が生まれた。本人と母親から，遅れた勉強やルールがわからず傍観していたスポーツを学びたい，遅れを少しでも取り戻したいという希望が語られ，治療者的家庭教師について，学びと遊びの時間を持つことになった。

治療者的家庭教師を引き受けた学生は一緒に汗をかいて運動する，買い物に同行する，勉強も手につくことから，なるべく具象的裏付けを伴わせつつ進める，というかかわり方をした。

高校入学は都内での進学が叶わず，地方の祖父母の元から，その地の普通高校へ入学した。入学試験時に英語の出来がよいのに比較し，他教科や面接の出来の不具合に疑問が持たれ，発達障害についてはそれまで関心も経験も持たれなかった高校側から意見を求められた。両親と相談しつつ，急遽それまでの経緯と今後の留意点を所見として纏めて提出し，母親は必要と求められれば，直ちに学校を訪ねることを約束して入学が許可された。

他者の微妙な気持ちや場面の意味を理解しにくいＡ君の特徴と，平素の会話はもちろん，授業の中で，教師すらもその地の方言を用いる，しかも生徒たちからすると，東京弁（Ａ君のそれはさらに独特の文語調の硬さも加わっていた）は気取っているかに受けとられ，高校生活は滑り出しから難航した。Ａ君は最初の１年間，始めは毎日，それから隔日，と間隔を伸ばしていきはしたが，官製ハガキにマジックペンの大きな文字で「大変だ！」「いじめられている！」「弁当捨てられた！」「服にスプレーされた！」など訴えの便りを送ってきた。何時までこの高校生活が継続できるかと案じながら，簡潔に励ましや少し緊張が緩むヒントをＡ君の頻度に比べれば間遠であったが，筆者は返事を書き送っていた。

ずっと受け身的に耐え続けていたＡ君は２学期の半ば頃，お弁当にカラーペンキがスプレーされていたのに思い切ってこれまでの態度を反転させ，昼食時間机の上に立ち登り，級友にスプレー缶を向けて今にも吹きかける姿勢で，「そんな行為をする人間は自分自身を自ら馬鹿（Ａ君の表現）にするものでしかない，これがわからない者には，このペンキを吹きかけてやる！」と大声で演説したのだ，という。級友たちが彼の迫力に感じ入ったこと，彼もその地の文化になじみだしたこと，そして祖父母が孫の言動の逸脱部分より，努力して

いる面を認めて優しく寛容であることなどが相乗効果を生んで，何とか高校生活は上向きになった。高校の先生方も，当初は戸惑ったが，ぎこちないながらも彼の正義感や努力する姿勢を認め，「人間として純粋なところがある」と次第に受け入れていく雰囲気を高められた。

　2年の後半，東京のミッションスクールから，その地では白鳥が降り立ったような（A君と級友の表現）と思われる女生徒が転校してきた。彼女の群れを抜く優れた授業中の言動への憧れや，大きな紙箱に貯まったそれまでの筆者からの便りで，A君は筆者へハガキを出す必要がなくなってきた，とハガキの来信はぐっと間遠になり，何とか高校を卒業できた。

　その後，障害者枠の職業訓練校へ2年通い，対人関係で紆余曲折の苦労を重ねつつも，建築内装の会社に30歳で常勤職となり，以後，10年近く経つ。対人関係での難しさを訴える便りはあるが，何とか踏みとどまり，新しく開店するイタリアン・レストランでその店の味付けを密かに採点するのが楽しみだという。

[小括]

　A君が何とか自立生活を送るようになった要因はおよそ次のように考えられる。①そのときのA君の資質，状態に即応する方法を考えて，表現を促し，彼と現実との接点を回復し，修正していったこと。その際，外から教えられるという他律の感覚より，彼自身が自分の内の資質に気づき，活かしているのだ，という感覚が持てるように留意した。②援助者は自己完結的ではなく，援助の輪を自然に心懸けつつ広げて，支援のネットワークが形成されていくようにしたこと。③自分に対する自尊心を回復したこと。④母親を中心とする家族の真摯な息長い，そしてときに緊張を弛めるコツを会得したかかわり。⑤A君は，自分をサポートする人やことは現実の世の中にあり得ることを実感できたこと，そして他方，恃むのは自分だ，と思えるようになったこと。そして，これらの結果，自尊心を次第に回復して行ったこと，それが持続力を生み出していったのであろう。

　発達障害児の抱える生きづらさが和らぐには，専門家や家族の努力のみではなく，市井の人々がさまざまな人生があることを理解し，できうることを応分に行う精神文化が必要であろう。そこで，私事で恐縮であるが，一人の保護者として子どもの友人たちと交わった経験を記述し考えてみたい。

【事例２】 Ｂ君　小学校３年生生徒たちによる「友達Ｂ君の再認」

　長男が通っていた公立小学校は教育熱心な地域にあり，越境者も多かった。３年になると，長男は目立つ存在であったＢ君と席が隣となった。それとなくあまり彼が立ち歩かないように，持ち物の片付けなど，お手伝いするように先生に告げられた，という。職業人として，職場や学校，あるいは社会が疾病や障害を持つ人を受け容れ，共存していくように努めることは当然という，それまでの意識が，物事を三人称で考えるときと，一人称としてわが身に引き受ける場合によってはいささか異なり，揺らぐ気持ちを実感することとなった。長男はとくに訴えなかったが，帰宅すると肩で大息をつき，「疲れたから」と横になるのが習わしになった。ため息混じりに「もっと早く何でも上手にできればいいけど，ボクには難しい，２人分のことをするのは大変……」と呟いたが，「世間には，弟や妹の世話する人もいるのよ」と自分でも冷たいかと思いつつあえてドライに応えた。ただ，Ｂ君によって筆箱に唾が吐きためられているのには，筆箱のスペアを用意して「洗っておいたわ，洗えば大丈夫よ」とサラリと言って，きれいな物に忘れず交換するようにしていた。

　お誕生会に友人を招くのは３年生が最後で，４年からは皆塾で忙しくなるのだ，と聞いた。長男はあちこちから誕生会に招かれ，時にはスケジュールがぶつかって困るくらいであった。ふと考えた。一度もクラスメイトの誕生会に招かれたことのない人生があるなんて！　仕事で出会う重篤な発達障害児のご家庭では，冠婚葬祭の他は近隣や親戚との交際を控えている，と語られる方が少なくないのを思い出した。最後の誕生会だもの，Ｂ君を招いたら？と思い立ち，息子に相談すると「僕はいいけど，友達が何というか……，成績良くしてほしくてそんなことすると言われないか……」と頼りない。担任の先生に手紙でご指示を仰いだ。「保護者から授業が遅れる，迷惑などと，平素の教室の様子から苦情が来るのではないか，そして自分も落ち着かないＢ君へ自信ある対応ができずに困惑していた，涙が出るほど嬉しい，是非実行してください」と連絡帳に記されていた。

　クラスの男子生徒19人全員を招いた。初めは「村瀬君のお母さん，何考えているの」「暴れ出したらどうするつもり」などと言ったというクラスメイトも「お母さんは皆が困ったら，責任持ってＢ君と遊ぶんだって……」という息子の言葉に，中にはお稽古を休んで全員が誕生会参加を希望された。Ｂ君のお

母様はそれまで保護者会に欠席ばかりで面識はなかった。感情を殺した声の突然の電話「お招きありがとうございます。でもその折何かあっても私は責任とれませんよ，飾り物などかたづけておいてください……」。さらりと「わかりました。小学校最後の友達との誕生会，クラスの男子の皆さん来てくださることありがたく思っています，ささやかなことしかできませんけど」と応えた。

　当日の朝は土砂降り，ゴミを出しに門を出て，筆者はわが目を疑った。B君がリボンのついた小箱を捧げ持って門の前の道路にひざまずきびしょぬれになっている！　彼は私に気づくとその小箱を差し出した。家に招じ入れ，濡れた衣服を乾かしてB君を学校へ送り出した。

　正午過ぎ大挙して子どもたちはやってきた。B君も無表情だが，皆と一緒である。さて，何たること，そのような多人数のカレーライスを作るのに手順を間違え，激辛の味付けになってしまった。「口の中が火事だぜ！」「子どものカレーは加減するものなのに！」「水だ！」大騒ぎとなった。他の品で級友たちは一応気分を持ち直し，昼食を終えたが，なんとB君はその激辛カレーをお代わりしたのである。平素，給食にはいっさい手をつけず，牛乳を少し飲むだけということであったのに。しかも，他の子どもたちに先駆けてお手伝いを始め，居間とキッチンを何度も往復して，食器を運んでくれた。（当時，B君はこちらの言語表現は理解するらしいが，自らはほとんど発語はしなかった）クラスメイトたちは驚いていた。筆者にも予想外の展開であった。さすがに，皆と一緒のゲームはルールについて行かれず，不機嫌になったので，しばらく別室で筆者はB君と2人で遊んでから早めに自宅まで送っていった。

　これが契機で，同じクラスの級友5人の誕生会にB君は招かれた。都合6回のB君を交えての誕生会に出席して，子どもたちは話し合い，その感想を担任の先生に伝えた。

　「僕たちが思っていたより，そして見かけよりB君は力があるのかもしれない，黙っているけど，僕らや場所をよく見ているみたい……。それにB君が落ちつかなくなって暴れ出すのも，B君だけのせいでもなさそうだということが6軒のお家の誕生会でわかったように思う。

　あまりなんでも先回りしてお世話しようとするお母さんの家だとB君は早くいらいらし出した。あまりに構わないお家だと，一人でふらふら，そしていらいらし始めた。そっと気遣って，自然でしつこくないお母さんの家に行ったとき，調子が良かったように思う……。B君にだけあれこれいうばかりでなく，

僕たちがどうするかも大切かもしれないと思う」。

　もともと生徒と先生の交換日誌が設けられ，自分で考えるように生徒を育てたい，とおっしゃっている先生でいらっしゃった。この次第を先生から伺い，生徒たちの気づきに感じ入ったことである。クラスでのからかいが減り，B君のお母様は保護者会へ出席されるようになった。

　もちろん，これで，B君の発達障害の問題が解決したというわけではない，だが，級友たちは何かを会得し，ささやかだがB君の学校での居場所感も増したかに思われた。高校生になった長男はあるとき「僕たちは環境も能力も似通った者ばかりが集まった高校で，楽しくそれが当たり前って暮らしてるけど，世の中いろいろだよね，そう言えばB君は，M県の牧畜を学ぶ高校へ行って相変わらずほとんど話さないけれど元気らしいよ，寮で暮らしているのだって……」と語りかけた。

　「家を開く」「個人生活を他者と少しは分かちあう」「一見，違いが目立つ人とも何か接点はないか考えてみる」，無理のない範囲でこういう精神風土が増せば，専門家による教育や援助もより実を結びやすいのではなかろうか。

む　す　び

　本稿では，発達障害の特質を解説するという視点ではなく，発達障害（比較的軽度の）を持つ子どもたちの体験世界を想像して描き，彼らの気持ちに添いながら援助するにはどういう視点が必要かを考えようとした。発達障害児の理解と援助に際しては，発達障害を持ってこの世を生きることはどのような体験世界を生きることなのかという一般的な理解の上に，その発達障害児の体験世界はいかようなものであるかという個別的理解をなるべく本人に身を添わせる視点で持ち，その成長変容の過程に相応すべく，きめこまやかに援助技法の工夫をすることが望ましい。

　発達の原理に照合して，その子どもの発達課題を考える視点と，その子どもが自分や周りの世界をどのように体験し受けとめているのか，その子どもの固有の世界を理解すること，この両面の姿勢を統合して個別的に工夫をこらした多面的援助を行っていきたい。

文　献

熊倉伸宏：臨床人間学．新興医学出版社，1994．
清水將之：患者が未成年である場合の注意——精神科臨床におけるインフォームド・コンセントの場合．In.松下正明，高柳功，斎藤正彦他編：インフォームド・コンセントガイダンス——精神科治療編．先端医学社，1999．
村瀬嘉代子：児童の精神保健における説明と同意のあり方．精神科治療学, 11 (6), 591-599, 1996.（In.村瀬嘉代子：子どもの心に出会うとき．金剛出版，1996に所収）
森口奈緒美：変光星——ある自閉症者の少女期の回想．飛鳥新社，1996．
森口奈緒美：平行線——ある自閉症者の青年期の回想．飛鳥新社，2002．
Wiliams, D.：Nobody Nowhere. 1992.（河野万里子訳：自閉症だったわたしへ．新潮社，1993.）

被虐待児の理解と援助

I 児童養護施設の子どもたちとの出会い

　私は施設の職員として勤務した経験がございませんので，この標題でお話しするのは，僭越のような気がします。しかし私が養護施設というものに関心が，というよりこういう世界を知り，知った後でそれでは「さようなら」とはとてもできないという経験を今から12年程前にいたしました。今日のテーマに関係することなので少しお話しさせていただきます。

　17年位前のことです。ある学会の「近代家族の行方」と題するシンポジュウムに，臨床心理学者という立場でシンポジストとして発言するようにと招かれました。席上，家族が大きく変貌していく，中にはこれから家族というものがなくなる，それは必要ないというような説を述べる研究者の方や，家族法も大きく変えて，同性結婚を認める，家族という概念を大幅に変えたらいい，というような意見を述べるシンポジストの方々がいらっしゃいました。

　そこで，ふと思いましたことは，そういう議論をしているのは，当然のこと社会の中核にある大人なのですね。しかし子どもたちは，家族という概念をそのように大きく変えてしまい，これまでのような父と母というものが家族の中核にあるのはとらわれだという考え方を本当に望んでいるのだろうかということです。そこで次の世代を担う子どもたちの，素直な気持ちを聞いてみたいと素朴に考えました。ただ，そういう調査をするときに，普通，調査票を配って書いてもらえば，大量のデータがすぐ集まり数量化でき，スマートに処理もできますけれど，私はやはり直接子どもと会って，子どもが安心して話す中で，本音を聴きたいと考えました。大人が議論しているようなこれからの社会とか家族ということを，子ども自身が内心望んでいるのかどうかを直に知ろうと思った次第です。

　初めは言葉の話せるようになった保育園の3歳児から就学前の子どもたちに，子どもが親しみやすく感じるような熊の親子がいる非常に典型的な生活の

場面の絵を何枚か見てもらい，その絵についてお話を作ってもらいました。そこで，子どもは「やっぱりこういうことはお父さん熊としたい」，「これはやっぱりお母さん熊だ」などとかかわりたい大人を選びながら，私はその子の中にある生活の記述に心を傾けました。そのことで子どものもっている家族についてのイメージが捉えられると思ったのです。そうしたところ，大人よりも子どもはいい意味で保守的でした。子どもは実態に即応して，父なるものと母なるものそれぞれの特質というものを子どもの言葉で捉えていて，その両性の親が心を通わせお互いに特徴を発揮して，仲の良い家庭を築いていくのがいいなあと。それは一見当たり前のことですけれども，子どもはとっても真剣にそういうお話を作ってくれたのですね。また驚いたのは，いきなりさっきまで知らなかったおばさんが来て絵を見せてお話作りすることを嫌がるかと思ったらとても喜んで，一人一回で終わるつもりなのが，「もう1回やるやる」といって，多い子は4回，1回で終えた子はいませんでした。またさらに考えさせられたのは，その子その子がもっている父親や母親に対してのイメージは，何回聞いても同じだったことです。3歳児でもそうでした。これらのことから子どもはいい意味で保守的である，むしろ大人の方が観念から少し先取りしたような議論をするところがあるんじゃないかと思ったわけです。

　そこで今度は同じことを小学生や中学生，高校生にも施行してみたところ，やはり結果は同じでした。サンプルに偏りがないよう，大体この世の中の縮図になるようにと，地域の公立の小学校，中学校，それから高校は，非常にトップレベルの受験校と，中堅といわれている公立高校と，それから学年の6割以上の生徒たちが，単身の親，もしくは親と暮らせていない，という定時制高校の生徒と，全部で464人のお子さんからそれぞれに話を聴きました。しかし忙しい生活の中にいる子どもたちが，見知らぬ私にこんなお話なんて，嫌だと皆が言うと思ったのですね。その子の家庭がどうなのか，母親がどんな人かというのを聴くのが目的ではなく，その子が家族というものをどう思っているか，大人になったらどういうことを一番大事にしたいかというようなことを聴いていくのですが，しかし家族は人間にとって生きていく一番根幹のことがらですから，それは自ずとその人のどこか生活に触れますね。中には家が今ごたごたしている子どもさんとか，突然母親がいなくなったというお子さんもいるだろうし，きっとこういう調査嫌だっていう子が出てくるのではないだろうかと思いました。

それで，もしそういう子が一人でもいたら，私は途中でこの研究は止めようと思って始めたのです。ところが，どの子も話すことを非常に喜び，話を聴いた後に「どうもありがとう，時間を取ってくれて，お話とってもいろいろ考えさせられた」と言うと，大体96％くらいの子どもが「ありがとうございました」と返してくれて，使ったカードなんかをそろえてくれました。そして，担任の先生が，ホームルームの時間に「どうだい，君たち，あの調査，どうだった」と聞かれて，先生は「つまんねえ，やだよ」という答えが返ってくると思ったところ，口々に「面白い，面白い」という答えが返ってきて，先生は「何であれが面白いんでしょうか」とおっしゃいました。私もなぜだろうと考えました。授業の邪魔にならないよう20分休みや昼休み，放課後に行い，決してこの調査のために教室に入るのが遅れてはいけないと，ベルが鳴る少し前に，「途中だけれど，もうおしまいね」と終えようとするのですが，「じゃあまた続き話すよ」というのです。それで，いつ，どこどこで待ってるねと約束するのですね。
　学校では，面接室を用意して下さったのですけれど，私はそれぞれの生徒にどこで話したいかを聞きました。その子によって場所は違うのです。保育園のお子さんにどこで話したいかというのを聞くと，ある子は一緒にピアノの下に潜ってやろう，ある子はここがいいといって私の膝に座り，それからある男の子は「ここがいい」と肩車をして後ろからこう覗き込みながら話す。小学校でも中学でも，面接室で話をしようと言った生徒はあまりいなくて，校庭の号令台に腰掛けて陽光を浴びながら足をぶらぶらさせて話すとか，それから階段の踊り場というのも意外に人気があるんですね。ちょっと屈折して，何かこの子は少し今毎日が重いんだなという子は，落ち着いたところに行きましょうよといって北側の日の射さない校舎の裏で，なんか足許がじとじとしたような……。子どもたちがこういう会話を喜んだということは，私としてはそれはやはり嬉しいことでしたけれども，でも逆にいうと，本当に聴く，語るという経験が彼らには乏しいのではないか，と思った次第です。
　私はこの調査を1987年から開始しました。最初は保育園から，3年がかりで小学生，中学生，高校生に面接調査をしました。それから1999年と2000年と，ほぼ間を10年おいて同じ地域の小学校と中学校と保育園と，もう1回同じ内容を尋ね，一体その間に子どもたちのどこが変わってどこが変わらないか，ということを知ろうと思いました。「大人になって大事にしたいもの」を8つ

位の選択肢から選んでもらったところ，10年後の方が"家族の絆はさらに薄れて，家族の教育力は弱まった"といわれるようになりましたけれども，結果は，10年前も2000年当時も「家族・家庭」が一番に選択されていました。ただ10年前はこれを選ぶ子どもは23％くらいでしたが，2000年当時になりますと，7割以上がなんといっても家族だというふうに答えるのですね。そして，あまり考え深いというふうには見えない，いつも教室で注意されているんじゃないかなあと思われる小学生が，「これは時々やるんですか」というので「いいえ，今回こちらの学校でお話を通してくださったので，一応今回のみ」というと，「これは毎年年度の初めに1回やるといいと思います。なぜなら僕はあれから自分について考えるようになりました」と小首をかしげながら言うのです。また他の生徒さんは，「あれをやると誰でも考え深くなると思いますから，たまにやるといいんじゃないでしょうか」と。

　また真冬に定時制高校に行ったとき，9時40分頃に授業が終わると，もう寒くて誰も残って居たくないわけですね。それをバイクに乗ろうとしてヘルメットを持っている生徒に，「あの，本当に申し訳ないんだけれど，私はじかにあなたたちの率直な意見を聞くことで考えたいと思うので，話を聞かせて。簡潔にポイントをつかんで10分で終わりましょう」と言ったのです。「しょうがねえな，じゃあ10分だぞ」といいながら話し始めてくれました。ところがそのうち，そういううち入ったことを聴こうと思っていないのに，「もう何度も自分は逮捕歴があって先が閉ざされている」とか，「失業した父親がまったく家に居場所がなくて，見ていても切ないけれど，自分は何の手助けもできない。男もああなればおしまいだ，結婚とは恐ろしいものだ」とか，どんどん話し始めて，ふっと気が付くともう40～50分経っている。

　「あ，10分って言ったのにごめんなさい，もう10時過ぎた」「いいんだよ。俺，時間はいっぱいあるんだ。もっと話したい」という例がほとんどでした。

　受験校の生徒たちも，少しでも勉強に時間を使いたいだろう，負担になると思いきや，「あれをすると気持ちが整理できる。非常にためになるから受けた方がいい」というので，予定の人数より希望者が出てきた，というくらいでした。生活の基本の中に，私たち大人は本当に聴くということをこころを込めてしているのかということを，非常に考えさせられました。

　さて，家族と一緒に暮らせない子どもさんは，大人になるというときのよりどころを何に求めながら，そしてそれはどのように形作られていくのであろう

かと考えました。それを捉え理解することにより，子どもの成長変容に必要な要因が実証的に分かると考えたのです。一方では当事者にとっては何か傷口に触れるような部分もあるのではないかとためらっていました。ふと，ある児童養護施設の園長先生が，「大事なことでありながらそういうことを真っ向から考えたということは，わが国では1回もなかった。うちの子どもたちに聞いてみて下さい」とおっしゃって，それでその学園にうかがったのが，12年前のことです。そこで，私は次々に「はい面接」などと，特定の部屋に子どもたちを呼んでそんな話をするのは，いろいろな意味で不適切だろうと思いました。もし子どもが本当に私と話したいということでなければ，私の関心がそこにあっても聴くべきではないと思い，差し支えのない程度に子どもとの自然な日常の生活の場面を共にして，そこで話を聴く，その内容を後でまとめたい，と思って始めることにしたのです。園長先生は「食事を一緒にされて，その時に皆に紹介しましょう」とおっしゃられ，夕食のときに子どもたちに紹介されました。突如紹介され説明されても，イメージがつかめない子が大半だろうと思いながら，食事もあまり喉に通らないような気持ちのまま終わりの時間になりました。すると一人の子どもが，「ねえ，おばさん，馬跳びしたことある？」と訊いたので，「あるわよ。小さいとき」と言ったら，「だったら馬になって」っていうので，馬になったところ，その子が私の上を跳ぶと他の子が次々「僕も私も」と出てきたのです。さすがに中学生は跳びに来ませんでしたけれど，大体小学校高学年くらいまでの子が順番に跳んできたんですね。それでその子の体格にあわせて，私の馬は大きくなったり低くなったりしまして，跳ぶ子は皆，一応跳べるという。で，その時に私は，「あ，これは子どもが選んでくれたんだ。だから子どもの話をやはりきちんと大事に聴いて，意義のあるようにそれを活かさなきゃならない」と思いました。

　その後，学園の子どもたちの話を聴くことが始まりましたが，同時に養護施設の現実の厳しさを知りました。今家庭の子どもは1.12人ですのに，法律的には子ども6人に職員一人ですね。東京都は5人に一人ですけど，これは大変な基準です。スペースから考えてもいろんなことを考えても，「この現実」の重さについて考えました。しかも夏休みも冬休みも，どこにも外泊に行く先がない子どもがいるということを知って，私はつい，「うちにちょっと来られるような子どもさんがあれば夏休みに如何でしょうか」と申しました。しかしそれを知った知人は大体皆反対しました。「あなたそんなの，いいことをやってい

るつもりでしょうけど，子どもをもっと不幸な気持ちにさせるのよ。あなたの家に行って，あなたの暮らしを見た後で，その落差でよけい自分の不幸を実感したりもっとひねくれるかもしれない。そんなことはやらない方がいい」という人があったのです。……しかも，「施設に迷惑をかける」と言われたのですね。そこで私は「そうかなあ」とも考えて……，それは一つの理屈かもしれないけれど，しかし世の中はもともとさまざまな要因があって成立っているわけですし……。私はやはりもっと，一つ一つの事柄に手につくところからやってみて，そこで反省すべきところがあったら考えることの方が意味あるように思いました。そして実際子どもを招いてみると，そういう心配はありませんでした。子どもたちは皆それぞれの言葉で手紙を下さるんですけど，「村瀬さんちに行ったら家は木でした。木の家は暖かいいい感じがします。私も一生懸命働いて，いつか木の家を建てようと思いました」などと，その人の素直な言葉で礼状をくれました。

　養護施設への調査とその後のささやかなかかわりを通して，どんな子どもでも，問題は問題としてきちんと見ながら，人間を信じるということが可能なのだということを再認致しました。今は，他に3カ所くらいの施設のお子さんを，ほんの少しですけれども，お招きするということをしております。また私は地方に行ったときに，時間があるとそこの養護施設を見学させていただくということをしてまいりました。15カ所くらい伺いましたでしょうか。ですから，養護施設でのお仕事のご苦労というのは，ほんの垣間見たにすぎないのですけれど，そういう中で思いますことをお話ししたいと思います。

Ⅱ　基盤として求められるもの

　養護施設は本来養育の場所でしたが，今期待されていることは，そこに治療と，さらに教育もしなくてはならない，非常に総合的なことを期待されるようになっています。教育とは一つのある基準というものがあって，それを原則として守って会得していくということが基本に求められる営みです。一方で治療というのは，すぐれて個人に焦点を合わせて，その人に何が要るかということを考えながらさまざまな方法を組み合わせ，かかわっていくのが本質です。そして一方では治療しながらも，基本的には育てていく，ただ傷を治せばいいとか病気を治すとかでなく，普通の子と同じように発達の道筋に沿って伸びるよ

うにしていかなければならない。これらを全部総合的に必要としている子どもさんがおられるのが今の日本の養護施設の特徴だろうと思います。このことを世の人々はもっと十分理解してほしいと思います。

　さて次に，生活をしていく日々の営みということと，こころのケア，治療的な働きは違うことであり，治療というのはもっと抽象的な，非常に技術的なもので，あるテクニックを使ってやり取りをするものだというふうに時として思われる方もおられることでしょう。しかし私はむしろ先ほど申しましたこの3つの機能が総合的に求められ，もう一度基本から生まれて育ち直るということが必要な子どもさんに対しては，日々の営みの中にこそ，本当のこころのケアがありうると思っています。だからあまり最初から細かく分化した技巧的なことに関心を向けるより，もう一度生活ということにしっかり関心を向けることが必要ではないかと思います。「いや，でも生活っていうと普通の家庭がやってるようなことで，専門的じゃないみたいだからちょっと……」とおっしゃる方もおりますが，そうでしょうか。私は何気ない日々の生活をつつがなくきちんと送るということがとても大切で，これなくして妙な技巧があって，人が癒されるとか変容するというのは発想が逆転していると思うのです。このあたり率直に，少しフロアの皆様のご意見を伺いたいのですけど如何でございましょうか。

　　発言者A：定年を前にして，日々の営みこそ，子どもがむしろ育つんだということを今悟らされました。一緒にご飯食べて，一緒にお風呂に入って，一緒に寝ること。そういうことが大切であり原点であるということ。何か私たち専門性の向上と言われていますけれど，自分の人間性を高める，あらためて感性を磨くということを，子どもから言われている気がします。今日先生のお話を聞いていて，そう感じました。

　　発言者B：日々の営みの中にこそ人間教育の基本があるという先生のお話，とても賛成できます。それで専門的というのは，じゃあどういうことを専門的っていうのかっていう問題があると思うんですけれども。（村瀬：そうですね）私は，家庭の中でお母さん，女性が担っている日々のいろいろな営み，まあそれは男性もかかわっていると思いますけれど，そういうことがわりと軽く扱われてきた歴史っていうのが結構あるように思います。

子どもを育てるための仕事，洗濯物をたたむとか干すとか，掃除とか。そういうのは雑用という範疇の中に片付けられてしまいます。施設の中でも男性職員，特に大学を卒業して，福祉関係から卒業して来る職員なんですけれども，それは雑事だからそれは誰かに任せて，自分は子どもとの直接的なかかわりをしたい，というのがよくあるんですね。じゃあ，そういうその生活の技術を身につけるべきものは誰がしていくのか。それこそが生きるための力であって，休み時間に遊ぶとか，相撲をするとか，トランプをするとか，そういうことしか子どもとの触れ合いとは思ってないんですね。まあそれも含まれますけれども。日々の営みとは，生活をしていく上での技術だから，それこそを教えるのが専門職だと思って欲しいと私はいつも思っているのですが，なかなか納得してもらえずにおります。その辺の感じ方とか重要さを，施設の中だけでなく社会全体で認識してもらえればと思っているんですけど。

　私はむしろ雑事じゃない……一番，生きるベースだと思います。今のことに関連してですけれども，よく共感性とか人の立場に立つといいますけれど，たとえば食事を一緒にしているときに，大鉢に盛られたおかずを，順番に取っていくときに，いかにも取り残しというのを回すのじゃなくて，自分がとって空いた穴のところをさりげなく埋めて回すというようなことが，人への思いやりを育てるのだと思います。私はそれを何か，すごく人工的な状況を使って，たとえばおもちゃを使って演じながら教えるというよりも，日々の営みの中でさりげなく伝えていくことが，より基本的に大切だと思います。
　あるとき，苛酷な環境で育ったある統合失調症の青年が家に遊びに見えました。私が開けた簞笥を見て，そこに，他の患者さんがお土産にくださった温泉地のペナントがあったのですね。それがちょっとけたたましいデザインでしたので，壁には貼らないで，しかし捨てるというのはとてもしのびなく，その人の大切な気持ちだと思って中に入れてあったものですけど，ぱっと引き出して，「これは先生の趣味じゃない。なぜこんなもの入れてあるか」と問われたのです。それで私は今申した説明をすると，うーんと考えて，「それが人の気持ちを考えるっていうことなんだね」と言ったのです。私はそういう何気ない立ち居振る舞い，暮らし方というものの中から伝わるものの方が，実は効率よく確実に根付いてゆくと思うのです。

では専門とは何かということですけど，私はそういうことを公共性のある言葉で，要約して表現したときに，「あ，このことはたとえば具体的な行為でいうとこういうことだな」と，ある種のさまざまなバリエーションである具体的な行為を，まず公共性のある，共通感覚で理解できる言葉にしながら，簡潔明快に表現し，共有していけるような力をつけることだと思います。そういう意味では，勉強は非常に必要です。決して本を読まないほうがいいとか，講習会は要らないといっているのではないです。おかしな演繹的な態度になるのではなくて，こういう臨床の場はすぐれて帰納的に，現実の行為を大切にしなくてはならないというふうに思います。
　それで，午前中に発表された先生が「心理の先生が定期的に面接して聴くことよりも，むしろ生活担当の職員が暮らしの中で子どもの気持ちを深く聴いていく方が」と小さい声でおっしゃいましたけれど，本当はそうではないでしょうか。私も養護施設に行って，「今日は時間にゆとりがあるので，もしお役に立てばお子さんが寝つくまで枕もとでお話しして，寝付いてから帰ります」と言って，その子のそばにいて，「ああもう寝たかな」と思って電気を消してそーっと帰ろうとすると寝ていなくて，そういうときにふと「私のお母さんどんな人やろ」と質問されたりします。その人にとって大事な話というのは，その人の時間が熟したときに，その場所で，この人に問うてみたい，そして自分の中で確かめたいというものだと思います。
　臨床の仕事というのは子どもから選ばれるということですね。それでは若いと無理かというと，決してそうではなくて，若さというのは，それはまたそれで「あなたはこういうことに覚悟を持って向かえますか」と，テストと挑戦を兼ねて子どもは本音をぶつけてくれますし，それから5～6年経験を積んで中堅になり，割と手慣れてきて，マンネリの「マ」くらいになりかけのときに，そうはならじと子どもの方がまた常に新鮮な気持ちで課題をぶつけてくるというふうに，子どもはいつも問い掛けてきます。私は何か特定の状況で人工的にしつらえてそこで聴きだすというよりも，その子が選ぶその場所で，その相手に，その時を，というふうでありたい。そこで，もし担当制を決めているような施設であると，本当は担当の人に全部そういう話がいくと想定されているかもしれませんが，ある子どもとしては，別にその担当の方の個人的な資質や何かがどうということではなくて，その子からして波長が合いやすいなどで，担当でない職員を選ぶこともあると思います。そこで何が大事かというと，そう

いうお互いの間のコラボレーション，お互いを理解して支え合う，選ばれなかった人が選ばれた人をさりげなく支えるという度量の深さを持つことが必要でしょう。その子がそれをみて「こんな他人同士が，しかも自分の面子が崩れそうなときに，でもあの人はちゃんと支えている，それが人間」などと学んだときに，その子の不信感が変わっていくのではないでしょうか。

　そしてほんの10分でも5分でも，たとえば学校から帰ってきた子が何か言おうとするのに耳を傾けることが大切だと思うのです。しかし，日本のいろいろな施設の職員がどういう単語を一番多く発言しているかというのは，意外に「待っててね」というのが多いようです。「少し後でね」って。これは本当に無理もないのですね。私は今，成人の重複聴覚障害者の施設にかかわっているのですけれども，そこでは職員は必死になって手話や身振りで話されるのですが，仕事が多くて大変で，どうしても「後でね」ってなりがちですね。しかし本当はそういうときに3分でもいい，眼を合わせて「なあに？」っていう相手があったら，表現することもその子なりに洗練されるでしょうし，そして何よりも，自分の話を大事に聴いてもらって初めて人の話を大切に聴ける人になるのではないだろうかと思うのです。施設のみならず今日の子どもたちは，何かいつも急かされ，頭から前のめりのような生活の中にいて，小さいときから実は一見幸せに見えるような家庭でも，きちんと聴いてもらうという経験が少ないままに育っているように感じます。きちんと聴いてもらえることが，上手に話す，そして人の話を聴ける基であろうと思います。

　先ほど雑用とおっしゃいましたけど，雑用という言葉は当たらないと思います。まさしく生活の営みの基本です。それに心を込めて，大事に普通に暮らしていることの中から，大人と子どもの生きたやり取りが生まれ，そういうやり取りの中からの感性や思考は，その人のものとして根付いていくのではないかと思います。ある時私がアイロンかけをしているときに，子どもが傍らにいて，「やらせてちょうだい」というので，ブラウスにアイロンするんだったら全部同じようにきちんとするより，たくさんあるときは，襟とカフスと前だてはピリッとして，あと下に入るところはしわがあっても背中やここを綺麗にすればいいとか言いながらかけると，「おばさん，クリーニング屋でアルバイトしたことあるの？　やらせて」って言って，お手伝いする気がないような子どもさんでもそこから始めますね。それから，何か繕い物してると，「一緒にしよう」とそばにきて，それをしながら，「おばさん子ども育てたことあるの？」「ある

わよ」「楽しかった？」「楽しいときもあるけれど，難しい……考え込んだり悩んだり，心配があったときもあるし」「ふーん」「あなたどう思ってるの？」「私は子どもを大事に大事に育ててく。だけど結婚は絶対したくない」などと，その子がもっている家族についての考えや，大人になってどう生きたらいいか，モデルがなくて迷っているという話をするのです。かえって何かアイロンかけたり洗濯物畳んでいるときなどに大事な話をするわけですね。こんな話をしていますと，もっと何々の理論に則る，何々の技法ということを期待されている方には，そぐわないのではないかと恐れますけれど。しかし，「抱える環境」というような概念があるのですね。どういう要因があって初めて抱えることが可能になるかということを考えていると，実は今申しているようなことになると思います。

　存在を基本的に否定されたような暮らしをしてきた子どもにとっては，施設に入ってもう一度心が新たに生まれ直るというような体験，そして自分は愛されるに値する存在だという実感をもつことが大事だと思います。たとえば，初めて入所してきたときに，「これがあなたの部屋です」「机です」などと最初に伝えますね。施設にうかがってこんなに開きがあるのかと思ってびっくりしたのですが，学齢期になった子どもさんが，まだ一人の机を持てないところもあるのです。かと思うと一方で非常に立派なところもあります。それはそれでいろいろな事情があると思うのですが，あるケースカンファレンスで，その子どもさんは，時間割をちゃんと調べないで，全部の荷物をランドセルと手提げがパンパンになるまで皆入れて毎日運んでいて「だらしがないんだ」という話を聞きました。それだけ聞くとその子はとてもルーズなように思われるのですけれど，今申しましたように，その子の暮らしている状況は，とてもスペースが少ないのです。一方今の学校というのは私が小学生だった頃に比べると，勉強道具も含めて持ち物が多いです。そこで，自分のスペースに持ち物を置いておくと隣の子の物とどうしても入り混じってしまうので，かえって紛らわしくなる。それなら一式皆詰め込んで持っているほうがいいという……。それはその子だけの考え方や振る舞い方の問題ではないわけです。つまり，物事は全体をよく考えながら，そこで問題になってくる焦点の性質を見ないといけないと言うことです。たとえば初めて入ってきたときに机の上に花を添えて置くなど，とても質素な場所であっても，それなりに住まいの空間に心をこめてその建物を使っているかどうかということが，子どもにとって，「自分は待ち望まれて

いて，大事な子どもだと思われているのだな」というメッセージになるのではないでしょうか。

　ある乳児院の園長先生が，字が読めない子どもさんに，自分の肌着がわかるように，その子の色を決めて，その子の持ち物にはリボンを縫つけられました。このような工夫をいろいろしていくことが大事なのではないかなと思うのです。集団でいるときというのは何か，平均化して，マスというふうになりがちですけれど，皆で共有する喜びを味わいながら，自分ひとりにきちんと焦点があって大事にされているという実感が大切と思います。それで初めて人と協調していけるわけです。たとえば幼児だったら，折り紙で一つ何か折ったのを，これがその子の引出しにつけたり……さりげなく伝えるような振る舞いの中から伝わるということを大事にすることです。それが生活の中の育ち直りと治癒ということの要因だろうと思います。

　次に「自立と保護」ということのバランスですが，大体，人とかかわる営みというのは，矛盾したことをその都度考えながら決断しなければならないから難しいわけです。いずれは自分の力で生きていくことを考えると，あまり過剰に手出しをしない方がいい，指示をたくさんしない方がいい，という理屈も成立ちます。しかし一方では自立心が育たないという理由で，早めに手抜きして楽をしたいがために十分な保護，配慮がなされないようなことが，最近の一見恵まれた家庭にみられる気がします。養護の仕事の特質というのは，いつもバランスを，この子にとって今は少し保護の方を多くするなどと，いつもこの保護と自律という対立する2つの命題が，いろんな局面に付きまとうわけです。ここをきめ細かに，個別化して考えていくことが必要ですし，そのためには，やはり的確なアセスメント，その子がどんな素質を持っていて，今の時点で一番大切なことは何だろうかという，いわゆる見立てをすることが必要になります。

　出会う子どもたちはどうしてもいろいろ問題を抱えて入ってくる，それを見ると，どれも全部気になることばかりです。そういう時に，あれもこれも直すというのはいささか無理があります。まず自傷他害のおそれに直結するようなことはやめる，そしてその子が少しでも着手できそうなことを，この1週間はこれとこれ，次はこれとこれ，というふうに，焦らずに継続していくことです。その結果として少しずつステップがあがっていくものだと思います。その意味でも，身体的・知的・情緒的にその子は本来どういう素質をもっているのか，

その素質の割に発達はどれくらいで，それから生育歴や家族歴，あるいはその人がそれまで暮らしてきた場所がどんなところで，この家族が周りの人からどう見られ，どんなやり取りの中で生活していたか，その子自身が自分がこれからどうなっていきたいと思っているか，その子自身の中にある将来への展望などを捉えることも必要でしょう。

　非常に辛い状況にある子は，将来なんて覚束ないというところが大方ですけども，その辺りを的確に考えていくことが必要だろうと思います。本当の見立てというのは，その人の治療が終わったときにできる，といわれておりますくらいでして，初めの段階でこうではないかということは，実は後からもっと違う事実が出てきて変わる可能性があります。換言しますと，いつも私たちが目の前の子どもについて知りえている，こうだなあと思っていることは，仮説であって，仮説というのは修正して変わっていくものですね。断定的とか思い込みじゃなくて，いつも少し自分の考え方に開かれた余地を残すことが大切でしょう。実際は，どう考えたらいいかなあ，わからないなあというのを抱えながら仕事をするのは何か落ち着かないですね。しかし臨床の基本というのは実はこの不確定さに耐えられること，妙に相手を断定的にこうだと思ってしまわなくて，今の自分にはこうだと考えられるけれども，でもここからはもう少しわからない，変わりうる要素がありうると，いつも開かれた形で理解を，余地をもっているということが重要だと考えます。そしてそのことは，子どもにとって，自分の歴史は変えていける，自分の物語は自分が紡いでいくのだという気持ちにつながるのだと思います。

　ブルーノ・ベッテルハイム（Bettleheim, B.）という，シカゴ大学付属の全寮制養護学校を創設した人がおります。この養護学校では，重い発達障害や情緒障害の子どもたちに，相当の治療効果をあげました。彼はウィーンで生まれ育って，ウィーン大学を出た後に，1930年代の終わりから40年代の初めにかけて，自閉症の子どもを2人，自宅に引き取って，6年間一緒に暮らしたのですね。当時そんなことをするのは画期的なことでした。日々の生活を一緒にする中で，実は日常の何気ない営みを大切にすることによって，非常に重症な人でも変わりうるのではないか，という自分なりの手ごたえを得かけた……。得かけたところで，ユダヤ人でしたので，ダッハウの強制収容所に入れられるわけです。彼は強制収容所に1年いる間に，外の社会にいたときのいろんな地位ですとか経済力ですとか，輝かしい経歴とかみんな剝ぎ取られた屈辱の状態で，

その人の人間性が早く崩れていく人と，そういういろいろなものが奪われても，なおかつ人としての誇りを持っていて，精神的なバランスを崩さない人がいることを見たのですね。そして崩さない基というのは，きちんとした絆をもっていることだということを悟り，彼の治療論のもとができたのです。幸い収容所を1年で出ることができて，米国に逃れてから，先ほど申しましたような重度の障害児の全寮制の養護学校で相当の治療効果を収めたのです。ただ残念なことに，ベッテルハイムが亡くなりましてから，やはりこういう人というのはそう容易には現れませんで，後継者がなくてこの施設は閉鎖されております。

　ベッテルハイムは著作の中で，この全寮制の養護学校の経験をいろいろ書いています。その中に暴力を振るい，物などすぐ壊す，そういう子どもたちに普通，施設ではプラスチックのいろいろ食器などを日常使うけれども，自分のところでは極端に高いものは使えないけれど，瀬戸物の割れる皿を用意した。どうせ壊す子どもだからとプラスチックの食器で食べさせること自体が，自分はこの程度の人間だという，暗黙のメッセージに食事のたびにさらされて，そこから自尊心は生まれないし，子どもは変わっていけないのだということです。これは何ごとによらず大事なことで，決して高いものを使わなくても，同じ金額のものでも，色の配色がいいものですとか，気持ちがホッとする，ほどよい趣味を感じさせるような状況をしつらえるようなことは，とても大事なのではないでしょうか。子どもに接するときに，自分の衣服をどう整えるかということも大事なことのように思います。食事のときでしたら，ちゃんとエプロンをとって食事するとか，ランチョンマット敷いて少し気分を変えるとか，それからテーブルの真ん中に小さな花を飾ってあるような配慮をされたりなどの工夫も大切でしょう。言葉は大切ですけれど，言葉が本当の力を発揮するには，言葉の背景にたくさんの無言のものややり取りがあって初めてそれを集約した言葉が力を発揮すると私は思います。

　現代の生活というのは，背景がなくて言葉が飛び交いすぎている。私は精神文化というものはトータルなものでなければならないと思うのです。そういう感覚は，小学校の4年生くらいから中学生にかけて，抽象的な思考力が伸びる時期にとても敏感になって育つのだと思います。ある小学4年生のクラスを担当されている先生がおっしゃったのですが，男の子たちがあるときその先生のところに来て，「僕たちのクラスで保護者会に来ていたお母さんを見ていて，一番顔立ちの整った綺麗なお母さん，一番金目のものを身につけているお母さ

ん，それから別に綺麗じゃないけど感じがいいお母さん」と3人選んで，「皆が話し合ってこうなった。先生もそう思うでしょ」って尋ねられた，と。「いやー子どもって本当に良く見てますね，すごくそういうところは敏感です」と言われました。この時期に心遣いのセンスのある大人と一緒に暮らすかどうかというのは，とても大事なことだと思います。決して華美とか贅沢ということではなく，一緒に暮らしている人を大事に思うから，そういう身づくろいを大事にするということです。そういうメッセージを発しながら人に影響力を及ぼせる養護施設とは，こんなクリエイティブで，日々を深く味わって生きることができる職場はそうそうないかもしれませんね。

Ⅲ　被虐待児にかかわるときに問われること

　それでは子どもたちにかかわるときの姿勢として，何が必要かということを少し抽象的に整理しましょう。まずは，ものを見るときに複眼の視野で捉えるということです。単純な1個か2個のマニュアルに当てはめてものを見がちになりますけれど，でも尺度というのはなるべく幾通りも持っていたい。そして一見したところ，粗野で，なんていいますか……そんなセンスがあるとは思えないような子どもの中にこそ，実はとても繊細で，非常に緻密にものを見るまなざしをもっている。それがうまくチャンネルを見つけて行動に連動して現れていないけれども，独特の繊細なやさしさですとか，あるいはものに気づいて工夫しようという心をもっている子どもがいます。養護の仕事というのは，大体どの方も難しい子どもさんを担当されていて，気持ちは疲弊し，明日のエネルギーが沸いてこないような感じになりがちです。でも考えてみますと，整った容姿で，もって生まれた才能があって，いろいろなことがよくできる人を見て「あの人素敵ねー」なら，誰だっていえますね。それよりは，ちょっと見たら何もくみ上げるところが見つからない，「わー大変な人」という人に，他人が見つけられないことを見つけてみようとする。こんなクリエイティブな楽しい仕事はないと思うと，私は明日もあさっても活力が沸いてくるように思うのです。隠れた可能性に気づくということをもっと大事にしてみることですね。

　ある統合失調症の少年が，18歳のとき出会って3年半くらい経ち，かなり病気が良くなって，生活のリズムも整って自律的となり，なんとか自分のペースで働けるようになりました。それまでには，突然夜中に電話してきて延々と

2時間以上話をしたり、いろいろなことがありました。私としてはもう、言葉のやり取りも時間も、それからエネルギーもいっぱい使ったと考えていたのですが、彼は「先生のお蔭はとても大きいけど、でも何が良かったかというと、一緒に行動したことだ。話したことは忘れるのに、一緒に行動したことは残る。物心ついてから自殺企図ばかり繰り返し、希望がなかったのが、なぜ生きていこうと思ったかというと、みんな病院の食堂で気持ち悪がって自分の周りに座らなかったのに、村瀬先生は本当に普通に、何にもないように傍らにいて、一緒にご飯を食べたから」と言われて、びっくりしたのです。彼の言葉は、人間としての営みを共にして伝わることの方が、確実に相手に残っていくということを教えてくれます。

　私はふとした契機で、聞こえない上に、知的な障害、もしくは精神疾患、統合失調症やてんかん、あるいは視覚障害の方々ばかりがいらっしゃる、大体中高年の方が多い施設にかかわりをもちました。そこは人手もなく、入所している方々は不安なときに独特の音声を出されますので、家族も一緒に住めない、地域の人も近所迷惑で困るということで、お正月でも帰宅できない方々もあるという施設です。本人がそもそももっているハンディに加えて、家族的、地域的な背景も恵まれないという方がおられます。その中で、生まれつき聞こえない上に、10代の後半に次第に視力を失って、20歳近くに完全失明されたという方がおられました。自分は聞こえないって言ってらっしゃいますけど、昔、話していたのを覚えておられて、一生懸命話されます。視力があった頃、簡単な文章を書かれていたので、こちらが手のひらに平仮名を書いてのやりとりで、非常に難しいのですが、でもその方についてのわずかな予備知識や今ここの施設で最近どんな行事があって、みんながどう暮らしているかということをつなぎながら、大体、こういうことかなっていうことを想像しつつお話をしていく。手のひらに平仮名を書くときに、同じ一つの字でも力を入れるところと抜くところがありますね、でもあれは、自分で目をつぶって手のひらに書いてみると、メリハリがきいているとかえって読みにくい。また同じ単語でも、促音便は、小さな「つ」がなかなかわかりにくい。ですから、もっと他の表現はないかとか、ずいぶん言葉について、自ずと考えさせられるというやりとりをしてきました。年を取って世話になるだけで、恥ずかしいことばかりで、生きている意味がないというようなことを訴えられる方は何人もいらっしゃいますけれど、加えてその方は本当に苦しいことの多い人生で、そんな時にありきたりの慰め

をするのは何か失礼なことですし，しらじらしい。でもその方は，そういう生活の中ででも，少しでも自分でできることをされようとしている。私は，生きることへの努力ってすごいなあという尊敬の気持ちを抱えながら，その人とやりとりする。そして「今日までこのようにこられたことを私はとても偉いと思います」などとゆっくり書いたりしました。そのうちに，苦い思い出ばかりの人が，本当に一つ点のような小さなことを思い出されるのですね。私は他人ですし，そんな苦労しておりませんし，その方と同じようにはわかるわけではないですけど，語られる思い出を，こうなのだろうなあと思い描きながら，手のひらに字を書きつつ手をつないでいると，何かその方の内側からふっと気がつかれて，「私がこうやって生きているのは，たくさんの人のお蔭だと思う。世話になってばかりというより，世話をされてるそのことにこれからたくさんの感謝を心からする。『感謝する』という仕事があることに気がつきました」とおっしゃるわけです。その方は，母親に早く死に別れ，経済的にも家族関係でも恵まれない，しかも身体に障害があるという方ですけど，幼少の頃，お母さんが，ひょっとしてどこかで耳が聞こえるように治る可能性はないかと，乏しい経済の中からその人の手を引いて耳鼻科に行かれた。そのときの手のひらの感触を思い出したのですね。後は何にも思い出せないけれど，ふっと気持ちが変われて「自分のすることは感謝することだ」とおっしゃったのです。人を理解するときに，ちゃんと筋道のたった因果関係で説明がつくようにその人の歴史を考え，それによって問題行動を解き明かすという，それは基本であることには違いはありません。しかしやはりその人の時とその人の話題，そしてその場所と相手ということを考えて，時にはここのところはどうなっているのかなあと思うようなことを空白に残しながら，やがてその人がその時が来たということでその空白を埋められるのを待つことができる，これが長い過程の中で傷を癒し育てていくという養育にとって非常に大事なことではないかと思うのです。生活史や個人史はその人が必要なときに，その人が受け入れられる程度にどう扱うかということが大切なわけです。

　これに関連して考えさせられたのは，施設に送られてくる児童相談所の記録からです。ある施設の園長先生がおっしゃっておりましたが，それを読むと打ちのめされるようなことだけが列挙してあり，どうしたらいいかという手立ての記述が乏しい。若い職員はそれを読んで，「こんな大変な生活をしてきた子どもに私が会っていいんでしょうか」と自信がなくなる。しかも記録はボリュ

ームが非常に多くて，こんなに忙しいのに読むのが大変だということでした。そこで送られてきた記録をＢ４判，１枚に要約して書き直すようにしたというのです。それは大変なロスでもありますよね。こうした親で，不幸は３世代にも４世代にもわたっていて，こんなことがあってここでこういうことをして，だからこの子はこうだということを，非常に鮮やかに解説して終わるよりも，なじみのなかった子どもが今日入所して暮らし始めるという状況です。とにかくぐずぐず泣くときには，この子はこういうものがとっても好きで，これ食べてこんなやり取りしたら気分が少し落ち着きましたとか，何か一行でもそういうことが書いてあると，そこからその子どもが癒され，変わっていくことの始まりになるのではないかと思うのです。個人史を明確にしようとするよりも，私はむしろ，ある語りえない，あるいはそれを思い出すことがつらいその人の，あるうつろな部分を一緒に大事に抱えて時間を待つ人があるときに，その人はそれを埋めていけるのではないか。だから時々，因果関係の解説というのは，それを知るとそうだなあと思えるのですが，よくよく考えるとそれはこちらが安心するための理屈付けではないかと思うことがあります。もちろん，生育史の理解は援助方針を立てる資料であるには違いがありませんけれども。私はよく，若い人と勉強しているときに，何とか理論で何々であるという解釈や意味付けをした後に，ではどこから始めていくかという具象的な行為の展開が生き生きと浮かぶかどうかが大切であると申しています。それがすぐ浮かばないような，「それがどうした」という下の句がつく解釈は，ほとんど意味がない。ですから「それがどうした」がつくかつかないかを確かめてから書いたり言ったりするようにすれば，次にどうしたらいいかということが思い浮かんでくる力がつくのではないかと申しています。

　過去の痛手を振り返ってもう一度自分がそれを捉えなおすことは大事ですけれど，捉えなおすだけの自我の育ちができていて，しかも共同作業をする人が確かにあって，その場がそういうふうに整っているときに初めて，その経験は自分の中に別の意味合いを持ってきちんと振り返ることができるのです。雨だれがポトッと落ちる必然性があるときに，ああそうだというふうに扱うべきではないでしょうか。「こういう相談をするときには大体生育歴というのが大事で」と，そして「この辺が大きなトラウマで，それが結局こういう形で自分のあるベースを作っていて……」と全部解説してくださる方が時々ありますが，何か理屈付けのところに思考がぐるぐる回りしているようで，私はあまりそれ

は生産的ではないと。人の話を聴くときにそうならぬようにということが大事で，そのためには待つことができることが大切だと思います。その個人が本当にそれを受け入れられるかどうかということに対して，きわめて敏感である方が，何があったのだろうということを上手に聞き出そうとすることにエネルギーを払うより大事な気がいたします。

　施設の子どもたちの示す行動は，時に憎まれ口であってもそれは自分の表現ですね。それは子どもの力であると同時に，ぱっと会ったときにその人の受け皿の度合いというのを感じている，感じ取っているのではないでしょうか。スタッフは，自分自身を見つめ，自分の人生はそれなりに意味があって，生きることの楽しさ，喜びというものを素直に抱いているかどうかを正直に振り返っていることが必要です。それからなにかしら無性に自分が感情に駆り立てられてしまう子どもというのは，どこか自分が触れないようにしている，自分の未解決の問題をその子の行動が引きずり出していることが非常に多いといってもいいかと思います。ですから子どもを理解していくということと並行して，いつも自分の一部は少し醒めた気持ちで，素直に自分を見つめるということが大切です。これがあって初めて，子どもは「この人は妙に決め付けや独断でかかわるのではなくて，自分と一緒に変わり，考えていこうという人だ」と思うのではないかと考えています。そういう意味では，専門家というのは，最新の知識や理論に対して意識的で，そういう勉強を怠らないことも大事ですが，一方で，毎日自分が淀まないで新鮮な自分であるかどうかという自問が大切なのではないでしょうか。このことは大人とかかわるとき以上に，子どもに会うときに必要なことのように思います。

　淀まず新鮮であるための一つの方法ですが，その子どもの記録を，たくさん書くのは忙しくて大変ですけれども，一番やり取りに苦労したある出来事を用紙の3分の2くらいに線を引きまして，一方にそのやり取りの事実を書く。そしてもう一方に自分がそのとき思っていたこと，書き終えて思っていることを書いておく。それを少なくとも二三カ月……，忘れてしまってつまびらかに思い出せないくらいになったときに，最初の事実の記録を読み，今自分はどう思うかを問うてみる。自分のある局面の行為を，忘れた頃に何回か繰り返し仔細に見る。そこで気づくのは，勉強会に行っていろいろ他の人から言われることも大切ですが，気づく力，考える力の深まりが得られます。それから前より気がつかないときがありますね。それは自分が「最近やはりボルテージが下がっ

て全体に感度が落ちてる」などと，セルフモニターにもなります。人は今日の自分が受け入れられる程度に人間は意識化するわけですから，自分で気づいてゆくということはとても大切だと思います。また地方の方とか，忙しくて会議や研修などそうそう行けないという方も，今のような方法は一人でもできる，確実に自分の力量が上がる方法ですね。

　さて，施設の中で笑いがあるというのは，お互いが認め合い，助け合い，補い合いということを気張らないで自然にできて，自分をそのまま伸びやかに出しているということだと思います。だから管理職は，職場がそうなるように器を整えることに力を注ぐ度量が必要です。そういう方が少しでも増えるようひそかに祈っています。そして，「さあこれから会議をします」といって会議室で記録を広げて行うフォーマルな話し合いも大事ですけども，ただ何か，洗面所で手を拭きながら「実は……」というほんのちょっとした，数分のやり取りの中でむしろ率直に自分の着想や迷いを言葉にし，また一言，何か励みになるコメントが返るということもなかなか，大事な気がいたします。今世の中は専門分化していって，普通のことでも敢えて細分化した理屈で言わないと価値がないように思われがちですが，私はインフォーマルなやり取りを活発にする場であるように心がけていると，仕事の雰囲気は大変和らぐのではないかと思います。

　最後に，子どもが密かに「ああいう大人はいいなあ」と思えるようなモデルがあるということは必要だと思いますが，一方で，よき子どもらしさ（childlikeness）を職員がもっていることが大切だと思います。健康な子どもというのは，いろいろなことに興味を生き生きと持って，とても活力に満ちている。いろいろな意味で依存しなくては生き延びられなくて，しかもこれからどうなるかということはわからない，すごく不確定な状況の中で，生き生きとしていろいろなことに関心をもてる。子どもと一緒に暮らす大人というのは，いくつになってもこの健康なchildlikenessをもっていることだろうと思います。あまり分別の塊とか，当為の塊になると，正しいけれども，正しいことを正しく言ったからといって，それは相手に正しく伝わらないという，何か笑っても笑えない悲喜劇になります。子どもと一緒にいるときの大人に求められる要因の大きな一つは，この良い子どもらしさを，成人としてのモデルになるような成熟と同時に併せもっている，これはとても矛盾したことですけど，それが私たちの課題であり，それを一人の人の中に具現化しているのが，本当の意

味でのプロフェッショナルだと思います。そのことは子どもが一番よくわかって，そういう人を選ぶんじゃないかと思うんですね。

　今日は大人に求められる要因についていくつかお話しして参りました。何かご質問があればどうぞ。

　　発言者C：学級崩壊に至るような逸脱行動をする子どもがおりまして，学校からいろいろな指摘や要請を受けることがあります。中には保護者の苦情を，先生は直接おっしゃらないのですが，後ろの方から聞こえて，責められている感じもあります。私どもは子どもを預かって養育しているという一面と，学校に子どもを預かってもらっているという一面がありまして，どの辺で折り合いをつけたらいいのかという，非常に悩みを持つのですが。

　そうですねえ。現実の問題として，学校の先生方ご自身も，疲弊感や自信を失っていらして，余裕がなくなっているような気もします。養護児童のお子さんたちが小学校高学年くらいになってくると，いろんなハンディを人生の初めから多く担ってきたような自分は，如何に努力しても先行きはかなり閉ざされていて，どうやら親が歩んだと同じ道のりになりそうだということを意識的・無意識的に感じ始めていて，だけどそれをはっきり話してどうにかできるようでもなく，茫漠と突き上げてくる不安にとらわれる。大人になるというのは遠い先のことだと思っていたのが，どうやら自分の身体は大人になり，でも大人になって自分の生活は閉ざされたものになりそうだという不安をもやもやっと……。しかしそれは逃れることのない自分の課題と感じ始めたときに，学校へ行けなくなったり，行けば行ったで，だったら他の子も一蓮托生，一緒に引きずりおろしてやろうというような気持ちになるのでしょう。ですから，一つには，そういう個々の子どもの喉もと一枚下の，言葉になりきらないでいる気持ちをその子に即して言葉にして，思いを汲み取るようなやりとりの上で，それはいけないという現実的な制止も必要でしょう。もう一つは，皆さんがたとえば保護者会などで，養護の子どもの言葉にならない真実のけなげさとか，その子に直接かかわるわれわれのみならず，広い世の中のまなざしが大きな力になるというようなことを，アピールなさったらどうでしょうか。それは先生や保護者にとっても，大切な気づきの機会になると思います。養護施設の多くの先生は保護者会などにいらしても，わりとそっと控えめにしてらっしゃるんじゃ

ないでしょうか？　私はこれからいい意味でアピールなさるということも大きな役割ではないかと思います。

　　質問者D：子どもたちは施設職員を「〜先生」とか「〜さん」などと呼んでいますが，呼ばせ方がどのような意味を持つか，お伺いできれば。

　この呼び方について施設にうかがうようになって，私はとても注意を引かれたのですね。職員をどういうふうにお呼びになるかは，その施設が基本的に方針としてお考えになるところから出てくるので，私が画一的なことを申し上げる立場にはございません。「お姉さん，お兄さん」っていうところが5〜6年前には日本で一番多いと聞きました。私はかかわりをもつ前，外部で関係なくいた頃は，「先生」って呼ぶのかなと思っていたら，「子どもたちにとっては学校に行っても先生，帰っても先生，先生だらけで休まることがないから，先生とは呼ばない」と言われて「なるほど……」と思いました。私は，もう50歳を過ぎた方もお姉さんお兄さんと呼ばれることに，最初はちょっとびっくりしたのです。でも，距離の取り方としたら，ママとかパパっていうのは子どもからすれば，イコールではないのにという気持ちも起きてくるでしょうし。いつか家庭復帰ということを考えて「あなたにとって一番のよりどころは家族です」というメッセージという意味では，「先生」も妥当なのかなとも思います。しかしそこは，その施設が大舎制なのか小舎制なのか，大舎制でも子どもの人数がどれくらいか，またはその地域の文化とかいろいろなことで呼び方というのは決まると思うのですね。ニックネームも良いと思うのですけれど，ものごとにはメリハリが必要だということを知った上でニックネームで呼ぶ，ということが大事だと思うのです。浅くべったりした親しさと，深く的確な理解は似ているけれど違います。やはりどこか大人の中に畏敬を感ずるということは，子どもが育っていくときには必要欠くべからざることで，親しみを持ってニックネームで呼ぶけど，きちんと大事な話をするときには，「先生」とか，折り目によってけじめをつけるということもお考えになるとどうかなあというふうに思います。

　　質問者E：児童養護施設は基準定数6対1ですけれども，実際には24時間を8時間で割りますと，18対1，というような忙しさです。そういう

中で子どもの心を汲み取るどころか，そういうことがまったく行い難い，そういう忙しさの中で心をフォローしていくわけです。職員は疲弊していて，どうしたらそういう状態から抜け出せるんだろうか，日々思いながらいるのですけれども。

　ある学校の先生が，とても忙しい中で自分のクラスの子どもに5分間タイムというのを用意されて，20分休みと給食の後と放課後15分くらい毎日割いてクラスの子どもに，その5分は先生を独占できるという時間を設けられました。先生は大変ですけど，そうすると緘黙みたいだった子が話したり，とても反抗的な子どもが，5分間の間に先生の腕時計を覗き込みながら，「お父さんは商売が失敗して夜中に二人でお母さんとけんかしていた，先生どうしよう」と話し始め，5分たって「でもいい，先生に言えたから」と言ったそうです。登校途中で拾った蝉の抜け殻を見せて過ごすだけで納得した子もいたそうです。結果としてクラスの生徒たちは集中して，聴くときは聴く，遊ぶときはとっても元気に遊ぶようになったそうです。要するにそれは短い時間をどう工夫するかでしょうか。たとえばメモや短いお便りなども，既製品のカードばかりでなく，その子の好きだと思う動物の絵をちょこっと描くとか，手作りって子どもたちは好きなのかなあと思います。上手下手に関係なく，自分の気持ちをどう伝えるかというチャンネルを，いつも気持ちをフレッシュにもって，工夫しながら生きることだと思います。そうやって一生懸命考えてる方が，「疲れたー」と思って座り込むよりは，少し疲れが少なくなるのではないでしょうか。

中年になった障害者の課題
―― 障害者に出会う健常者の課題 ――

はじめに

　障害者と一言で表現しても，その対象者の特質の幅は広い。そして障害を持つ人々が少しでもその生を充実させるための課題は複雑で深い。この場合の課題とは障害者自身のみならず，後述するがいわゆる健常者，社会，諸制度などにとってのもので，それらは関連している。課題は文字通り，生物・心理・社会的，そして実存的問題である。技巧的な技法論や机上の理論に単純になじむことではない。

　何か話したり，書くことを求められると，自分の来し方を振り返って躊躇をおぼえるのがこれまでも常であったが，とりわけこの標題について何か述べるのはおこがましい，とご辞退した。しかし，許可を得られずやむなくここでは幼児期に初めて出会い，今は中高年になっている発達障害を抱えている人々，またおそらく終生施設で生活していかれるであろう中高年の重複聴覚障害者とのかかわりの一端から，与えられた標題について考えたい。

I　ライフサイクルにおける「中年」の意味

　ここでは障害者にとっての課題を考えるという観点に限って中年の特質を素描してみよう。

　エリクソン（Erikson, E.H. & Erikson, J.M., 1997）は社会心理学的観点を取り入れた精神分析の立場から，成人以後の発達段階を前成人期，成人期，老年期の3段階に分けた。彼は中年という段階を想定してはいないが，一般には，「世代性 対 停滞」が主となり，そこに一部老年期にかかわる「統合 対 絶望」がいわゆる中年期にもかかわる課題として想定されていると考えられる。「世代性」という表現はエリクソンの造語でgenerativityであるが，日本語では生

殖性，継続性，世代性などと訳されている。意味するところは「自分より若い世代に関心を持ち，その世話をすること」であることを押さえておきたい。

　ユング（Jung, 1931）は40歳を「人生の正午」とし，それ以後の中年期を「人生の午後」と称して，人が個性化へ向かう時期であると説いた。人はこの時期，青年期には外に向いていたエネルギーを自身の内面に向けるようになる。この価値と理想の転倒は周囲から時に意外にも見える変容をもたらす場合がある。たとえば，外側からの社会的立場，富，名声よりも，内面的価値，すなわち「自分らしい本物の生き方」を求めて，孤独でも充実した思想形成の道へと森有正は転身した。彼は日本で初めての文部大臣　森有礼を祖父に持ち，自らもパスカルの専門家として，東京大学の哲学の助教授として，将来を嘱望され，約束されていたかに見えたが，1950年，39歳の時，パリに留学し，そのまま職を捨てて彼の地へ居住するという選択をした。優れた思想解説者から，みずからの生活経験に基づく思索を真摯に表現する哲学者へと転じたのであった。彼は「人は外側を飾ることはできる。立派に振る舞うこともできる。だがしかし，内心の虚無や寂寥を自らに対してごまかすことはできない」（森, 1978）と述べている。

　一方，それまでは謹言実直，よき働き手，よき家庭人であった中年にさしかかった人が傍らから見れば一見不可解としか言いようがない不倫に陥り，それまでの堅実な生活を一挙に崩すこともある。渡辺淳一の『失楽園』が多くの読者を獲得したのも，正しい当為の世界から解き放たれたい，生き方を自分の欲求に従って自由なものであらしめたい，という読者の潜在的な願望に呼応したからではなかろうか。

　ともあれ，中年は各自にとって，社会的達成のおおよその先が見えてくるような心もちがし，その上忍び寄る体力の衰えをそれとなく自覚する，などということから，それまでは上り坂であった放物線の頂点に達し，そこから緩やかな下降に転じるというイメージが持たれていた感があるのだが，成田（2005）の次の指摘はまことに示唆深い。

「中年期こそ，人がその人らしくなる成熟の時期であり，新たな創造が行われる時期でもある。それがともすれば，否定的に語られるのは，私達の文化の未成熟ゆえではなかろうか」

　ライフサイクルを春夏秋冬に喩えれば，中年はめくるめく夏を過ぎ，実りの

秋になるか，凋落の秋になるか，それはそれまでの生きてきた蓄積と環境，時代の影響を主体的に捉え活かしうるか否かによると言えよう。

Ⅱ　障害を持つということ

　障害と一言で表現しても，まず，生まれたときから伴っている生来性障害と事故あるいは進行性疾患によって生じた中途障害とに大別され，ついで身体障害と精神障害とに分かたれる。さらに重複障害（身体と精神両面），中には障害を3つ以上併せ持つ，という重篤な場合がある。

　障害を抱えても，社会で十分に自立的に生活しておられる方，さらには障害を持ってなお，抜きんでて充実した生き方をされている方があり，こういう場合には障害者自身やその家族の手になるもの，また聞き語りによるものなど著書も多い。たとえば，少し古くは視覚・聴覚の障害を持ちつつ福祉思想啓蒙のために世界的に活躍したヘレン・ケラーの『わたしの生涯』(1887)，最近では脊髄損傷による中途障害者と脊髄性小児麻痺の障害を持つ人々に対する全国規模の調査に基づいた，身体障害を持つ人々との対話『障害ある人の語り』（熊倉・矢野, 2005）などあるが，いずれも読者をして自ずと自分の生を省みる契機をもたらす深い問いかけを内包している。ただ，ここに挙げた例は精神的には健康で自立性の高い方々である。

　一方，基本的生存すらをも援助者の存在に委ねなければならない重篤な障害を持つ人々（発達障害，なかんずく知的障害や発達・情緒障害を持つ人々）まであり，障害の程度は幅広くかつ連続的である。こう考えてみると，重篤な状態の障害者には，前節で述べたような中年という状態はありえるのだろうか，という疑問が生じる。少なくとも，ユングが述べたような個性化へという転換はありえるのだろうか，という疑問はぬぐい得ない。むしろ，施設生活を送っておられる障害者で自らの意志を適切に表現し，コミュニケーションをとることが難しいような人々の中には，誰にでもわかるような形で表現こそされないものの，なぜか健康な成人は自分の家族，職業，その他幅広い多彩な人間関係を持つことができて自由度の高い生き方をしている，自分にはそういう生活の広がりと深まりが乏しい，と痛切に感じておられることがあろう。重篤な状態の人々が暮らす施設を訪ねる折などに，諦念とでもいうか，寂しさが沈殿した表情にいろいろな局面で出会う。そして，家族の団欒や知人との晩餐などを味

わう機会などがまずないそういう施設入所者が、著者の多忙を知って、別れを惜しみつつ、夕刻に帰るのをしきりに促すその心配りなどに出会うと、一言で尽くせない気持ちになる。むさぼらずに自分を控えて、相手を思うことをどれほど自分は実際に行ってきたであろうか……。

こう考えてくると、エリクソンが説いたgenerativityは、障害者に出会う人が相手に相互性を持ってかかわるとき、すなわち少なくとも「生きている」という地平は共通であるという認識態度を持つとき、たとえ相手の障害者が社会的・経済的に目に見える生産性を持たないかに一見思える人であっても、障害者との出会い、かかわりを通して人は与えられるものがある、自らの生を考える契機を得ることがあり得る、そこにこそ意味がある、と考えられる。

次に事例を通して考えてみよう。

Ⅲ　自ずと自分の生を考える契機を与えられた事例

【事例】聴覚障害の上に進行性の眼疾患を抱えるO氏

O氏は現在30歳代後半の男性、聴覚障害の上に軽度の知的障害を併せ持ち、さらに目下進行性の眼疾患によって、少しずつ視力を失いつつあり、黄昏時は足下がおぼつかない状態である。聴覚障害者の施設の中では、温厚で目立たないが誰からも好感を持たれる存在である。生来性の重複聴覚障害に加えて視力をも失いつつある息子への気持ちと長い模索の子育ての経過を振り返りたい、と面接を家族が求められた。以下のO氏についての素描的記述は母親の語った内容と施設職員の援助活動を通しての印象、および筆者が施設を訪問した際、ふと出会う印象などに基づいている（本質に差しつかえないように改変してある）。

Oさんは両親が高年齢になってからの一人っ子で、待ち望まれた誕生であった。生後半年くらいで、父親は乳児のOさんがテンポの合わない反応をすることから、聴覚障害に気づき、受診して聴覚障害があると確定した。両親は当初、衝撃を受けたが、励まし合って立ち直り、障害を持ちながらもよく生きていかれるようにと早期から口話法訓練に伴ったり、日常も視覚的に楽しめるように、意味が伝わりやすいようにと絵文字のイラストを装飾を兼ねて壁に貼ったり、室内や戸外の設えに工夫をこらした。

だが，聾学校小学部に入学後，努力しても手話，文字，その他算数などの会得がはかばかしく進まず，知的障害を併せ持つことが明らかになる。両親は怠けないように，しかし，過剰な努力を強いてＯさんを萎縮させないように，その兼ね合いを注意しながら育てた。決して器用ではないが息子が細工が好きなのに気づいた。小さな模型の発電装置などを遊びを兼ねて父親は一緒に作ったりした。そのうち，Ｏさんは自分で余り物の部品などを集めて，ちょっとした仕掛け道具などを作るのが趣味となった。

　Ｏさんが中学２年頃から，ものを見るのに，透かすように対象に顔を近づけて目を細めては見ていることに両親が気づき，受診させると，進行性の眼疾患で，現在のところは治療法はなく，時期は定かではないが，失明すると告げられた。両親は意を決して，本人にそれを告げ，今，見えるうちにたくさん美しいもの，楽しいものを見ておこう，と話した。Ｏさんは黙ってじっと伏し目がちになりながら，母親の手話でその意味を受けとっていた。

　両親は，このようにＯさんの成長につれて，その状態を的確に捉えようと努め，聾学校側や主治医の意見を聴きながら，自分たちの考えをよく話し確かめあってことを進めた。

　両親は学業を無理強いすることなく，休日は親子三人揃って，外出し，風光明媚な場所や美術館，水族館，動物園などへ出かけて楽しんだ。高等部を卒業すると，いずれ親亡きあと，施設生活をすることになるのだから集団生活にせめて視力があるうちに馴染んだほうがよいであろう，という両親の考えにＯさんは従って，聴覚障害者の施設に入所した。

　入所後のＯさんは，温厚で，基本的な生活態度も身についているので，目立たない無事の人として，軽作業をこなし，休日には一時帰宅したり，電気店街を歩くのを楽しみとして過ごしてきた。両親とＴＶを見ているときなどに，以前家族で訪れた観光地などを画面で見かけると「行ったことがある」と手話で話しかけるので，両親は美しいもの，楽しいものを見せておこうと考えたのは，知的に遅れ気味でもこのように覚えている，やはりあの方針はよかったのだと安堵されるという。

　両親は「いまに人様にたくさん世話を受けるようになるのだから，今できるうちに人に対してできることをするように」と伝えられたのだという。施設の中で，入所者の車椅子を押していたり，黙々と掃除しているＯさんの姿を見かける。軽く挨拶すると，そっとうなずきを返してこられる。ただ，次第に黄昏

時などでは足下が見えにくくなってきているが，品物を買わずとも電気店街をぶらつくのが趣味で休日の楽しみだとのこと。職員からは「真面目で問題なく暮らしている人」といわれている。

[小括]

素描ではあるが，O氏の事例を考えると，重篤な，しかも進行性の疾患を伴うという状態にあっても，その時その時をその人らしく「生きられた時」を過ごされているのが伝わってくる。これを可能にしていると考えられる要因をいくつか挙げてみよう。①両親は気持ちを通わせあい，わが子のありのままを，障害をも含めて受けとめようという姿勢が一貫している。②わが子の今の状態を的確に理解して，無理をせず子どもの実態のニーズに即応した育て方，療育を志向し，実践してきた。③「頑張ろう」という努力一色ではなく，生きることを素直に楽しむ，味わう，という配慮，審美性がある。④両親には，「子どもに何々をさせる」というよりも「子どもと共に」という姿勢がある。⑤両親は子どもの発達や状態に合わせて，今，必要な課題を考え共有していこう，としている。⑥O氏も両親が自分に対して深い愛情をもち，熟慮して子どもと共に行動するということから，障害を持ちながらもある安心感をもち，両親の愛情を汲み取り，それに素直に応えてきた。そこには秘めやかだが確かな親子の信頼関係があり，それが他のことや人への穏やかな折り合いのある関係の持ち方や現在の自分の生を享受する姿勢の元となっている，と考えられる。

もともと音が聞こえない，さらには視力も徐々に失われつつあるのを日常の折りにふれて感じる，これは容易ならざる経験である。これをO氏は静かに自分に与えられた条件として，受けとめて暮らしておられる。寡黙に入寮者の車椅子を押したり，掃除をしているO氏を見ると，「言葉少なくして行い多し」というフレーズがふと浮かび，「言葉多くして，行い少なし」に傾きがちな自分を省みさせられる。O氏に会って，このように考えるのは，さまざまな書物や講演からうける感銘に勝るとも劣ることなく，いや時にはより確かに自分の中に響く。

Ⅳ　障害者の中年期がよくあるために

上述したO氏の例は，親子関係と親の適切な状態把握とかかわりによって，O氏がきわめて厳しい，しかも，次第に進行する重い障害を受けとめていこう

とされているのを目の当たりにして，果たして自分は……，と省み粛然とした気持ちになる。

　障害ある人へのかかわりは親のみの課題ではなく，また，親だけではいかんともし難い課題がある。それらは必ずしも狭義の心理的援助の範疇に属することではないが，しかし，心理的問題ともかかわるので，以下いくつか列挙してみよう。

　子どもが何らかの重篤な障害を持つ場合，親はその子が幼いときから健常な子どもを育てるよりもはるかに多くの精神的・物理的エネルギーを子どもの養育・療育に注ぎ，経済負担もされてきており，そしてなお子どもが成人後も物心両面で支え手になっておられる場合がほとんどである。だが，中年に到ると，その頼りとする親が次第に高齢化するという問題が立ち現れてくる。こういう状況に対応するために，1999年に成年後見制度が新たに発足したことは一つの前進ではある。後見人は厳正な手続きによって選任されることになっているが，現実生活の中でのことに当たっての判断は，文字通り複雑多岐をきわめることが多く，専門誌「成年後見」などには，具体例に基づきながら討論が展開されている。難しい領域であるだけに，継続した質的発展が期待されることである。

　また，近年，さまざまな領域での機械化が急速に進みつつあり，人手を直接要せずに対処できる事柄が増えてきた。こうした高度工業化社会の進展と不況が，障害者（ことに知的・情緒的障害）の就労先を狭めるという結果をもたらしている。養護高校では優等生として，リーダーシップを発揮し，相応の自負心をもって企業に就職したＡ氏は，不況で失業し，再就職を懸命に試みたが，ままならないと肩を落とし，「小さいときから努力してきたのに，半ばヤケで朝からビールを飲んでいる」と自嘲気味に淋しく語られる。傍らから長年，息子と二人三脚のように努力してきたその母親は「もういい，働かなくても……」と口を添えられるが，Ａ氏にとっては，仕事は大切な生き甲斐の一つでもあるのだ。障害の程度に見合った仕事を用意する，また多少，経済効率のみのオリエンテーションを弛めたワークシェアリングを考えるというように，福祉政策に，年金や施設利用の減額など経済的配慮の他に，障害を持つ成人が応分に仕事を通して社会参加できる機会（現在も企業に障害者枠を設けた雇用制度の義務が課されてはいるが）を工夫することが必要だと痛感される。

　一方，障害者（ことに発達障害を持つ人の場合）が中高年になって，その人

なりに周りの人やことと調和の取れたかかわり方をして落ち着いて生活していくには，健常な子どもの場合以上にと言っても過言でないくらい，幼いときからの長期にわたる養育・療育のあり方が，本人の状態に即応したものであることが必須条件と言えよう。療育の仕方で，子どもの主体的歓びや楽しみがどこか後回しに考えられて，努力，頑張りを強調されすぎると，それは本人にとって，いじめられたような記憶として残り，長じてから激しやすい，カッとしやすい，文脈上，理解しがたい時に興奮するなどという傾向を生み出す場合がある。興奮する本人にとっては，何気ない刺激がもとで，一種のフラッシュバック現象が起きてしまうようである。本来脆弱性を持つ人はさらりと器用に流す，とか，かわす，ということは不得意なのだ。幼児，児童期・思春期の療育は長いライフサイクルの先をも視野に入れて考えること，そして，あくまでも個別の事情と必要な課題に即応したものであること，さらに，その子どもの状態がたとえ重篤であっても，彼／彼女自身がその療育をどう受けとっているのか，頑張るばかりでなく，なにか歓びや楽しみの感覚を持てているであろうか，という吟味を含んだものでありたい。療育のあり方はこれまでどちらかというと，短期間の結果をもとに語られることが多かったように思われるが，目前の目標が長期の目標や将来の展望とどう連関するのかという考慮は不可欠であろう。

　これに関連することだが，田中（2006）が伝えているある母親の次の言葉をこころに留めたい。

「最近，子どものことで『あきらめる』という心境になることが増えてきた。正直，それでよいのかと迷いつつ，ひょっとしたらわが子のできること以上を求めてしまい，親のエゴでわが子を苦しめていたのではという思いが，錯綜していた。あきらめる？　いや，もう少し。でも，あきらめよう。ある時，『あきらめる』という言葉は，所在を明らかにしてきわめることであることを学んだ。それまでわが子の育ちに寄り添い，期待をし，時に激しく焦り，時に厳しくしかりつけ，一人になって後悔していた自分の肩から重しが取れた。『あきらめる』というのは，成長・変化を断念し，将来に夢も希望も持たないことではなく，この子のすべてをきわめたことである，ということに気づいた。それでいいのだ，と」

　親ばかりでなく，「過不足なく的確に事実を捉えて，ささやかでもできうる

生涯，施設での生活を送られるであろう重篤な中年の障害者が親との死別をどう受けとめていかれるかも課題である。悲しみと寄る辺なさのあまり，うつ状態になったり，それまでの落ち着いた日常行動のリズムやバランスを崩されることも少なくない。その入所者の理解力とこころもちに添ったものであるように心配りをした，きめ細やかな個別的なケアが求められている。なお，障害者の親が高齢になってケアホームに入所する場合，わが子の暮らす施設と近接したものという切実な希望があることも付記したい。

む す び

　「中年をむかえた障害者の課題」と与えられた標題に対して，精神的に自立が可能な障害者よりも，より援助を必要とされる障害者の中年期の諸課題について考えてくると，「健常者の課題」について考えることに必然的に重点が移った感がある。つまり，私どもは分かち合って，ささやかでも何ができうるかを問われているのだと再認される。ただ，一方的な援助を提供するというだけではなく，健常者が障害者に対し（たとえば，事例に挙げたO氏の例など），素直に双方向的姿勢を持つとき，障害者のあり方や生き方から，生の本質的課題について深く確かに考えさせられ，生への畏敬の気持ちや希望を新たにするのである。

文　献

Jung, C.G. : Die Levenswende. Seelenproblem der Gegenwert, 1931.（鎌田輝男訳：人生の転機．現代思想（「総特集 ユング」），pp.7-5, 1979.）
Keller, H. : The Story of My Life. 1887.（岩橋武夫訳：わたしの生涯．角川文庫，1966.）
熊倉伸宏，矢野秀雄：障害ある人の語り――インタビューによる「生きること」の研究．誠信書房，2005.
森有正：バビロンの流れのほとりにて．森有正全集1．筑摩書房，1978.
成田善弘：治療関係と面接――他者と出会うということ．金剛出版，2005.
田中康雄：軽度発達障害のある子のライフサイクルに合わせた理解と対応．学習研究社，2006.

高齢者心理臨床における専門性と人間性

はじめに

　高齢者心理臨床を専門にしてはいないのに執筆依頼を戴き，当然ながら固辞した。それにもかかわらず何か書くようにとのお話である。そこで，私自身が高齢者であること，そして人は誰しも年老い，終焉があるということ，などを思い浮かべ，このテーマに含まれる普遍的な課題は何かを考えてみようと思い至った。

　高齢者についての心理的問題の基底には，社会経済的問題が実は大きく横たわっている。今日，人が老い（心身機能の衰退）やそれに伴う疾病についての怖れや不安を抱くのは，人生を春夏秋冬に喩えるなら，冬の日の入り陽を目前にするのに似た，自然な寂寥感の程度をはるかに超えているのではなかろうか。すなわち，高齢者医療費の高騰を憂慮する議論——事実，医療経済上の大きな課題であるが——，高齢者人口の増加による社会生産性の低下への懸念，さらには家族生活の変容に伴う人と人との繋がりの希薄化がもたらす支え合う関係の減少，社会経済生産システムの急激な変化と情報化などが，高齢者の所属感，居場所感覚を弱め，高齢者は以前にも増して，自分の存在に対して，心もとなさを覚え，この世での居場所感覚を脅かされているのが現状である。

　活字化するのにやや躊躇を覚えるが，人が誰しも終生経済的に思い煩う必要がなく，仮にどれほど認知症が重篤な状態になり，そしてその状態が長く続こうとも，人としての尊厳が十分に護られ，手厚く遇されるということが確実に保障されるという世の中であれば，仕事や身近なあるいは大切な人々との別離，心身の機能の衰退というような本来自然な喪失は依然あるにしても，高齢という状態にたいする不安感はもう少し和らぐであろう。

　しかし，現実には上記のような状況がこの世に実現しうることはきわめて難しい。つまり，心理的に援助するということには，社会経済的問題によって特色づけられ，規定されているにもかかわらず，それを心理的にどこまで，どう

対処しうるかといういくぶん課題のすりかえを含む難しい営みであると言えよう。
　しかし，逆説的ではあるが，量を基準にしたアプローチばかりではなく，たとえ量的にささやかでも質的な意味を持つアプローチによって，人のこころは励まされ，慰められうる，希望を持ちうる，というのも事実である。高齢者心理臨床にはこの特質がすぐれて含まれているのではなかろうか。それではこの質を規定するのは何であろうか。以下考えてみよう。

I　高齢者心理臨床における言葉とこころ

　土居健郎は名僧高僧といわれる人の中で，良寛ほどなつかしい感じを与える人はいまい，と述べながら，良寛の戒語の一つを標題に引用した「すべて言葉をしみじみといふべし」という示唆深い随筆を書いている（土居，1995）。この中で，土居は「言葉をこころのアリバイにしてはいけない。心がそこにないのに，あるかのごとく言葉を発してはいけない。こころを真にそこに託して言葉を発するということが，しみじみということなのである。……」と述べている。さまざまな局面で重んじられる速いテンポ，人のこころを騒がしくかき立てるような騒々しいさまざまな音が氾濫する街，次第にがさつになっていくかに思われる日常語，昨今のこういう風潮の中にあると，「しみじみと……」ということは，とりわけ貴重であり，その状況を思い浮かべるだけで，なにか豊かに静かに水で潤されるようなこころもちがする。
　「言葉をこころのアリバイにしてはいけない」。これは人に対する基本である。ところが，縦横に入り組む社会的文脈の中にあって，利害得失に意識的無意識的に拘束され，あわただしく自分の時間を見失いかけている年代の人々は，その言葉にこころが伴わずとも，その欺瞞性にお互いに鈍く感じないということもあるかもしれない。また，それを承知で聞き流す，ということもあるかもしれない。しかし，一方，この世的諸々の繋がりを多く持たず，行動の基準をこの世的利害よりも，より自分の内心の求めることに忠実な重篤な発達障害児はその人の内実のほどが一体本当のところどれくらいかにきわめて敏感である。同様に，利害特質の伴う社会的人間関係が次第に少なくなりつつあり，さまざまな別れに遭遇して寂しさがいや増す中で，よりことの真実を感じ取るようになっていく高齢期の人々にとっては，「こころを伴う言葉」の大切さは格別な

のではなかろうか。

Ⅱ　「老いを生きるということ」をどう捉え，自らに問うか

　こころがそこにある言葉を発するためには，まずはじめに，自分のこころがいかにあるかということを自覚し，そのあり方を常に問い続けることが必須である。さらに，自分の内面に問いかけて自ずと浮かび上がってくる内容について，正直にそれが自分の所与であることを受けとめねばならない。正直であること，ある種のバランス感覚を持っていること，これを自分の姿勢と行為に現すことは，言葉にして考えているより遙かに難しい。だが真心のこもる言葉が求められているのだ。思えば，高齢者に向かって，内心とは裏腹な言葉が発せられる場合はいかに少なくないことか。不自然な励まし，大仰な現実否定，親近感や優しさを装う言葉かけ，当の高齢者にとってはむしろ屈辱でもある子ども扱いのような言葉，適切な距離感のないなれなれしい言葉……等々，自分に向けられるそのような欺瞞を含んだ対応に，当の高齢者は諦めの感覚をもって耐えていることも少なくないのではなかろうか。

　発達心理学的視点から考えると，ライフサイクル上の他のステージはおおよその標準もしくは基準という状態があるのに比較し，高齢期とは仮に65歳以降と暦年齢上を規定しても，心身のあり方は各人各様，すぐれて個別的である。敬老の日のTV番組などには，百歳を超えてなお矍鑠（かくしゃく）とした現役の方が登場される。まばゆいばかりである。だが，わが国で百歳以上の方が2万人を超えたとの報道に感慨を覚えるが，現実に有病率は高い，というのは事実である。先般，徳之島――日本一長寿者，泉重千代さんの居られた土地――を訪れた。80代の方々の多くはそれが自然のこととして，元気に農作業に勤しんでおられた。一方，60代にあっても，アルツハイマー病を発症され，老いの道を早くに歩み出さざるを得ない方もある。あるいは80代後半にして，ご自身のことはもちろん，他者を細やかに気遣い世話されていた方が事故による怪我で，ふっと一挙に老け込まれ，急に変わられたように見える場合もある。

　そして，「人は生きてきたように老いる」あるいは「生きてきたように死を迎える」などということが言われるが，こうした言説は決してすべての場合に当てはまるとは言い難い。まことに自立的で凛とされていた方が予期もしない不慮の事故に出遭われ，こころや生活の平衡を失わざるを得ず，急激に心身が

老化される場合がある。竹中（2005）の「老年期は一人ひとりが多様であるというだけでなく，ひとりのなかに多様性が内包されていることも視野においておく必要性がある」という指摘は重要で，高齢期の特異性とは，心身の平衡は外見から想像するより，脆い基盤の上にある，という認識は忘れてなるまい。

　一方，つい先頃まで，激しい逸脱行為で周囲を悩まし，家族の不幸の根源であるかのように思われてきた人が老境に入り進まれてから，慈悲心に目覚められたとでもいうか，家族の中で，居場所感のない孫のよい理解者になり，支えの振る舞いをされるようになるなどの例もある。老いのあり方には個人の意識的努力ももちろん無意味ではないが，どこか人為を超えているような印象を受けることも稀ではない。つまり，老いのあり方とはその人その人の必然なのだと思われる。

Ⅲ　言説もしくは通説を時に相対化して考える

　かって，『老いは迎え討て』（田中，1999）という果敢な気迫のこもるベストセラーもあった。また，老いの光の部分を強調した仰ぎ見る想いのする書物も少なくない，かたや介護に纏わる苦しさが切々と綴られた書物，老いの寂寥をしみじみと語る書物などなど……，書店にはさまざまな視点の高齢についての書物が並んでいる。読んでみれば，どれもそれぞれにそうなのだと思われる。老いには当然ながら光も影もある，それが現実であろう。心理臨床家はその現実に自分の器を識ってどのようにあり得るのか，これがまず基本の課題である。

　ついで，高齢者の心理臨床にかかわるとほとんどの場合，家族とのかかわり，あるいは直接かかわらずとも家族の存在を抜きに考えられない場合が多い。昨今，高齢者への虐待を取りあげる必要性の声がようやく高まってきた。火急の課題ではある。そして，そういう行為に及ばざるを得ないような家族，あるいはお世話に当たる人々へのゆとりを失った状態への援助は，問題の顕在化以前に予防的に考慮されることが望ましい。ただ，外見で被害者，加害者を性急に同定することが必ずしも即解決への近道ではない。ある事態にはそうならざるを得ない歴史，事情もありえることを思い浮かべ，いたずらに家族の和合や積極的調整を試みないことも必要ではないか，と思われる。仕事では優しく有能な働き手なのに，自分の親には優しくなれない自分，あるいは病む老親に対し

て存在する自分のこころの中の闇を苦渋に満ちて語られるその内容には，あらまほしき姿をわかりつつそうできない哀しさ，弱さがあり，黙して耳を傾けるしかない場合がある。また，本来は世話好きで，決して冷酷とは思われない，だが夫を姑より先に送った知人が，認知症の進み始めたその義母に，逆縁の責任を問うて大声で難詰し（それは姑の責任ではない），日頃激しい態度で迫っているのに，花をお見舞いに差し上げると「義母はよろこびます」とふっと優しい表情を一瞬取り戻されたりなどする。自分自身より，義母をまず思い浮かべられる，それには，罵声の底に，花の香りを愛で，共に楽しむ相手に義母を何気なく自然に思い起こされる気持ちが息づいているのである。ケアする人々の内で萎れかけているゆとりにそっと英気を贈るような言葉，かかわりが望まれる。

　老いていくことは，個別的で，それゆえ，それをたどる過程は一日一日が新しく，これはどう変わっていくのか，と相対化して観察対象としてみる，他方，その過程の確かな手引きのなさにおののいて必要以上に予期不安に駆られるのか，つまり，高齢化の過程をどう受けとり，感じるとるかがその個人の高齢者としてのあり方を特色づけるのであろう。たとえば，ある92歳のピアニストであった女性（長谷川，2005）は，手根管症候群で指の感触を失い，大切なカップを破損したことを悲しく思いつつも，ふと思い直され，もし寝たきりだったら立って洗いごともできない，そう思えば感謝だ，と述べられ，「さくら今漬けてきし指ショパン弾く」という句を詠まれている。他方，被害的にことの原因を常に外在化して考える話に終始するため，次第に周囲から孤立の方向へ進まざるを得ない人々もある。

　「退職後，新しい生を生み出す」「年老いても生き甲斐を持つべきだ」「高齢者も社会的貢献を考えることが望ましい」「高齢者には趣味が必要だ」「健康に留意すべきだ」「役割が必要だ」「仕事以外の人間関係を持つように努めるべきだ」「高齢者としての食生活が望ましい」などなど……。こうした高齢者の生を充実させるための箴言めいた言説はまことに多い。これまでも記したように，高齢者の生き方には個別性が高い。見事に新たな生を生み出した人々の例として，竹中（2005）は六代目歌右衛門が晩年になっても，容色の衰え，諸々の喪失を超えて，新しい女形としての芸域を広め，深い人間理解や新しい歌舞伎の創造へと向かった軌跡を辿り，晩年の新たな生き方の過程，つまり喪失を受けとめつつ工夫と創造によって，高齢者が新たな境地を開く可能性を鮮やかに示

している。他にも，新たな生き方を高齢期になって展開した人として，平和運動へ向かった，バートランド・ラッセルや湯川秀樹，アインシュタインの例を竹中（前出）は挙げている。同様に，妖精と呼ばれ，人々の憧れの的だったオードリー・ヘップバーンも晩年はユニセフ大使として，世界各地へ赴き，恵まれない子どもたちのために貢献した。

　ところで，巷間語られる上述したような言説はいずれもそれなりにもっともで正しいことである。だが，心理的に援助する人がこうした一つひとつは正しいが何か当為に拘束されるような，そして成果のほどを考えて時に強迫的気分になるような数多（あまた）の言説をそのまま頑なに遵守するような姿勢を持つとしたら果たしていかがであろうか。むしろ，ゆるやかにその人のその人らしいあり方に，それが著しい危険を含まない限り少しは枠を外れることを，そっと肯（うべな）う眼差しを持つことが必要であろう。たとえば，ひとりで自分の趣味に没頭することが楽しいと思う人にとって，ひとりで多くの時を黙して過ごすことは問題性のある孤独とは断じきれまい。子どもの時から体育が苦手で，身体を動かすことが嫌いな人がじっと過ごす時間が多いのを，仮に多少健康に差し障ろうとも，それもそれ，と思うことが要るのではなかろうか。あえて破滅的な生き方を選ぶことはないが，「いちいち為にする」という行為から自由になれることが高齢期だからこそ，とらわれずにできうることではなかろうか。相手のあり方に素直な気持ちでひとたびは添ってみようという姿勢から，コミュニケーションの緒は生じる場合も多い。

　ライフサイクルの各時代については，その時期の課題を後の時期にやり直す，育ち直るなどといわれる再生が可能である。だが，老年期を生きなおす，ということはない。まして，死になおす，ということもありえない。高齢者の生の特質はすぐれて一回性にある。そう考えると，老い方は個別的である。生産効率的な尺度で優劣を考えることではない。竹中（前出）は「老いについて，病気か健康か，呆けているかいないか，寝たきりか歩けるかといった二分法的な思考パターンはあまりに一面的である。老いてもその人らしく生きること，それは痴呆や寝たきりになってもその人にふさわしく生きるのをささえることも含めて高齢社会に求められている課題なのである」と述べている。

　高齢期について，一般にさまざまな喪失体験を始めとして，ネガティブなイメージを持たれる理由に，それが死に連なる時期ということもあろう。死は本来的に肯定的には捉えられていない。しかし，視点を変えれば，人の生に終わ

りがあるというのは，今を生きる支えでもあり，かつ救いではなかろうか。終わりがあるからこそ，苦痛に思える課題も，降りかかる不運にも対応しようという意欲も持続するのではなかろうか。あるいは悔い少なく終わりの時を迎えられるように，と自分を律することにもなる。こう記すのにいささか躊躇していたが，夏目漱石の自伝的エッセイ『硝子戸の中』(1915；1933) に次のような一節を見いだした。「自分の何時か一度到着しなければならない死という境地について常に考えている。そしてその死というものを生より楽なものだと信じている。ある時は人間として達しうる最上至高の状態だと思うときもある。『死は生よりも尊とい』」。漱石は決して自殺などを賛美しているわけではない。このあとに「私の父母，祖父母，私の曾祖父母，遡って百年，二百年，ないし千年，万年の間に馴致された習慣を，私一代で解脱することができないので，私は生に執着しているのである。だから，私の他に与える助言はどうしてもこの生の許す範囲内においてしなければ済まないように思う」と続いている。いたずらに忌み怖れる対象というより，終焉とは一義的な意味を超えているのではないかと思われる。死をさまざまな視点から考えることは，生を深め，豊かにすることにもなろう。

Ⅳ　聴くということ，傍らにあるということ

　心身の機能が次第に衰える過程にあって，こころは自由にその人らしくあることを支える，これが高齢者心理臨床の専門性の中核であろう。当然，このためのさまざまな技法はあるがそれは他の成書，各論にゆずりたい。ちなみに黒川 (2004) は高齢者（とくに認知症性疾患を対象にしたものではあるが）の心理療法の可能性と限界について，簡潔にバランスよく解説しており，同著者による『回想法』(2005) では，さらに事例に基づいて詳述され，高齢者心理臨床の実践のあり方，その際の留意点が説かれている。紙数の都合もあり，ここでは，この中核の営み，聴く，傍らに在る，ということを取りあげよう。

　1962年初夏，まったく思いもかけず機会に恵まれ，留学のため，プレジデント・クリーヴランド号の船客となった。予期不安と船酔いもあって，さまざまに準備されたイベントへもあまり出席せず，デッキや図書室でひとり読書していると，一時里帰りをして，アメリカへ帰国途中の日系一世の高齢の男女の方々（高齢の方々）が自然と傍らにこられ，おひとりずつ，各自の過去から今

日までの生の軌跡を語り始められた。

　日本での生活が経済的に逼迫したものだったので，新天地での成功を夢見て移住し，文字通り筆紙に尽くしがたい苦労を重ね，ようやく土地が持てるようになったのに，日米開戦で強制収容所に移住させられた。戦後，何とか盛り返して，今は生活も安定し，自分が若い頃は夢の夢だった勉学の道へ息子や孫が進んで，ようやく静かな心境だ，と語る男性。写真1枚を見ただけの相手と渡米し結婚した。牛馬より働いた。母国での幼い頃の生活に比較すれば，今は経済的には大成功，夫は大農場の持ち主になった。だが，先の第2次大戦で二世の心優しかった長男が戦死した。アメリカ国家からは表彰されたが，逆縁になったこと，戦う相手が祖国日本であったことはとても複雑で，今も自分の胸はいくつにも裂けるような痛みがある……，という女性。見事な宝石が光るその指は激しい労働の跡であろう，節くれ立っていた。かたや，家族ですらコミュニケーションがうまく運ばないと嘆かれる人。英語は今でも習得しきれていない，ことに文を書く必要がある時は辛い，二世の息子や娘は日本語も自在で，自分たち夫婦と会話が成り立つが，孫たちは日本語を習得しようとしない，だから話もよくは通じない。顔は日本人だがこころはまったくのアメリカ人，淋しい……。でも，孫たちの気持ちもわかる。何でも人生は自分の思うようにすべてが運ぶわけではない。そう考えれば，幸せはいっぱいある。日本に帰ってみて，敗戦国の大変さを目の当たりにして，親戚の人たちが気の毒に思われた……。

　13日間の航海の大半の時間，通算15〜16人の方々のお話をただひたすら素直に聴いた。それまでも，移民の苦労や彼の地でアングロサクソン系でないことの難しさ，その他近代史の光と影については，活字を通して少しは識ってはいた。しかし，どの方の話もまさに生きることの光と影，事実の重さとその尊さの結晶であった。ただ，感じ入って，黙って耳を傾けるばかりであった。どの方も入れ替わり立ち替わり，私の傍らにきて気持ちを込め，時には少し感情を高ぶらせながら，あるいは遙か遠い過ぎし日を懐かしむような眼差しをされながら，はたまたいきいきと誇りに満ちた表情で語り続けられた。そして，一通り自分史を話し終えられると，「ありがとう。ひさしぶりに本当の日本人に会えた。本当の日本人なら，あちらへ着いてからも大丈夫。アメリカは本当は浮ついていては駄目な国よ。ユーはきっとやっていける」という主旨のことを異口同音に言われた。船酔いもあってか重い頭で，なぜ感謝されるのだろう，

励まされているのは私なのに……，とぼんやり考えていたのであった。

さまざまな人々の好意に包まれて，勉学は厳しいものの，充実した日々を彼の地で過ごし始めていたある日，先輩の日本人研究者にキャンパスを遠く離れた，文字通り世間から忘れられた訪れる人もほとんどない州立の精神病院へ私は伴われた。そこは重篤な患者さんばかりの閉鎖病棟に，戦争花嫁として渡米し，破局を迎えて統合失調症を発症した日本人女性（苦労された結果老け込まれたこともあろうが，どの人も高齢に見えた）やドイツ人女性が何人も入院されていた。病院スタッフは日本語やドイツ語を話す人はなく，平素はそこに生きて時を過ごしておられるだけに近い状態なのだ，という。たまにボランティアとして，その日本人研究者が仲間と訪れているのだ，ということであった。

そこで出会った日本人女性は英語も日本語もほとんど話せない状態であった。もとドイツ人の女性も同様であった。その日に到るそれぞれの方々の背景，歴史をあれこれと想像して胸が痛んだ。被占領地の国民が戦勝者と結ばれるときの諸々，新しい場所や人に適応する努力のいろいろ，容易ならざる日々の連続であったであろう……。

私は何もできなかった。その人たちはじっとうずくまり，話すこともされない，話せないようであった。名状しがたい重く複雑な気持ちで私は一杯であった。何も役立てない……。私は黙って側に座り，手帳をちぎって折り紙を折った。鶴，三宝……。依然表情の動かぬ人もなかにはおられたが，数人の人は手を差し出して握手を求められた。そっと淡く微笑を浮かべたり，なかにはずっと緘黙状態だったという人が「アリガト」と言われたのには吃驚(びっくり)した。わずかな時間，何もせず側に居ただけなのに……。

近くて，ひとりでも行ければ何度か訪ねられるのにと思いながら，結局，自分の課題に追われて果たせなかった。今でも思い出すと申し訳ない気持ちになる。

年若かったそれまでの私は，援助に際して，目的に沿う意味のある行為をいかに無理無駄なくするか，その事実をいかに公共性をもって表現するか，ということに主たる関心が向いていた。その後，「聴くことの大切さ」，それも，ただ受け身的に静的に聴いているのではなく，黙って耳を傾けながらも，相手の伝えようとする言葉はもちろん，仕草，表情，その他もろもろすべてに細やかに気づくべく注意を働かせること，そして，黙りながらも相手の語り，描くことを自分も臨場感をもって思い描くこと，静穏な姿勢で居ながら，感性と思考

はヴィヴィッドに働かせている，まずは伝えられる物を素直に受けとることの大切さを重視するようになった。これが「聴く」ということではなかろうか。この姿勢をもって，自分の内面に生起する感情と思考に対して正直になった言葉を発するとき，それは土居（前出）のいう「こころがそこにある言葉」に近づけるのではなかろうか。

　聴くこと，そこにあることの意味については，認知症化の進まれた入院患者の方々との臨床実践を基にした，人の魂との交流の可能性とその大切さを山中（1991）が説得力をもって述べている。そして，石崎（2006）は，学術雑誌「Dementia（認知症）」の2003年5月号の「静かな革命（A quiet revolution）」という論文を引きながら，認知症者の持つ心理的ニーズに注目した，全人的見地が心理学研究に取り入れられ始めた，と紹介している（ようやく，というため息が漏れるが……）。

　また，一方，北海道の屯田兵をはじめ，明治のはじめ本州から移住して開拓の苦労をされた方々が高齢となられ，この開拓の歴史を残そう，と「きき語り」という活動が有志の間で生まれた，という。主婦や退職した元サラリーマンがボランティアで家庭を訪ね，高齢者が過去から現在までを語られるのをひたすら誠実に聴き，書き留め，後日整理したきき語りをご本人に届けるのであるという。「まじめに語られることをそのまま聴く」これが経験上，唯一絶対大事なことだということになっている，ということであった。これが，高齢者の心理的援助の一つとして，各地に広まりつつあるという（秋山，2004）。

む す び

　高齢者はこの世の軛（くびき）が少なくなっているだけにいっそう，ことの本質，まことなるものを感じとられるのであろう。しかし，現実に受けとるものの純度が低くとも，どこか諦念と人間の至らなさを認めてそのまま忍耐している，という局面もあるのではなかろうか。心理的援助に際しては，自分がどのような精神風土，価値観を持っているのか，それは果たしてバランスのあるものなのか，生の多様性に真に尊厳を見いだせるのか，という自らに対する問いかけを持ちながら，こころを込めてあり得るか，聴くことができるか，これを技法を支えるものとしていかねばならない。

　こうして，文字にすれば，聴くということ，そしてこころを込めてともにい

るということは至極当然の平易なことであるかに思われる。だが，さりげなくしかし確かに，相手に安堵感を贈りつつ耳を傾けるということは本当に難しい。遙か昔の渡航途上に出会った一世の方々の自分史をはしなくも聴かせていただいたこと，州立病院でそれまでの繋がりを持った人々から，ほとんど忘れられてこころ病む年老いた方々との束の間の淡い時間，それらによって，聴くこと，傍らにこころを込めてあることの意味と重要性を気づかせられたのである。これは今もって，プロフェッショナルな私としての，そして，市井のひとりの人間として終生の課題である。

文　献

秋山正子：日本臨床心理会高齢者支援研修第五回大会における「老いと死に向き合う──在宅ターミナルの実践から」と題する分科会での発言．2004．

石崎淳一：高齢期医療と臨床心理士──認知症に対する心理的援助から考える．臨床心理学，6(1)，48-53，2006．

黒川由紀子：痴呆性疾患に対する心理療法──その可能性と限界．老年精神医学雑誌，15(5)，2004．

黒川由紀子：回想法．誠信書房，2005．

竹中星郎：高齢者の喪失体験と再生．青灯社，2005．

田中澄江：老いは迎え討て．青春出版社，1999．

土居健郎：すべて言葉をしみじみといふべし『歴史街道』．1995．（土居健郎選集6 心とことば．岩波書店所収，2000．）

夏目漱石：硝子戸の中．岩波書店，1933．

長谷川照子：近頃思うこと．In．村瀬嘉代子，黒川由紀子編：老いを生きる，老いに学ぶ．創元社，2005．

山中康裕：老いの魂学．有斐閣．1991（ちくま学芸文庫として，1998．）

心理臨床における質的研究の
理論的検討と実践の展開（第一報）
——児童養護施設における関与的観察調査に基づいて——

はじめに

　昨今，臨床心理学における研究法のひとつとして，質的研究への関心が高まっている。質的研究そのものは，社会学や人類学では1920年代から1930年代にかけて，人間の集団生活研究を行う際にその手法が重要であると確認され，フィールドワーク法の手続きが構築されたという（Denzin & Lincoln, 2000）。当時の研究対象は，研究者自身が属する文化よりも文明化されていないと見なされる，研究者にとっての異文化に属する人々であった。現地に赴き，研究者が実際にさまざまなことを見聞しながら文化や社会について観察研究を行うあり方は，日本においても，わが国の民俗学の祖とされる柳田国男が記した『遠野物語』や『山の人生』の中に，また精神医学の視点から，山村に見られる憑依現象を考察した江口（1987）の研究報告の中にも見受けられる。
　これらの報告に記述された内容は，読み手にとって，一見信じ難い，異質感を与えるものを含んではいるが，実態として存在したことである。人々が「語る」という営みをする上で，聴き手側に求められる要因は存在していたと思われるが，これまでそのことについて取り上げ検討されたことはほとんどなかった。近く邦訳で刊行される予定の，臨床家のための質的研究入門書（2007年刊行）においても，研究者の要因として言及されている箇所は，たった数ページに過ぎず，研究者は研究協力者の人生を対象としていることへの罪悪感を正直に受けとめるべきだという倫理上の課題と，研究者自身が自らの先入観や研究に関するバイアスを記録することが大切であると記されているのみである（Mcleod, 2000）。

ところで，質的研究の「質」とはいったい何なのであろうか。一般的に，研究方法のあり方として，量的研究 vs 質的研究という構図がある。しかし，臨床現場を対象とした研究における「質」とは，その論議を超えたところにあると筆者らは考える。土居（1961）は，「精神療法は臨床的研究である」と指摘し，研究の場が臨床であり，研究方法も臨床的であるとはどういうことかについて考察している。心理臨床の目的は，クライエントにとって役に立つ援助を提供することである。すなわち心理臨床における研究とは，研究にかかわってくださった相手に裨益（ひえき）するものがなければならない。対象者の利益に繋がる，「質」の高い研究を行うためにはどのような要件が必要となるのかを掘り下げて考えていくと，それは根本的な問題として，研究に際しての研究者自身の資質と姿勢が問われることになろう。

筆者は，児童福祉施設（児童養護施設2カ所・児童自立支援施設1カ所）を訪問し，子どもたちや職員と共に実際に日常生活を過ごす中で，次の4点を目的とした，関与的観察調査研究を行った（平成18～19年度　文部科学省科学研究費補助金研究「心理臨床における質的研究の理論的検討と実践的展開」）。
①児童養護施設・児童福祉施設におけるケアの質的向上を考える
②被虐待体験，デプリベーション体験からの回復を援助する要因について
③課題とされている家族再統合をいかに進めるか，その方法への多面的検討
④施設職員の質的向上を進めるための方法

本稿は，その研究実践の中間報告である。そして，2つの児童養護施設における，これまでの実践および関与的観察から得られた現段階での考察を整理し，相手のフィールドへ入りながら，対象者にとって本当に意味のある「質」の高い研究を行うには，研究者側にどのような要件が求められるのかを検討することを目的としている。

I　本研究の対象および方法

1．施設の概要

一口に児童養護施設といっても，施設形態，施設に息づく精神風土，食事のとり方をはじめとする日々の生活の営まれ方，施設を取り囲む環境など，さま

ざまな要因によって施設のありようは当然それぞれに異なる。以下に両施設の概要を記述する＊注）。

1）A施設

日本海側の都市郊外にある，定員70名の小舎制施設。現在60名余りの子どもたちが6つの家（一軒に，子ども10名前後：職員2名）で生活している。中学生以上の高学齢児は家ごとに男女で分かれており，女子中心の家には，基本的に男性職員は玄関から先へ入らないように配慮している。職員のことは「先生」と呼ぶ。

子どもたちの生活する家は木造2階建ての瓦葺きで風情がある。室内も白木の床は明るく，リビング・ダイニングは吹き抜けとなっており，開放的な雰囲気である。かつては大舎制であったが，数年前に現在の場所へ引っ越すとともに小舎制へ移行。木造一軒家に移転後，幼児から小学校低学年までは和室の一部屋を2〜3人で一緒に使い，高学年の子どもは洋風個室となる。大舎制の旧館から現在の小舎制に移行後，子どもたちは建物を大切に扱うようになり，器物の損傷が減った。また，互いに声を掛け合う時に以前のように怒鳴ったりすることが減少したと伺う。

食事の準備は職員の声掛けで子どもたちも進んで行い，大きなテーブルを皆で囲むが，グループの規模からすると話を全員で共有し合うことは少し難しく，近い年齢同士で談話しながら食事することが多いように窺われた。

施設内の子ども自治会があり，活発に活動している。中学生以上，各学年から委員が選出され，最高学年の高校生から会長が役員の互選で決められる。文化，スポーツ，日韓交流事業など自治会を通して子どもたちはかなり主体的に活動している。

2）B施設

家庭の複雑な事情等に対応するため，本部は首都圏にあるが，施設は近県に所在する。ユニット制（1ホームに子ども10名：職員4名）で，定員30名。子どもたちは職員を園長先生以下，親しみを込めてニックネームで呼ぶ。リビング・ダイニングを挟んで男女の居住空間（トイレやお風呂，洗面所もそれぞ

＊注）施設Aと施設Bには，石倉陽子（大正大学カウンセリング研究所相談員），野村華代子（元大正大学カウンセリング研究所相談員）が参与的調査研究に協力研究員として同行した。

れにある）に分かれ，高学年の子どもは基本的に個室となっている。食卓は，2つのテーブルに分かれて子ども5名と職員が一緒に囲んで食べる。職員が中心となって食事の準備をし，それぞれのペースで食べ終えると自分の食器を台所に下げていく。

施設の周りは林になっており，子どもたちは身体を動かして遊ぶことが多い。テレビゲームなどはあまりしない。居住棟の他に，ログ・ハウス（プレイルーム），木工小屋，談話室などが広い敷地にある。子どもたちが用いる言葉は適切で，語彙も豊かな印象を受ける。また，地域に人的資源（音楽家やアスリート，元英字新聞の編集者等）が豊富で，積極的なボランティアの希望者も多く，子どもたちは園外で指導を受けたり学習の機会がある。入園後に才能を開花させる子どもが目立つ。

2．方法

各施設に，1回2泊3日を基本として，平成18年12月末までの9カ月間にA施設へ3回，B施設へ4回の訪問調査を実施した。なお，両施設には長期休暇期間に1泊2日で1回ずつ，研究協力者である石倉と澤木も同行した。

施設での日常生活を共にしながら，関与的観察および，入所児童や施設職員との双方向性をもった話し合いを行う。その際，問題点を指摘するのではなく，肯定的側面や潜在可能性を見いだす姿勢で対することを重視した。

食事や夜の団欒など余暇の時間は，施設側で選出されたホームが筆者らそれぞれの担当となってくださり，そのホームで一緒に過ごさせていただいた。

なお調査に先立ち，事前に個々の記録を読まず，まったくの初対面として出会い，後に施設側とカンファレンスを持った。調査の進め方やその他の検討項目などは，固定的に考えるよりも調査が進行する途上で，施設側と適宜協議しながら柔軟に部分変更，追加を行うこととした。

3．期間

平成18年3月26日から平成18年12月末まで。

Ⅱ　実践研究

両施設における実践の一端を報告する。ここで挙げるのは，①施設というや

むを得ない制約（ソフトとハードの両面）の下で，どこか子どもたちが控えている気持ちを少しでも表現し得たと思われる集団場面，②さり気ない施設での生活場面の切片であるように見えながら，そこで語られる言葉や振る舞いにその子どものこれまでの生，現在のあり方をどう受けとめているか，ということを自ずと重ねて感じ考えられる局面，という２つの視点を基にして，研究者らとそれぞれの施設長ならびに施設職員との検討を経たものである。

（なお守秘のため，事例は本質が損なわれない程度に改変してある。文中の「　」は子どもたちの言葉，〈　〉は筆者らの言葉を示す。事例の各場面にかかわっているのは，事例１：村瀬と石倉陽子，事例２：村瀬と野村華代子，事例３：石倉陽子，事例４：石倉陽子，事例５：村瀬。また，村瀬，石倉，澤木はそれぞれ，M，I，Nと表記する。）

１．A施設
１）集団での取り組み（一筆描き描画グループ）
　　　──一人の楽しみと強調・調和の歓び──

ここでは，８月の訪問調査時に集団で行った描画グループについて報告する。

多くの施設では，物質的にも人的資源にも限りがある中，最善を尽くしたケアがなされている。しかし，実際問題として，表現や創意工夫するための物質的資源に必ずしも恵まれているとはいえない状況にある。そこで，大きな紙に思いきり描く機会を提供することで，自己表現の楽しみを味わうことと，それを他児と共有したり，作業の中で互いに譲り合えることが，日常への般化に繋がる体験へ展開されていくように，と考えた。

また，今回に限らず，時間を持て余しがちな子どもたちのため，要望があれば，施設でも同じような取り組みを工夫して戴けるのではないかと考え，模造紙とマジックという手に入りやすい素材を用いた。

職員の方から，幼児，小学生の子どもたちに声をかけていただき，午後４時から管理棟（事務室や園長室，会議室がある）１階にあるホール（30畳ほどの広さ。普段からいろいろな行事で使われている）にて１時間半の描画グループを実施した。参加したのは幼児４名と，小学生13名（うち２名は，発表時のみ参加），職員２名（幼児のグループに入ってファシリテートしてくださる）

の計19名であった。

　各グループに，模造紙1枚とマジック1箱を配り，好きな色で一人一筆ずつ描いていき，5巡したら終了というルールを設けた。最初に筆者らが実際にやって見せ，その後2～4名の小グループに自由に分かれて順番に絵を描いていった。子どもたちからすれば，一人一筆なので，一度の順番で描きたいものを描くことはできないし，1枚の紙なので描きたい場所を他のメンバーに使われてしまうおそれもある。中には模造紙の向きをめぐって小競り合いが生じたグループもあったが，ペンも順番も独占して自分が描きたいものばかり描き続ける子はほとんど見られなかった。皆，お互いが描こうとするものをよく見ていて，互いに影響を与え合いながら絵を仕上げていった。

　しばらくすると早く描き終えるグループが出てきたため，描き上がった絵にグループで物語を考える課題を新たに設けた。すべてのグループが終了したところで，それぞれ前に出てきて発表を行った。

　発表の場になると，自信がなくモジモジとしてしまう子どももいたが，どのグループも一生懸命諦めずに説明しよう，物語を作ろうとし，各グループのストーリーは，途中で荒唐無稽に広がっても，何かしらまとまりある方向で完成された。また，描画の時間には間に合わなかった子も，熱心に他の子が説明する話を聞いていた。翌日，グループに参加した幼児は「絵をかいたよねえ」と，顔を合わせる度に同意を求め，前日の体験を反芻して味わっている様子であった。また今回参加できなかった子どもからは，「今度は自分もやりたい！」との発言が相次ぎ，どの子も自己表現しそれを他者と共有し合うことを願い，かつ体験を楽しむ力を持っていることが窺われた。

　2）A施設における事例
【事例1】足るを知ろうとするAさん（中学2年女子）
　ネグレクトにより（児童福祉法第28条）入所。本人，両親ともに入所を納得しておらず，当初は施設からの飛び出しが見られた。最近ようやく家庭の状況が整い帰省可能になったとのことであった。帰省時に両親からラジカセを買ってもらったが，自分のラジカセを持っていない子もいる中で自分が使うことがいいのかどうか，園長先生に相談をしにきたという。大柄で，職員を進んで手伝い重い物を運ぶ様子など，一見頼もしい様子だが，表情は硬く寂しげな印象を受けた。

食卓を何度か一緒に囲み，お互いの緊張が解けてきた訪問2日目の夕方，Aさんはリビングと繋がっている和室（幼児の居室になっている）で，自分で洗った制服のプリーツスカートにアイロンをかけていた。こうして自分でやれば確かにクリーニング代は浮く，しかしスカートのひだを一本一本整えていくのは大人でも負担が大きいことなのに，よく不平を言わずにされるなと感心し，また自分が中学生であった頃は，制服など当然のように親に任せていたと恥じ入る心持ちで，しばらく傍らで見守っていた。黙々とアイロンをかける姿から，「自分のことは自分でするのだ」という意志が無言のうちに伝わってくるようで，ここで妙に大人顔をして安易に手を貸すというのは，Aさんの自立心を損ないそうで憚られる想いがした。ところが，やはり思うようにアイロンかけが進まなくてイライラし始めている様子が窺われたため，苦戦しているのを黙って見ているのもどうかと，さり気なく手伝いを申し出た。

　それまで無言でいたのが徐々に話し始め，横で遊んでいる幼児を見て「無邪気でいいよね……」と，少し皮肉混じりにポツリ。〈もう，小さな子どものようにいつも無邪気なままで，とはいかない時もある……〉と呟くように応えると「自分の性格について，他の人から良いねと言われたけれど，どこが良いんだろう……」と言う。いましがた園長先生と筆者らが話し合いをしている時に，お手伝いを任されてコーヒーを出してくれたことについて率直に褒めると，声のトーンが少し明るくなり，「どんな人が来てるのかなーって。面白いし勉強にもなるかなと思って，時々手伝っている」と嬉しそうに話す。

　アイロンに興味を持った幼児が，不意に手を出してきたため，Aさんはすかさずその子の頭を無言で叩くことがあった。苛ついた様子であったが，熱いから危険であると思い，咄嗟に行動に出てしまったようにも見受けられ，そう伝えると「親になっても，きっと自分は子どもをかわいがれないと思う」と。しかし再び気持ちを立て直して，「大人になったら，こういう所（施設）で働くのも良いかなと思っている」と前向きな展望を述べた。そして，この一連の過程に感じ入っているこちらを見つめながら，Aさんは自ら納得するように頷いた。

　児童福祉法第28条で措置されたというAさんの場合，昨今重視されるところの家族再統合が短期に見事な形で達成されるのは難しいことであろう。しかしその中で，自分の現実を自分自身のこととしてできうる限り引き受けていこ

うとすることが，来客者の応対をしてみようとしたり，今日では希有なことと思われるが，制服の手入れを自分でしようとする姿に，日常の営みの努力という面だけでなく自分の生に纏わる条件を模索しながら受けとめていく過程にあることと重なって映り，印象的であった。

【事例2】 イメージの中で親との絆を確かめたいBさん（小学6年女子）
　父親の運転する車に同乗していた母親が事故で他界。もともとアルコール依存症であった父親も，Bさんの施設入所後に死去。同施設内にきょうだいが生活している。自発的，積極的に振る舞い，好奇心旺盛。初対面の大人にも臆することなく，会話やオセロの相手など進んでかかわりを求める。かといってべたべたと甘えるのではなく，こちらの意を汲んで作業を手伝うなど，大人に配慮を示しつつ，側にいるという具合で，人との距離のとり方はさり気なく敏感であった。

　夕食が済み，食べ終えた人から食器を流しに下げ，居室に戻ったり，リビングで遊んだりテレビを見たりする中，テーブルでは，幼稚園から小学校高学年までの子どもたち6人でおしゃべりをしながら，まだ食べ終わらない子は食事を続けていた。そんな中，Bさんはキムチを持ってきて振る舞ってくれる。「本場のキムチ，うまいよー！」。あっさりとして食べやすく，〈本当だ，美味しいねえ〉と戴いていると，まだ食べ終えていなかった年少の子たちも「ちょうだい」とキムチを分けてもらい，辛いはずなのに「おいしい！」と口いっぱいほおばる。Bさんともう一人別の子が続いて小振りなヘチマと見紛うほどの大きなキュウリを持ってきて「○○のキュウリ，大きいでしょ！　こっちから囓っていいよ！」と自分が食べているのと反対側を囓らせてくれる。〈大きいのにみずみずしいね。美味しいね〉と言い，次々とおもてなししてくれることをありがたく，嬉しく思いながら戴いていた。
　そんな時ふと，Bさんが「あ！」と声を上げた。「先生，みて！　夕焼けがピンクでとってもきれい」と指さす方を皆で振り返ると，窓の外が夕焼けに朱く染まり室内の壁にも光が広がっていた。誰からともなく「わあ！」と歓声をあげて席をたち，皆で縁側に駆け寄った。外に出ると空は眩しさと温かさを残したように朱く，周りの建物もお互いの顔も夕日に照らされて映った。皆ため息のように「きれいだなぁ」「きれいだねえ」とつぶやき，しばし入り日に見

とれていた。辺りは日中より少し静まった気配で，もの悲しい気分になりがちな日暮れ時の光景も，大勢で共有していることもあってか，暖かな雰囲気にしっとりと包まれている感じがした。Ｂさんは「こんなにきれいなの，ここでも珍しいんだよ」と嬉しそうに言い，その様子は少し誇らしそうでもあった。

　人間が自然を享受する際には，日頃の感覚から少し解き放たれたところで対象をありのまま素直に受けとめるということがなされていると言えよう。自然の美しさをしみじみと感じられることは，延いては他者との関係においても相手を素直に受け入れ，意味のある時間を共有しあえることへと繋がってゆくだろう。辛く厳しい環境で育ってきた子どもたちの内に，自然を眺めやるゆとりが育まれていることが看取された。

　翌日の昼食時にも，Ｂさんは冷蔵庫からキムチを出してきた。年少の子どもたちもまた一緒になって「おいしいね」と食べていたので〈みんな辛くないの？　子どもがこんなにキムチが好きだなんて，ここに来るまで知らなかったな〉と率直に言うと，皆揃って「辛くないよ！　ああおいしい」とにこにこしながら頬張っている。一人がビールを飲むまねをして麦茶を飲んで，「プハー，うまい。キムチと良く合うなあ」と言うので〈大人がお酒を飲んでいるみたい。キムチはおつまみなのね〉と笑うと，Ｂさんは「おつまみ大好き！」と身を乗り出し，イカのゲソなど大好物と言う。〈それじゃあ，大きくなったらお酒も飲みそうだなあ〉と驚くと，「でもね，お父さんがお酒の飲み過ぎで死んじゃったから，お酒は絶対飲まないと思う。決めてるんだ。おつまみは大好きだけどね」と，「絶対」に力をこめてしっかりした口調で言い，一瞬はにかみ，次いで沈んだ表情になり目を伏せた。

　さらに２カ月後の訪問時，夕方，周りに人気がない自習室で，Ｂさんは宿題の書き取りをしていた。一見書き取りに夢中になっているかの様子だが，一方，何か全身で側に座っているこちらの気配を推し量っているかのようにちらり，ちらりと視線をくれてから次のように話し始めた。

　「私はね，お母さんのことを何も知らないの，お父さんが乱暴な運転で衝突事故を起こし，（園側の後の説明でも事実の模様）私を出産間近だったお母さんは病院に運び込まれ亡くなった。私は心肺停止状態のお母さんのお腹から帝王切開で生まれたんだって。お父さんは仕事をしながら子どもを育てるのは無

理で，お父さん方の叔母さんのところなどで世話になったあと，ここへ入ったの。お父さんとお母さんはほんとにうまくいっていたのかどうか……，お父さんは酒飲みで腕はとてもよい板前だったけど，深酒が元で結局肝臓が悪くなって亡くなったの……。お父さんは信仰（新興宗教）を持っていて，とても熱心で，亡くなったお母さんも信者だったと聞かされた。お父さんのこと，なんか生活がしっかりしてなくて好きになれなかったけど，でも，ここへ入るとき『この子はハンバーグは煮込みのソースがいっぱいあるのが好きなのです』と説明したと聞かされて，ああ，私のこと見ていてくれたのかなあ，考えていてくれたのかあ，とも思える。信仰をもっと深く持つように言われたこともあるけれど……。」父親が信じていた新興宗教について，「どこか信じられない気持ちもある。でも，もっと信心が強くなれば変わることができるのかなあ……」と。「勉強は得意で苦労しなくても大抵のことがわかってやれてしまう，だから今はあまり考え込むことばかりしないで，将来のために勉強して，上級学校へちゃんと行くことを第一に考えている」と，落ち着いた口調に戻った。この間，書き取りをしながら，筆者の表情もちらちら見つめ，思考をフル回転させながら，自分の親との関係をきちんと反芻し，些細ともみえるエピソードの回想を通して，自分の存在の意味を確かめているようであった。回想はいつも同じ内容，同じトーンではなく，そのときの気持ちが反映されて，肯定的な言い回しになったり，苦渋に満ちた話し方になったり，揺れ動くものであり，その過程を経てその個人のストーリーがこころの拠り所としてできあがっていくのだと再認させられた。傍らで，この過程を共有する存在がこの営みには有意味であろうかと思われる。

2．B施設
1）集団での取り組み（クレープ作り）
――協力・協調活動を通して自分を知る――

　ここでは，12月の訪問調査時にクレープ作りを一緒にした際の様子を報告する。

　地域社会からの協力体制が長年の間に築かれてきたこと，ならびに地域にいわゆる専門職に就いている人（リタイヤした人も含め）が多く，園外に教えを受けたり，外部の人々と交流する機会がある。したがって園児たちがさまざまなことを学習する機会に恵まれている。子どもたちは入所後こうした環境の支

援を得て音楽や絵画の才能を発揮し伸ばす場合が多い。そこで，自己表現の機会を提供するよりも，原始的（口愛的）な楽しみを含んだ取り組みの中，大人と共に行動することを通して子どもたちが生活していく上で必要な技術を身につけていく，その契機となればと考えた。

　職員の方から子どもたちに声をかけていただき，別館（さまざまな行事を行う集会所のような建物）にてクレープ作りを行った。1階の広間（40畳ほどの広さ）とその横の調理場を使用し，参加者は幼児1名，小学生8名，中学生1名の計10名（内4名は，食べる時のみ参加）であった。

　筆者らが生地の下準備を終えた頃にばらばらと子どもたちが集まりだし，女の子たちは広間でクレープを焼く作業を，男の子たちは調理場でお湯を沸かしたり，クリームを泡立てる作業を手伝い出した。

　焼く作業は，料理クラブに所属しているという小学4年の女の子が「クレープなら作ったことある！」と張り切って焼き始める。最初その迫力に押されて見ているだけだった別の子も，要領を掴んで「私もやってみたい」と，自発的に手伝い始めた。見栄えの良さよりはスピードを重視してクレープを焼いていたMに対して，「だんだんうまく丸くなってきたね」と。Mが彼女たちに，〈みんなは上手ね，むらなく焼けて芸術的ね〉と伝えると，"芸術的"が気に入ったのか，「ゲイジュツ的だって！」と言いつつ，より積極的に話をしてくるようになる。

　調理場では，紅茶を入れるためのお湯を沸かしていた小学4年男の子が，流しに汚れた調理器具がたまっていることに気づき，「僕，洗い物もやろう」と，率先して仕事を見つけ，洗い物を始めた。調理器具だけでなく，牛乳パックまで綺麗にしている。〈ありがとう，助かるなあ。いつもこうやってお手伝いしているの？〉と感心していると，以前参加したキャンプで片付けを身につけたことや，綺麗にしておくと次回使う時にも気持ちがよいからと教えてくれた。また，幼児がクリームの泡立てを独占するのを，「自分もやりたい」と申し出た小学5年の男の子が，「もっと固くなるよ」「大人になったらもう少し上手にできるようになるよ」などと助言をしながら，不平も言わずに見守っていた。彼は全般的な発達障害を疑われていた子で，偶然Nは2年前に児童相談所で出会っていた。当時からは想像できないほど別人のように落ち着いて，幼児に対して年長者らしく振る舞えるようになったのは嬉しい驚きでもあった。

２）B施設における事例
【事例３】求めることと譲ることのバランスを知るC君（中学２年生男子）
　ユニット内では，男の子の最年長。女の子たちが「まったく男は……！」と不満を言うときに，聴き宥める役目を負うこともある優しさを持った子，と職員から評価されている。子ども同士のやりとりを見ていると，聞き役や後始末を引き受けている場面が多く，舞台の板のよう。地味で生真面目な印象。

　C君が小学生とカードゲームをしているところへ声をかけると，頷くのみで淡々とした対応，（あぁ，思春期の男の子だもの，初対面の大人の女性に対して素っ気ないのも当然）と感じた。その後，小学生の子どもたちとIが外で遊んでいると，近くで一人サッカーゴールに向かってシュートを始める。足下に転がってきたボールを拾い返すことを繰り返すうちに，キーパーを引き受けることになった。
　初めは緊張した面持ちで，簡単にキャッチできてしまう遠慮がちなシュートであったが，次第に身体がほぐれてくると「次は覚悟した方が良いよ！」等，生き生きとした少年らしい表情を見せ，こちらも〈よしこい！〉と身体を張ってゴールを守るように。柔らかいビニール素材のボールであることも，思うようにコントロールできない原因の一つであったが，よく見ていると，ゴールから遠距離の時には思いっきり蹴って大ファールになり，近距離からシュートする時には，口では軽く挑発するようなことを言いつつも，簡単にセーブできてしまうボールがほとんどであった。はっと気づき，〈君は優しい子だね。私に当たらないようにと思って，近くでは加減してくれてるのね。でも，もっと思いっきりシュートしても大丈夫だよ〉と声をかけるが，返事はない。あと少しでゴールを決められそうな惜しいシュートが増えてきたが，こちらもさらに本気になって一歩も引かずに守備にあたっていると，誰かに対して言うというのではなく周りに向かって「このお姉さん，うまいよ！」と嬉しそうに大きな声を上げる。最後まで，近くからシュートするときにはどうしても余計な力が入ってしまうのか，ゴールから大きく外れてしまうが，〈やっぱり君はとっても優しい子なんだよ。だからボールを外しちゃうんだ〉と声をかけて終わりにした。

　たとえ短い時間のかかわりであっても，相手にとって意味のある時間をとも

に共有したいと願い，素材としての自分を提供する心持ちでC君とのサッカーに興じた。いかに裏付けを持って肯定的な一言を伝えられるかということは，心理臨床の面接場面だけでなく研究で出会う相手に対しても同じく重要で，まず人として出会いたいと考える。

【事例4】「知の世界へ開かれることは僕を支える」D君（小学6年生男子）
　所属するユニットでは最年少であったが，最近入所した幼児と同室になる。利発そうな表情が印象的。控えめだが初対面の大人にも関心を示す。富士登山の感想文に，「頂上から駿河湾が見えた」との表現。地図に興味を持っているよう。

　訪問1日目の夜，それまで一緒にカルタをしていたがもっと続けたいとぐずる幼児の歯磨きを見守りながら傍らにいると，D君がスッとやってきて側でコマを回し始めた。直接何か働きかけをしてくるわけでもなく，声をかけてもらうのを待っている様子であった。〈上手だね〉の言葉に，少し得意げになって回してみせてくれる。その後，リビングで年長の子どもたちと一緒にいると，誰に話しかけるわけでもなく，「○○（外国名）の首都は？」と，クイズが始まる。職員の方が皿洗いをしながら応えるが，「モンゴルの首都は？」というように徐々に答えるのが難しい問題が出されるようになる。沈黙が続いたため，思わず〈ウランバートルだっけ？〉と言うと，満足した様子で，そこから首都当てクイズをお互いに出し合う形になっていった。遅くなってきたのでユニットを辞すが，D君はコマをいじりながらクイズを続け，建物の玄関まで見送ってくれる。あまり耳にしない首都名をたくさん教えてくれ，素直に感嘆すると同時に，〈私，もっと勉強しないといけないなぁ〉と漏らすと，興味深そうにこちらを見て笑いながら頷く。
　（D君は予想だにせぬ不幸な事件により実母を失った犯罪被害者家族の一員である。）

　かかわりの端緒，コミュニケーション・チャンネルをどこに見いだすか，調査面接といえども人にかかわる際には，相手の興味関心に合わせた働きかけから話を展開させていくことが常に必要であると再認された。そうした聴き方をしていくには，こちら側が相手の話を聴く時に基本とする軸（人やもの・事柄

への対し方，自分自身や周りをどう捉えているか，職員や周りの子どもからどのように評価されているのか，将来展望等，生物－心理－社会的側面からあらゆる観点が存在する）を持ちつつも，まずは目前で起こっていることを素直に受けとめ，その事実に関連ある自己の過去経験，ジェネラル・アーツ等を総動員して，事柄の特質を見いだそうとする姿勢が肝要であろう。

【事例5】「『聴き入れられたい』という密かな望み」Eさん（高校生女子）
　ピアノをほとんど独学で学び，今ではショパンの曲なども，小品は初見で弾くことができるほど。曲想を捉えた弾き方をする。自分のことを施設では「ボク」と自称し，声が肩から出ているような早口で気張った話し方をする。〈何時も，「ボク」と言うの？〉と尋ねると，「学校では言わない，普通に話しても，皆ちゃんと聴いてくれるから……。ここ（B施設）では，普通に話したり，振る舞っていると注目してもらいにくいし，集団のなかに埋没してしまうから。ここではなかなか本気でかかわってもらえない感じがするから，多少オーバーに振る舞うのだ」と言う。
　ある日，Eさんは施設への不満を子ども電話相談に訴えた。電話を受けた人が中立的に穏やかに話を聴いてくれたことで気持ちがすっきりしたのと同時に，施設を訴えてしまった（多少歪曲し，オーバーに）ことへの自責の念や後悔が生じ，園長先生へ正直に打ち明けた。訴えた内容は園長先生からみて考慮すべき部分もあり，その後，施設内会議にて職員に経緯が報告されたとのことであった。

　ある日の夕食場面でのこと。職員が側にいるところで他児に向かって，「電話相談って，本気で聞いているのかな。どこまで引き受ける気でいるんだろう」「手に余ったらそっと児相（児童相談所）に連絡するのかなぁ……」と話し始める。職員は，施設に不満を持っているEさんの気持ちに触れることについて，どこか戸惑いを感じているように見受けられ，聞こえているはずのすぐ近距離にいるが，茶碗ふきなどに一生懸命というふうで誰も何も応答はしなかった。
　中2の男子F君がこの話題の話し相手になった。曰く，「うーん，電話相談ってのがあることはないよりずっとよいことさ，だけどどこまで何がやれるというのだろう。虐待しているらしいとなれば，それ以上自分とこでできない，ということで児相とか，他へ伝えるんだろ……。」しばしの沈黙にEさは

「やだ，私この沈黙苦手なの。だから学校でもこの沈黙が来ないように，のべつ幕なしに話しているわ。」F君が「沈黙って怖いんだよね。でも，僕たちは本当は話したくなくても，その場を繕うために何だか話しまくっていることあるね……。」（なかなかの洞察力に感心して黙って聞いていると）「あ，やだどうしよう，また沈黙だ。」（何か，少し緊張が和らげばと……こういうとき，天使が今そっと通り過ぎていきましたね，って緊張をほぐすことがあると聞いたと言うと，二人は「へえーっ」とちょっと力を抜いて，「天使がねえ……。」

　ふと緊張が緩んだ声の調子になり，Eさんは「電話相談で，がーっと話している内に，じっと聴いている相手の調子に，こっちも落ち着いてきて，言い過ぎたかな，とかなんかもういいか，という気持ちになった。」F君は「まあ，良かったじゃん……。」Eさんは「〇子（園長のニックネーム）に話したら，『そう』って聴いてくれたし……」と今回の感情にかられての架電の件は一応話題として閉じ，ピアノを弾き始めた。4年前の夜，やはり少しもめごとがあったらしい後，ベートーヴェンの「エコセーズ」を丁寧に語りかけるように繰り返し繰り返し弾いていた情景を思い出した。その時Mは，弾く手を休めた彼女の傍らに行き，〈先刻から聞かせてもらっていたわ。私も子どもだったとき，この曲弾いた。懐かしい不思議な気持ちになったわ。有難う〉と伝えると身を捩ってはにかんだ。

　ピアノの側により，〈まあ，難曲ね，ずいぶん上達したのね……〉と言うと，表情はほころび，気づいたか，と言いたげでありながらも「当たり前じゃん，時間も経ったし，年もとったんだ，練習不足で自分じゃ不満だ」という返答。年長で何時も自分の気持ちを控えることになれ，素直に甘えを現しにくいのであろうか。

　さり気なく職員を意識しながら話すEさんの様子から，おそらく職員にもまっすぐ話を聴いて欲しいと思っているのではないか，と窺われた。生活の中で，何気ない会話に紛れて発せられる，このような子どもからの問いかけに対し，その意味を即座に気づき，適切に対応することが求められよう。その人の生き方に根ざす問題とは，果たして人為的な状況で本当に話されるものなのかという疑問と，生活の中でこうして必然的に生まれてくる本質的な問いかけに，かかわる大人がどこまでタイムリーに誠実に真摯に応じられるかが重要課題であると，改めて気づかされる体験であった。

Ⅲ 考　察

　ここでは，これまでの関与的観察調査を基に現時点で考察されたことについて，1．児童養護施設における日常生活を通した援助，2．臨床場面における質的研究のあり方の2点から述べる。

1．児童養護施設における日常生活を通した援助
1）何気ない言葉，何気ない振る舞いをいかに汲み取るか
　日常場面で子どもたちは，言葉や振る舞いの端々に大人への問いかけ，自分自身の生い立ちに思うこと，将来への思い等，さまざまなメッセージを込めている。地味でさり気ないことこそ，きちんと捉えて適切に応える積み重ねが必要である。そうした丁寧なかかわりあいが日々の生活を通してなされることによって，本来は可愛がられ大切に慈しんでくれるはずの親から不条理な扱いをされたり，生きる根幹から揺るがされるような生い立ちを抱えて，家族と離れて暮らさざるをえない子どもたちにとって，裏付けのある自信を持って生きる力に繋がっていくのではないだろうか。

　聴き手が話を聴くことばかりに意識が向くと，ドラマティックで，起承転結のあるストーリーを求める傾向に陥りやすい。心の底で思っていることは，長い生活の中でポツポツと語られるものであり，面接の中で一度に聴こうとするのはこちらの枠組みや都合を優先させることで，事実を全体的に，あるものとして，あるがままに受けとることを損じかねない。ほっとして自分が安心できると思ったときに初めて人は語り始めるのであって，聴き手側の枠組みを当てはめようとするのは主客転倒であろう。

　子どもから聴き出す場面を意図的に作り出すのではなく，日々の生活の自然な流れの中でポイントとなる場面（たとえば，一緒におつかいに行くとき，洗濯物をたたむとき，夜寝る前，心身の調子を崩して受診を待つ心許ない折等々）を逃さず，そこで発せられた子どもの言葉からしみじみと子どもの気持ちを汲み取り，その背景に考えをめぐらせつつ，適切にさり気なく応える姿勢が大人側に必要なのではないだろうか。ときに大事なことを話しても，かわされる場合もあると思えるゆとりを持てることも，大切であろう。

2）子どもに対する大人としてどのようなあり方が望ましいのか
　　――双方向性・相互的関係の視点から――

　児童養護施設でのケアは，一般に「処遇」と呼ばれる。その呼び方には，施設職員から子どもへ，どこか一方的に操作・援助を行うというニュアンスが含まれる。しかし実際，子育てとは，かかわる大人のあり方によって子どもの持てる力が引き出され，お互いに成長発達していくものであろう。「養育し援助する大人」と「養育され援助される子ども」という固定化された関係でのみ対するのではなく，お互いに成長し合うのだ，自分自身も常によりよく変わっていきたいと思いながら日々を暮らしている大人であることが，子どもにとって「この人は子どもに対して見おろす眼差しばかりでない。ちょっと素直に話をしてみようかな」という存在になりうるのではないだろうか。

2．臨床場面における質的研究のあり方
1）質的研究の方法論

　まずは事前に仮説を立て，それを検証するというのが従来の研究法である。一方，心理臨床における研究とは，実践を行う中である気づきが生じ，実践の中で確かめ，また新たな気づきを得るという，研究者と研究対象者の双方向的関係の循環的・発展的交渉の蓄積とその検討考察であろう。

　中井（1998）は，自身がウイルス学研究者から臨床家へ転向し，統合失調症の研究を始めた頃を振り返って，「患者の害になること，患者に無用のことをデータを完全にするためにやるようなことはするまい」と決めた，と述べている。成田（2003）もまた，これまで行ってきた研究について，患者の状態，言動，自分との関係の中で患者がどう振る舞い，それに成田自身がどう反応し対応したかを振り返って記述することから始め，患者の内面だけでなく同時に己の内面を見つめようとしてきた，「臨床そのものが研究であった，あるいは研究でありたいと志してきた」という。心理臨床における質的研究とは，ある形をあらかじめ想定し，それを完璧なものとするため研究者側に都合の良いように進めていくものではなく，たえず臨床現場と研究を行き来しながら常に眼差しを向けているのは対象者であることが，当然のことながら肝心ではないだろうか。

　本研究を始めるにあたり，研究趣旨の説明に伺った際，ある児童自立支援施設の寮長先生が，「この研究は2泊3日の日程で年に数回訪れることで十分な

のか，私たちにとっては毎日が研究です」と述べられた言葉を真摯に受けとめたい。

　2）現場に出て研究を行うこと

　何を目的として誰がどのように行うのか，その際の留意点は何か等，事前の準備は必要なことである。しかし，常に現場は不確定要素が多く，柔軟に対処することが求められる。したがって，前もって準備した研究の手順，枠組みや仮説などに固執せず，時にそれを投げ出す覚悟が求められる。今回の調査研究においても，当初は子どもへの調査面接を主に考えていたものの，実際に研究が始まると，その方法は現場の状況には馴染まず，まずは自分たちの目前で展開されたことを素直に忠実に記録していくことが必要であると気づかされ，研究方法に若干の修正を加えた。事前に，先行する関連の研究からの知見や理論的検討が必要であることは当然である。しかしそれらに固執すると，事実からあらかじめ用意した枠組みに合う部分のみを切り取るということも生じうる。研究せねばというとらわれなく，目の前の事実について正直に忠実にあることが要諦であろう。

　3）面接室の中で語られることと，日常の中で語られること

　日常行動を共にしながら，恣意的にならずに，素直に，相手に関心を寄せながら緻密に考える姿勢で対するとき，相手の緊張が緩んで事柄の本質が語られることを，この研究を通して多く体験した。一般的に，面接室で心理の専門家が聴けば子どもの本音は話されるものと，どこか観念的に考えられている傾向が窺われる。かねてから，さまざまな臨床経験を通して，生活場面と面接場面を別々に捉えることに対して，疑問を抱いてきたが，本研究を施行して，この感はさらに確かなものになっている。意味あるコミュニケーションとは，場の持つ特性によって成り立つのではなく，聴き手がどのような姿勢で臨むか，的確で豊かな想像力を働かせ，実態にどこまで近づき，添えるかが最大の要因となる。優れた抽象は具象によって裏付けられるものであろう。言い換えれば，日常生活場面でなければ相手の本音が捉えられないのではなく，面接室という人為的な場であっても，面接者が話を聴きながら具体的イメージをいかに生き生きと描き出せるか，さらに語り手としてのクライエントの内面や現実的全体に対してと同時に，自らの内面に生起する感情や思考内容に対して忠実に開かれ，気づいていることが要諦なのである。

　今後，引き続き実践を展開し，臨床現場と研究をつなぐ要因についてさらに

考察を深めていきたい。

文 献

土居健郎：精神療法と精神分析．金子書房，1961．（土居健郎全集5．岩波書店　所収．）

江口重幸：滋賀県湖東一山村における狐憑きの生成と変容——憑依表現の社会‐宗教的，臨床的文脈．国立民族学博物研究報告, 12(4), 1113-1179, 1987.

Mcleod, J.：Qualitative Research in Counseling and Psychotherapy, Sage Publications,Inc., 2000．（下山晴彦監修，谷口明子，原田杏子訳：臨床実践のための質的研究法入門．金剛出版，2007．）

Denzin, N. K. & Lincoln, Y. S.：Handbook of Qualitative Research, second edition, Sage Publicaions, Inc., 2000．（平山満義監訳：質的研究ハンドブック第1巻　質的研究のパラダイムと眺望．北大路書房，2006．）

中井久夫：最終講義——分裂病私見．みすず書房，1998．

成田善弘：精神療法家の仕事——面接と面接者．金剛出版，2003．

柳田国男：遠野物語・山の人生，岩波文庫，1976．

村瀬ワールドに包まれる

青木 村瀬先生のご紹介をさせていただきたいと思います。私は二十数年前でしょうか，始めて村瀬先生のご論文を読んだときに，こんなみずみずしい，やわらかい臨床をされる方があるのかと，本当に感動いたしました。自分も，経験を積んだらこのような臨床ができたらいいなと思いました。まず本や論文を読むことから，村瀬先生に出会ったような気がします。今回の学会のテーマが教育ということですが，心理療法とか，精神科の治療とかあるいは臨床の基本的な学び方っていうのはそういう自分の身近な先輩やあるいは憧れている尊敬するような先生と出会い，真似るようなことから，始まるのではないかというふうに思っています。その後村瀬先生とお会いすることがあり，いろいろお話を伺うことがあったのですけど，お話を伺うたびに，これは真似るのが難しい，それどころかできないことだなあというふうに思うようになり，たとえば，あるセラピストが治療している緘黙（かんもく）の子どもが，まったくずっと何回もセッションを続けても，口を開かないのに，村瀬先生が廊下で，その子どもに話しかけると，その子どもがしゃべりだすというようなことが起こったりするのです。出会った人，初対面の人は必ず殴るという患者さんが村瀬先生に出会った初対面のときになぜか殴らないというようなことが起こっていたりするのです。これはいったいどうしてなんだろうかということが心の中でずっと疑問に思ってきました。いくらかわかったような気がしたり，やはりわからないなあと思いながら，今日のお話を伺ってみたいと思っております。ご略歴を紹介するのは，ご質問，お話を伺うときに少しずつ聞かせていただくということで代えさせていただいて，早速お話を伺いたいと思います。ただ一つだけ，実はこの「村瀬ワールドに包まれる」というタイトルは，天から降ってきたようなタイトルで，私自身にはしっくりしません。村瀬先生の臨床は，村瀬ワールドに包まれるというようなものではないのではないか。包まれるというような暖かさややさしさというものもあるのだけれども，そういう情的なものだけではなくて，非常に合理的な，非常に論理的で，強

靱，力強いものも秘めている臨床ではないかというふうに私は考えています。では早速はじめさせていただきたいと思います。村瀬先生，どうぞよろしくお願いします。

青木 村瀬先生どうぞ。こういうふうにかしこまるとなかなか話を伺いづらいところもあるんですけど，今日は精神神経学会でランチョン・ダイアローグということで，先生がこれまでにご経験されてきたことを通して，考えられたことや感じておられることを，いろいろお話を伺えたらと思っています。最初に先生にお伺いしたいと思っていましたのは，やはり，先生が今なされている臨床を「統合的心理療法」という形で，述べられていると思うのです。その原点は，先生が大学をご卒業後，家庭裁判所の調査官になられた，その調査官時代のご経験が原点として，あるのではないかというふうに私思うんですね。特に，調査官という仕事の中で，先生が感じられたことや先生がどういうふうに学ばれたとか，そのあたりをお聞かせ願えたらと思うのですが。

調査官としての経験──二律背反の課題──

村瀬 はじめに，こういう機会をいただきましたことをありがたく存じます。そして過分のご丁寧なご紹介を青木先生よりいただきましたことに御礼申しあげます。今のお尋ねでございますけれど，こういう学会という場で申し訳ないのでございますが，専門職につく方は，自分はこういうふうに成長していこう，一生をかけてこういうふうな人に育っていこうとお考えになると思うのですが，私の場合，長くは仕事はしない，現在もそうですが，今日限り今日限りという気持ちがありました。普通の主婦になるちょっと前の仕事だというふうに思っていました。だからこそ，私とは違う本当の志を持って仕事をしようと思う若い方がやっぱり女性はだめだと，そうならないように今日一日を大事にしたいと思いました。当時は，今とは違い，専門書も本当に少ない頃でございましたし，臨床の勉強をする機会が学校でほとんどなく，私は統計をやっておりましたものですから，心理学科を出ても別に非行少年の気持ちやご家族のことがわかるというような，そういう背景がなく，何をよりどころの理論にしたらいいのか，困りました。今のようにたくさん勉強の機会があるわけではございませんで，とりあえ

ずお願いして近くの大学の医局であったチャールス・ブレンナーの精神分析入門の原書を輪読する会に入れていただきました。こういうふうにとにかく勉強していき，精神分析の考え方がわかると，いろいろな物事の理解の仕方がわかるようになるのかなあと，一方では思いつつ，他方，目の前の非行少年を理解するというのは容易ではないのが現実でした。一つにはその少年の言うことを素直にそのまま大事に聞きたいと思うわけですけれど，でも，一方ではそれが真実かどうか，真面目にやりますと言って，さらに大きい再犯の可能性もありえます。ですから少年を信じたい，それから記録に書いてある問題点ばかりではなくて，彼にも何かがあるという潜在可能性を見つけたいと思ったのです。少年から聞いたままを書いていたのでは不十分だし，現実というのは硬い言葉で言うと二律背反的であることをいたく経験して，ショックでした。たとえ非行をやってきても，この少年の語ることを素直に聞きたいと思うことと，彼が語っていることには偽りがある，それから裏付けがないことを言っているということをも見落してはいけない，それをじゃあどうしたらいいかということは，そのまま適用できる手引書はありません。それで，事実というものをどう捉えるか，手探り考えることが課題となりました。図らずも，今日まで仕事をしてきましたけど，対象は違っても，二律背反的なことがいつもテーマになっていることが一貫しているような気がいたします。信じたいけれどそのままただ聞いたことを写し書きして，こういうことだというふうに報告書を書くのではないという問題意識でしょうか。

青木 そうしますと，最初は，非行少年の話を聞くなかで，どこまでが事実で，どこからが嘘か，ちょっと誤解があるかも知れませんが，何が事実かということをきちんと把握するということと，同時に，子どもたちが将来よき青年になっていく，大人になっていくためには，潜在可能性，あるいは，伸びていく，プラスの芽というものを見いだすという二律背反的なものをどう成り立たせていくかということですね。とても難しいことだと思いますが，どういうふうにされたんですか。

村瀬 とても困りました。一つにはやはり，送致された記録をよく読んで，その中に矛盾がないか，というような，本人の陳述をきちんと読むという

ことのほかに，心の動きというのは，空間に浮いているものではなく，人やものとのかかわりかたに現れるわけですから，その少年が事件を起こした場所ですとか，住居地の地名を見ただけで，あそこはエコロジカルにこういう条件のところだとか，そういう背景がわかるように，私○○県民じゃなかったのですけど，そういう知識を急いで会得しようとしました。つまり，点から点のその背景にまつわる線になるような情報をなるべく自分の中で想像しよう。線になったものをまた人に聞いたりして面になるようにという努力が必要だと思ったことが一つと。あと，先生がいみじくも嘘と言ったら語弊があるとおっしゃったその点です。つまり，本当はこうなりたいと思っていても，本人自身の自我のまとまりが足らないとか，環境条件でなりたいと思うことが叶わなくて，再犯するかもしれません。それを限られた時間で，要点を捉えることの大切さ……，長い時間をかけていっぱいテストをするとかそういう時間がありませんけど，ふっとその人の緊張が抜けて，でもどこかその人の今申しましたようなある種本当にどれくらい身についたものの考え方ができているか，現実がわかっているかということをメタファーでたずねるのはどうであろうかと，ふと思いつきまして，聞いてみるようにしたのです。たとえば，貨幣価値が今日と違いますけれど，逮捕されて鑑別所にいる少年に，今もしここを出るときに10万円渡されたらば，どう使う，ときいてみます。真面目にやるということがかなり現実にできそうな少年ですと，「逮捕されたときは真夏だったけど，もう秋風が吹いてきたから働くためには，夏服では駄目なので，作業着を買おう，残りのお金はどうするか，もう何もお金がないから，ちょっと置いといて考える。」なかなかこういう少年はいないのですけど，ここまで答える人はほぼ問題ない，そうだろうなと思うのです。この対極で，こんなに話がすらすらといって，そうできたらいい，彼は本当に真面目になりたいと思っているのだなあということが字面ではそう思えても，「10万円もらったら腹いっぱい食って，飲んで……，」と。それからちょっとこの場でははばかる言葉なんですけど，遊ぶというような，つまり風俗のようなことをチラッと，本人は緊張が緩んで，その状況を思い描いて話すわけですね。そうするとやっぱり，この人は本当に自分の行動を主体的にまだコントロールできないのかなと考えるとか，テストが作られている，テストで問おうとしているものの原理を日常会話にふっと置き換えて，短

い時間に手がかりをつかむ工夫を，会話の中でしようとしました。アイディアはそう容易に湧いてきませんでしたけれど……。

事実を把握すること，クライエントの潜在可能性を見いだすこと

青木　事実をきちっと把握するということと，その人の潜在可能性を見るということはいくらか重なっていることがあると思うのですが，潜在可能性を見いだすには少し違った視点や発想を必要とするように思います。臨床をやっている人間には大切な，養わなければいけないものではないかと思うんですが，そのあたりを先生はどんな工夫をされたのでしょうか。

村瀬　そこは難しいですけど，抽象的に申しまして，エネルギーの現れてくるチャンネルの選び間違いをしているとも言えます。非行というのは，基本的に……，彼が持っているいろいろな可能性ある力の発現する方向が間違っている。その方向をどうやったらうまく見つけられるだろうかというふうに，なにか非行したという，それでプラスかマイナスかというよりは，その中に含まれている行動の要素をいくつか考えて，ここまでそういう力があっていいこともできる可能性があるのだったら，もうちょっと現すチャンネルは別に見つけられないだろうかという話をする。少年が自分はこの人に出会って，全面否定はされなかったっていう会話になるといいなあと思ったのです。本当にそんなにうまくできなかったですけど。一方で，記録を十分に読み込んで，状況が頭の中に入っている，相手がこの人は節穴ではないなあというような，事実を的確に把握することが大切だと思いました。

青木　可能性は少年のエネルギーの向かう方向を考えるところにあるとでもいうのでしょうか。そういうチャンネルですね。私たち精神科臨床，心理臨床では，できるだけ正確な情報を集めて，診断やアセスメントをし，そして，これからを予測していく。この予測をできるだけ，あまりぶれないようにしていくために，何か工夫されたり，当時はお考えになられたことがおありでしょうか。

村瀬　今のご質問のように，完成度の高いそれはわかりませんでしたけれど

も，基本的にこの人は自分の行為とか自分の存在を全面否定はしてないというふうな印象を相手（少年）がどこか持ってくれるにはどうしたらいいかということはいつも考えていました。それから，機嫌をとるとか阿るという，そういう態度はとるべきではないと思っていましたが，再犯を繰り返したり，まわりにある種のその少年に対する先入観が出来あがっている場合，それは一方でありながら，でもやはりなにか彼が素直に始めて自分に出会おうとする人がいるんだと思えたならと考えました。記録や参考資料はしっかり読みながら，でも自分のどこか半分は，それを忘れて出会う，というような，それはとても難しかったのですけど。

青木　先生は相手を全面否定されなかった，それどころか，ニュートラルに会おうとしてくれたと少年は感じたのですね。その後，アメリカのバークレーに御留学されたり，精神科病院へも行かれたりとご経験を積まれたようですが，ふと今のお話を伺って思い出したのですが，統合失調症の患者さんに出会うときに，半身は冷めた自分でいるのだけれども，半身がどこか小さいときの何か，自分が守られていたような，そういう時期をふっと思い出しながら出会うということが，病理の重い方のときは，コミュニケーションの糸口が開けるきっかけとなると書かれていたと思うのですが，それは，どんなきっかけからなんでしょうか。

村瀬　現職のまま留学致しましたので，授業以外になるべくさまざまなところに伺う機会をアレンジしていただいておりました。たとえば，ある時，殺人事件を起こしてカリフォルニア大学付属精神病院に入院して今鑑定を受けているという，そういう少年の鑑定結果の会議を見学させていただいたのです。それは主治医の先生から，何人かの精神科医，臨床心理学者，ソーシャルワーカー，彼が在学中だったときの学校の先生，そして，その殺人事件の前にいわゆる保護観察を受けていた，担当保護観察官というような専門家と，現在入院中の病棟で，日本で申しますと看護助手に当たるのでしょうか，アシスタントワードテクニシャンという，そういうアルバイトの人も全員が列席して，そこに出された報告書を基にしながら，自分の立場で彼についてのアセスメントを各自が発言する。その会議に陪席した折りのことです。被疑者の少年は統合失調症を発病しているということ

で，硬い表情で何を聞かれても返事をしない。一応結論が既に出ているような状況でございましたけど，ご年配のいながらにして人をほっとさせる，でもどこか基本は非常にある種の剛直なものを感じさせる部長の精神科医の先生がにっこり彼に笑いかけて，「人間は形から気持ちが入るということがあるんだよ。君はずっとつらい歴史を生きてきて，こういうことが起きて大変だろうと思うけど，まず人間は笑うときに，歯が出る。歯を出してごらん」と言われて，ご自分もにっこり笑う顔をされたら，彼は本当に白い歯を出しました。白い歯が見えるとさっきより，ずっと人間的です。「形から入ることもある。人間は笑うことが大事だ」とその部長は言われて，深刻な事件とちょっと開きがあるようでびっくりしたんですけれども，でもそうしてるうちに少年の表情が柔らかくなりました。そして次に，その座長の先生は，「ここに居るのは，みんな会った人たちだね。この人々の中で，今一番君が人として信頼できる人を遠慮しないで指差してみろ」と言われたのです。ドキッとしたのですけど，アルバイトの大学生を「This guy」と言ったのですね。どうしてだってたずねられて，「なぜかわからないけど彼はナイスだ」と。そのワードテクニシャンをしている大学生は弟妹も養っている，勉強も大変だけどとにかく昼夜すごい密度の濃い生活を一生懸命しながら，でも自分のできる範囲でその殺人を犯した統合失調症の少年に，罪を犯してはいるが人間として接してきた，と語りました。その青年のいながらにして人として，何か相手に安堵感を贈る。これが基礎だと思ったのです。

相手に安堵感を贈る人としてのあり方

一方で専門家としての力量，知識とか技術は大事ですけど，存在そのもの，その部長の先生とアシスタントのワードテクニシャンがもっている，人としてのあり方が大事だと思ったのです。そのことと先生が今おっしゃった病院に行きまして非常に重篤な破瓜型の青年に会うように，オーダーをいただいて，ぜんぜん表情も動かず，何時間でもじっと同じ姿勢をとっているその人を見たときに，人があんなふうにいるときは何を感じ，どんなふうにこの世の中が体験されるかということ，想像してみて，ああでもないこうでもないかと思ううちに，多分きっとそれは私の了解を超えているけど，恐ろしくてああやっているしかないのじゃないだろうか。だとす

れば，私が人として，葛藤などを感じていなかった一番素直な頃の自分を思い出して，その思い出した自分をなるべく，全部その自分になったらおかしいと思うのですけど，そういう気持ちでこういう人に会ってみよう，それで物心ついて初めて「これはワンワンよ」と言われて，あったかい子犬をそっとなでながら親のひざの上にいたときの感覚を想い出すとか，そういう葛藤から自由になっていた自分を思い出して，緊張を緩めて，そういう方の傍らにいると，むこうがぽつんと思いもかけないことを言われて，それでやり取りが始まるということがございました。

青木 幼い頃の平和な，あるいは葛藤から自由だったときを思い出す部分と，しかしその冷静にどこか冷めた部分とを持つということですね。

村瀬 自分の全体が親のひざの上にいて子犬をなでているのはおかしいので，どこか頭の隅に自分は役割として，この方に会うのだ，何かが起きないと駄目なんだけど，どうしようかなあとか，せめてこの人に会う時間は苦痛ではなかったというぐらいにするには，終わるときどんなことを言おうかなあとか，頭の隅では一応常に役割というのは考えております。

青木 先生の歩まれた道をちょっと駆け足でたどっていくようになるのですが，その後自閉症の子どもたちや境界性パーソナリティ障害の青年たちへの心理療法，青年たちへの居場所作りなどもされたと思うんですが，それはどのような発想から，行われたんでしょうか。そもそも境界性パーソナリティ障害に対しての治療論はいろいろあると思いますし，治療論が先生は一対一の心理療法だけでなく，居場所のような集団の大切さというのでしょうか，そういうものも先生は何かお考えになられたように思うのですが。

居場所のような集団の大切さ

村瀬 たとえば，今日と違いまして，1970年代というのは，入院生活と社会生活の間を埋めるような，中間施設のようなものがまだあまりございませんでした。そういう社会的入院という事実があるということを知りました。今日の冒頭に申しましたように，私は実は家族の生活のほうに重きを

置いていて，それでただもし少しでも自分の時間とか生活にゆとりが出来たなら，人の心が癒されたり成長するのは，何気ない日々の営みの中でそれがなされる部分が現実には多いと，精神科病棟の子どもさんですとか，非行少年に接していて考えていたので，いつか余裕が出来たら，そういう退院して行き場がない青年たちに家の一部を開放することをしたらと，亡くなった主人と話しておりました。こんな私の考えを知っていた卒業生が，中間施設を作るといわれ，それで，私は経済的にペイしないし，事故も起きる可能性もあるし，いろいろ考えて，それは一対一のかかわりよりも，もっと大変なエネルギーとそれから本当の実力がいるでしょうし，ということで反対致しました。その人が，先生はそういう雰囲気を授業中漂わせていたではないか，責任がありますよ，と言われ，一緒にやりましょうといわれて，本当に一端ですけど手伝いました。自分は家庭の中でも，世の中にもどこにもまだ所属するという感じが見いだせない人には，とにかくそこに来ているだけでもいいということからはじめてみようという，模索でしたけれども……。

青木 確かにそこに行けば安心して居ることができる場所がある。居場所感覚というんでしょうか，そういうものを得ることが，もちろん境界性パーソナリティ障害の方だけでなく，多くの青年やあるいは統合失調症の方でも大切だと思うのです。先生のお話を伺っていて多くの不安定な青年が何かおびえている青年というのでしょうか，荒れる青年というよりも非常に無防備で，どこにも居場所を見いだせないで荒れているように感じるんですが，どうなんでしょうか。

村瀬 確かにその施設を立ち上げましたときというのは，なんと申しましょうか，ガラスを〇〇万円と割ってしまったとか，それから，些細な刺激で容易に行動化するという人はいました。しかし，一見したところ妙な腕力があって，猛々しいようですけど，でもそういう人の内心というのは，本当に心もとなくて，それで，心もとなさがちょっとした刺激に過剰に反応する。だから，なるべくその人を不安にさせないように，そして，無駄な理論闘争の討論に話が行かないようにする。一方，具体的な行動というのは，これは紛れもない自分のしたことだということで，裏付けになります。

それで，そういう通所施設の持っている意味というのは，たとえば，食事作りも一緒にする，それから古いマンションを借りた，そういう汚れている壁を一緒に壁塗りをするとか，それから，妙な暴力を振るうときの力はあるんですけど，今，先生がおっしゃった病態の重い方というのは，自分の身体の感覚というのがおぼつかない，力の振るい方，使い方をうまくコントロールできない。インテグレートした自分の身体を使うということがわからない人たちでした。学校の体育では邪魔だから見学していなさいとか，疎外されたというような気持ちをもっている青年たちでしたので，体育の時間といわないで「運動の時間」，自分の身体を好きになる時間ということにしました。たとえば野球も私よりもキャッチボールが下手な人が結構いました。体格は立派でも。ですから，ルールを変えて，ピッチャーはバッターのバットにボールを当てる。そうすると大体出塁できるので，それで，塁も普通の規則よりはベース間隔を短くして，とにかく自分も野球やれた，野球ってこんなものだ，と味わえるようにしました。それから，お料理なども強迫的な人で，ジャガイモの皮1個むくのに30分ぐらいかかる人がいましても，自分もできる，自分も参加できる，ここに来たらやれることがあって，居てもいいんだと実感するためには，そういう人も調理の順番が来るように配慮しました。そういう人が調理当番に当たったら，その日のメニューは早くできるものにし，調理開始を早くして，30分ジャガイモをこすっていても，一応昼には間にあうようにとか，そんなふうにしてやりますと，自分が作った昼ごはんとか，なにか裏付けがあると，どちらかというと，そういう青年というのは言葉のやり取りだけしてると，妙な観念論の堂々巡り，原因を外在化させる，という討論会になりがちなんですけど，討論をここぞと思うときにはしますけど，なるべく裏付けのあることを行いました。要するに言葉だけが空回りしない，自分の実在感というのがたとえ小さなことでも得られるようにというふうに工夫しました。ただそれは今日ではデイケアですとか，そういうものがいろいろできました。もっと高度なものがあちこちにたくさんある，と思いますけど。

クライエントの現実生活に焦点をあてる

青木　先生が言葉を大切にされているのは言うまでもないことですが，一方で先生が注目されたのは，言葉が空回りしていくようなときに，より現実

的で具体的な行動や，実際に手ごたえのある形になるものや身体感覚の大切さを考えられたということなのですね。それだけでなく先生の御著書を読ませていただきますと，さまざまな患者さん，あるいはクライエントの現実生活というのでしょうか，心の中だけに焦点を当てるのではなく，身体や行動そして生活と，いろんな方面に目配りしていくというのでしょうか，そういうようにどんどん広がっていると感じるんですけど，いかがでしょうか。

村瀬 今おっしゃってくださったように，そんな理想的に広がっているというわけではございませんけれど，私は医師ではなく，狭義の生物学的な病因そのものに，直接はたらきかけるということはしないわけでございます。ただ，一時自閉症につきましても，いろいろな原因論，治療論が華やかでございましたけど，そのときふと考えましたのは，因果関係を考えるということもとても大事ですけれども，でもとりあえず，今日一日昨日より生きやすくなるという工夫は何だろうか，それをまず考えないと非常に重篤な障害児を育てていらっしゃる親御さんは，親としてあるべき姿とか，そういうことを言われても，実際は疲弊されてしまう，という現実を見ていて，何から着手したらいいかという，本当に地べたの現実で今日できることの工夫を探そうと思い到りました。そういたしますと，それはおのずとさっきおっしゃったように，生活の中に広がりますし，それから疾患の状態としては同じでもその人の暮らしておられる社会経済的文化的な背景によって，ご家族にお話しする内容や生活の工夫も違ってこなくてはなりませんね。そういうことで，次第に広がっていかざるを得ない。また，逆に同じ病態であっても，周りの状況を現実の中でできうる限り意を尽くして整えることによって，本来の疾患そのものの持っている重さや苦しさがいくらか和らげられるということがあるのではないかと，これは試行錯誤のなかでそう考えるに到りました。

青木 ある程度重くなれば重くなるほど，根本的に解決できない，あるいは治療するということができないものというのが，少なくないわけで，今先生がおっしゃった，少しでも生活がしやすくなるように，何か少しでも楽しみが見つけられ，その人の日々の生活の質がよくなるようにという視点

が，先生の心理療法の一つの軸になっているように思うのです。根本から変えたり治したり，というような，もちろんそういう場合もあるかもしれませんけども，なかなかそういうふうに行かないことも少なくありませんし……。

村瀬　今先生がおっしゃいましたことで思い浮かびますのは，自分ができることなど本当に微々たることでして，それで，比喩的に言うと，自分はピノキオについて行ったコオロギくらいかと思うのです。時々，典型的な非常にみごとな心理的援助の記録を読むと，心理的援助者は，ピノキオに対するフェアリーですか，女神様なんかのように読めますけれども，私は人のひそかな願いとは，できたら，その状況よりももっと，もう少しいい生き方をしたいと思っていると考えます。すると，心理的援助者というのはコオロギがピノキオと一緒に鯨のおなかに行ったり，どきどきしながら，ちょっとそこをこうしたらどうかしらっていうのを囁くぐらいではないかと思っています。その時，コオロギが全体状況ですとか，これまでどういう経過をたどってきたのか，そこに留意し，考えていますと，どこぐらいまではどういうふうに行くのかなあという時間の流れと，今ここにあることの全体状況の中での空間の中での位置づけというんでしょうか，それはコオロギがコオロギなりに考えたいと思います。

重複聴覚障害者への心理的援助

青木　ここで先生の最近のご経験について，お話を伺いたいと思います。ここ数年，重複聴覚障害者の方，ある意味では一番コミュニケーションが困難な方の心理療法をされておられますが，その際，先生は言語的，非言語的にコミュニケーションをされていると思うんですが，どういうところから糸口を探り，どんなふうにアプローチされているのか教えていただきたいのですが。

村瀬　これは私がこうだと申し上げるような確実に会得したものがあるというわけではなくて，ただ今模索しつつ進めているところです。実際こういうことに関する文献ですとか，先例というのはほとんどないといっても過言ではない状態で，手探りです。私が伺いました重複聴覚障害者の施設と

いうのは，手話すらも使えない人が8割近く，投薬を受けておられる方が2割くらい，他に知的障害もある，自閉症を併せ持つとか，非常に状態が重篤な方なのです。ですから，どうしたらコミュニケーションが持てるかと，最初困りまして，言葉を使わなくてもやり取りができるということで，表現療法を試みました。ですけれど，表現療法も，たとえば，好きなものを絵に描いてといっても，描くということに何かおびえているというか，非常に自分の殻に閉じこもっていたり，それから，スクイグルにいたしましても，何かを描き出すということもそれまでのまだ力がない，あるいはずっと長く家の外に出た経験がなく就学もせずで，30代を迎えて，親御さんが年を取られたので，施設に来られたとか，本当に経験不足の方々でした。ですから，その人その人に合わせて，そういう表現療法と言っていいのか，表現していただくときでも，工夫しなくてはというので，貼り絵でもさあ貼り絵しましょうと紙を置いて，色紙を前においてもそれだけでは着手できない，という状態でした。一人ひとりの人の普段の生活を見ていて，関心を持っていることを，前もってサンプルの貼り絵に貼って作っておく，そして，貼っていくのを目の前で実演すると，着手できるという具合でした。自閉症のある青年は，部屋の中にカタツムリを飼っているのが，唯一のどうも趣味のようでしたので，サンプルにカタツムリを貼っていったのですね。すると彼はびっくりした顔をしました。彼はいつもオーティスティック（autistic）で，外にフラフラといってカタツムリを上手に捕まえてきて彼の部屋の中に，もごもご這わせていました。彼はそのサンプルに作ったのを見て，表情がうれしそうに動いて，サンプルよりも，上手なカタツムリの貼り絵を作りました。さらに，驚いたことに，両方の人差し指で角のまねをして，カタツムリのまねをして部屋を出て行くときスキップして行かれたのです。それで職員もみんな彼がスキップができるなんて，しかもカタツムリのまねをしたということで驚嘆しました。その人に合わせて近づこうとする，しかも，脅かさないで，強制じゃなくて接すると何かつながりができるらしいというのが最初の発端でございました。これまでの生活歴とか病歴とかそういう記録も十分ないという入所者も多くて，いろんなことがわからないのですけれども，でも，屈辱に満ちた，あるいは，苦しいことばっかりだったのではないかと思う人でも，点のようなことでも，なにかいいことがあったのじゃないかと考え，それを

ゆっくり焦らさないで想い出してくるのをそっと助けます。つらくなかったのは何歳ごろでしょうか，何かおもしろいことはなかったでしょうかとたずねると，図画が得意で，図画の時間だけがよかったとか，ささやかでもひとつは出てくるのです。それから，事件ばっかり起こして施設から外に出て行かれた青年と卓球をしましたところ，私のほうが彼より強かったのです。高齢の私が……。そしたら彼は非常に驚嘆して，その拍子に自分は中学のときに卓球の選手になったことがあることを思い出して，それでそれまでいつも注意ばかりされ，居場所がなくて閉じ込められているという感覚でいたのが，それを基に自分についての気持ちが次第に変わり始めました。なにか，点のようであっても，その人が自分についてささやかでも誇りを見つけられるものを，糸口となるもの，つまり，カタツムリだったり，卓球で私のほうが勝ってしまったとか，そういう，ちょっとした意外性とか発見とかを基にその個人のささやかであっても潜在可能性を見つける手伝いがまず始まりです。そういうふうな糸口が出来てくると，職員の方に習って手話を覚えようと，ある程度知的な資質がある人は意欲を持つようになられたりします。でも，個別的な手探りの過程です。

青木　クライエントや患者さんの話を聞いていると，いろいろな辛い現実や過去が語られたり，想像されたりすることが多いんですが，先生が今おっしゃられていたのは，その中に潜む良い出来事や思い出というのが，実はその人が生きていく，その後，何か能動的になっていくのに，働いていくということですね。

村瀬　それはいわゆる，昨今広く皆さんが関心を持っていらっしゃる，いわゆるナラティヴとか物語を読み替えるという，これに似てもおりますが，ストーリーという，それがないような方がほとんどなのですが，でも小さな点でもほんのささやかな一点，薄暗い自分の生活に光がさした瞬間があったというのを一緒にいるとき思い起こせることが契機として生かせるように思います。自分の歴史について，物語る，というほどの量や質，連続性などを持たないような重篤な状態の相手（今かかわっております重複聴覚障害者の入所者は，生育歴の定かでない人がかなりおられます）に対しては，次のような3つの営みを援助者が自分の中で同時並行して行ってい

ると，点のようであっても，ポジティヴな過去経験が浮かび上がることがあります。一つは相手に純粋な関心をもって，小さなことでも見落とさないように観察する，気づくセンスを働かせていること。二つめは観察した，あるいは知り得たわずかな情報をもとに，相手のこれまでの生活をいろいろ活き活きと想像をめぐらし描いてみる。（相手のクライエントが自分や世界をどう受けとり，体験してきたのか，などについて具体的に思い描いてみる。）そして，第三には，そのような相手に身を添わせている自分と相手のクライエントとの関係が今現在どのようにあるのか，どういう方向へ推移しつつあるのか，つまり全体状況を捉えようと努力している，これらを同時に自分の中で行っていると，ふっとクライエント自身が驚くようにそれまで忘れていた記憶を断片的ではあるが思い出すことが稀ではない，あるいは点のような小さな楽しい思い出を想い起こされるのです。援助者は相手（クライエント）を観察し，身を添わせるような姿勢で，相手の体験世界を思い描いている，そして同時に自分の中を振り返っていると，目前の相手について，より具体的にその人の身になって，「解る」というか，こういうことかしら，と想像が活き活きと働くようになり，そういう営みのプロセスでクライエントが何か小さなことでも想起し，気づく，ということが生じるのです。

青木　先生の中で患者さんあるいはクライエントの中を想像することと，自分自身の中での振り返りと，全体を見ることが進行していくなかで，当のクライエントの中にも，心の動きみたいな，なんか同調していくような，こういうことを本当の意味での共感というのではないかと思ったりするのですけど……。

村瀬　おっしゃる通りだと思います。私は共感とか受容という言葉は，ほとんど話し言葉でも文章でも用いません。正直に言って，たぶん共感って自分はできないって思っているもんですから，使わないのですけれど，今申しました3つのことを同時に並行に考えていくときという，これをあまり強調していくと，エビデンスが掴みにくいことで，何か独りよがりみたいですけれど，そういう人間と一緒にいるときの，その場っていうものは，相手の人が，特に言葉でやり取りとかしなくても，案外人間って一人では

ないなあと思う瞬間ではないか，とふっと思うのです。

事実に正直に，わからなさを素直に抱えていく

青木 最後に臨床あるいは心理療法，あるいは精神療法を学ぶということについて，先生が日頃考えておられることをお話しいただいて，まとめにさせていただきたいと思います。

村瀬 専門書から学ぶ，すばらしいと尊敬する専門家の先生から教えていただく，それが中心にあることは事実ですけれど，一方，まったく違う職業に就いていて，そして学歴が高いわけではない，でもその人なりに非常に真摯に生きておられるというようなそういう知人を持って，自分の考えていることや話すことがそういう方にわかっていただけるかという，それも，何か自分を振り返って考える意味で，大事なように思います。

　先程来からくり返すようですが，こういう仕事をしていると，役に立たない自分というのを強く感じます。無力であるということを素直に認めて，目の前にある事実に忠実にむしろわからないことを大事に抱えていて，そして，経験する事柄や，新しい知識について学んでいく，それから人のお話を聞いていく，それらとわからないことといつも照合しながら，わからなさを少しでも減らしていく，その根気というのでしょうか，事実に正直でわからなさを素直に抱えていく，正直さと不確定さに耐える力が求められる，と思います。

解　　題

【子どもが求めるもの——生まれてきてよかった，この世は生きるに値する，居場所感覚——】

　　子どもの虹情報センターは被虐待体験からの回復並びに思春期のさまざまな問題へ対応する目的で2003年に設立された。今日まで，子どもの精神保健増進に携わる福祉・医療・教育など多領域のさまざまな専門職の方々への研修や研究，海外の情報収集などに大きな成果を挙げておられる。

　　センター開設以後，研修講師として毎年お伺いしてはきたが，職員でない私が巻頭言を標題のようなテーマで執筆するようにと依頼されたとき，一瞬戸惑いを覚えた。子どもが必要としていることは「思慮に裏打ちされた愛情」であろう。さて，それは具体的にどういう考え方を基底として，どういう行為として日常生活の中で顕れるのか，それらについて公共性のある表現で文章にしようとしたのが本稿である。

　　こう書いてみると内容はまったく自明というか，普通のことである。だが普通のことを普通に日々格別気負うこともなく行っていくことはそう容易ではない。ともかく，百花繚乱の趣のあるさまざまな技法を適用するその基盤に，さりげなくしかし確かに普通のことを行っていきたい，と改めて思う。

【心理臨床の営みと生活事象——統合的アプローチへ到る道——】

　　平成17年，心理臨床学会学会賞を受賞した。素直に喜ぶのが常なのであろうが，さまざまな思いが錯綜した。世の中には，報われることは「地の塩」のように人のこころを支え，援助している方々がさまざまな場にいらっしゃる……。

　　受賞の理由は「特定の理論や技法から発想するのではなく，あくまで現場に根づいた臨床家として臨床実践を積み重ね，その成果を統合的心理療法として結実させた功績」と記されていた。私が職業についたときから，秘かに自分に課してきた臨床の営みのあり方が見事に言語化されていることに感じ入った。ある時は「臨床心理学の枠を超えた臨床実践」と評され，「では臨床心理学の枠とは何か？」と常に自問してきたのであった。自分の責任性の限界を知悉し

た上で，クライエントが必要としたことをその時，その場にふさわしい方法で提供しよう，としてきたことが認められたという意味では間違ってはいなかった，という感慨もある。

　心理療法の統合，統合的心理療法ということは1990年代に入って，関心を集め，論じられるようになってきたが，私にはそれらが何か，一つ大切な要素には注目せぬままに論じられているような疑問があった。この点については新保幸洋氏が「まさにコロンブスの卵，諸家の統合的心理療法と村瀬のそれの違いは，村瀬はあくまでもクライエントのために，という視点を優先して理論や技法の組み合わせ，あるいは創案を考えるところの統合である。多くの統合的と称される心理療法論がいわゆる理論や技法の統合に主眼を置くところとは異なる……」と明確に指摘された。（2009年，新保氏による心理療法の統合を論じた一書が金剛出版より刊行される予定である。詳しくはこの新刊を参照されたい。）

　諸家の説かれる統合的心理療法に比較すれば，私が統合的アプローチと称するものは，ささやかでも一回性の工夫や技法の創案に重点があり，制度化やマニュアル化にはおよそなじまない，生成，変容して止まないものといえるかもしれない。

　学会賞受賞記念講演をするに当たって，何をテーマとするか迷っていたときに，本書を編集して下さった立石正信氏が，受賞理由や私の心理臨床の特質に添ったものをと本稿の題を提案して下さった。さらに下って，平成19年に，その年の精神病理・精神療法学会の大会長を務められた精神科医の青木省三先生が「基調講演を，できたら心理臨床学会の受賞記念講演で話された『生活事象をとりあげる意義について』」とご依頼下さった。2回の講演内容をまとめ，加筆したのが本稿である。仮に疾病が全治しえなくとも，あるいは障害を生涯にわたって抱いて生きて行かざるを得ない場合でも，生活の質を向上する援助が必要と考えれば，心理的援助の適用の幅は拡がり，現実的な効果も期待されうるといえよう。

【さまざまなものの統合としての心理療法】

　心理療法とは，セラピストが自分はそれを行っていると自己規定して満足してしまうのではなく，クライエントにとって，その援助はどう受けとられているのか，クライエントに何か変容が生じた場合，それは心理療法の効果だと一

面的に考えず，そこにはどんな要因が働いているのか，について全体的なバランス感覚ある視野で考えることが，現実情況を的確に理解するためには必須であろう。人のこころを治癒したり，成長させるのは狭義の心理療法ばかりではない，ということを知悉していることが逆説的であるがクライエントにかかわるさまざまな要因がうまくコラボレーティヴに援助過程を促進させていく一因のようでもある。

【自律と保護のバランス──世界に開かれゆく子どもの傍らにあるとき──】

人は誰しも，物事の本質を把握する力，人が抱いているけれど言葉にしない（できない，するのを控える，あえて秘そう……，など）考えや感情を汲み取る力は10歳から11歳で頂点に達し，以後次第にこれらの力はゆるやかに衰退する。ただ，言語化能力や表現方法はこの年齢から先も発達するけれど……，と言葉にすると，一瞬驚かれることが多い。しかし，多くの子どもたちと出会ってきて，私はこのように経験的に考えているのだけれどいかがであろうか……。そう，子どものセンサー（理解力）とは通常考えられているよりはきわめて上質なものだと思われる。子どもであっても人として遇することが何事においても基本である。

【子どもが心理的援助を受けるということ──個別的にして多面的アプローチ──】

子どもが他ならないこの私という自分の存在への自信を持つためにも，また，昨今のように人間関係が希薄になって，こころが満たされず，中空のこころを抱いて漂っている自分という感覚を抱いている子どもたちに対しては，画一的なアプローチではなく，基準を押さえた上で，いかに個別化したアプローチが望まれているか，そしてそれは効果的であることをこころに留めたい，と思う。

【青年の心理的援助において求められるもの】

平成18年秋，青年期精神医学・精神療法学会の大会で基調講演としてお話した内容に加筆したものである。青年期に限らず，臨床にはすべてつきまとう課題ではあるが，基本を十二分に知悉し，全体情況を捉えて考えると，本来ならそれはいささか難しいけれど……，という局面で，それでも敢えてぎりぎりの判断をしなくてはならない時がある。それを行って破綻の方向へ行かず，危

険な要因をクリアできるには何が必要か，今も常に課題である。

【障害を抱えて生きることとライフサイクル】

　青年期後期，中年期，あるいは高齢期になって障害を抱えておられる方のさまざまなご相談を受けて，当面問題とされていることがらに着手できるところからの解決を考えることは当然必要だが，人生の初期から，そして乳幼児期，子ども時代をどのように過ごしてきたか，ということが健常の人の場合にもまして，障害を持つ方々に対しライフサイクル上，終生にわたってもたらしていることを痛感させられる。

　目前の課題に取り組みながら，それがこのクライエントの障害にどういう意味と展開を及ぼしうるのか，同様に家族や地域，社会での生活にどういう影響や効果をもたらすのか，つまり，目前の課題に焦点をあてて取り組みながらも，時間軸と空間軸の中の今という時と状態，という見通しのある視点を大切にしたい，と思う。

【特別支援教育におけるカウンセリング・マインド――軽度発達障害児への理解と対応――】

　特別支援教育が本当に実効を挙げていくには，専門家の意識や技能を高めるのはもちろんであるが，これが社会に根づいて行くには市民一人ひとりがこういう問題に理解を持ち，自分の立場で何かできることはないか，そのように自問する精神風土が育つことが望ましい，と思う。

　かつて，わが子を療育に連れてくるのに，何時も自家用車で通っているお母さんに「これくらいの理解力が育ってきた子どもには電車やバスに乗ることを教えることが大切」とスタッフから話されても，実行されなかった。私はその子のひどい汚言チックや多動なところがその気弱なお母さんには電車など公共の乗り物を躊躇わせているのではないか，と思われた。その子は電車に乗ってみたい，という。お母さんに相談して，交通博物館に伴った。なるほど気遣いは要った。でもその子はポイントを捉えた応対をすればこれといって他者に迷惑を及ぼすことはなかった。むしろ新しい経験は意味をもたらしたようでもあった。確かに電車の中で行儀の悪い子と障害があってやむなく適切を欠く態度を取る子どもの識別は難しいかもしれない。だが，あまりにも人を射すくめるような非難する強い眼差しを向けないこと，さらりとしていること，やむなく必要ならできる程度の手助けをする，そんな気分の乗客が多ければ……，前述

のお母さんも目の前の課題に手をつける勇気が出やすくなるのかもと思ったりする。それぞれ気負わず自分に応分に分かち合う，というセンスが望ましい……。

【被虐待児の理解と援助】

　虐待が無くなって，子どもたちが健康に幸せに育つために，社会の意識を喚起し高めるべく，虐待，愛着障害，行為障害などなどの言葉に注目が及ぶのは意味があろう。だが虐待された子どもは愛着障害を持つことが多い，○○の問題を持つ，と問題指摘に止まってはならない。どうしたらそういう子どもたちが自尊心と生きる意味を再び見いだせるか，その緒の発見と援助のあり方を考えることにこそエネルギーを多く注がねばならない。

　それにしても，早くして人生の深淵を覗き，人のこころの闇に触れて強い不信感に陥っている子どもの中に，はっとする人として他者に配慮する優しさ，誠実さが秘かにしかし確かに息づいていることに何気ない日常場面で気づかされることがある。それをさりげなく汲みとり，子どもが裏付けのある自尊心を持てるようにと応えていきたい。ある施設での日曜日のこと。若い両親が結婚式に出席するというので，赤ちゃんがショートステイとして，一日預けられた。堅太りの意思のはっきりした赤ちゃんである。相当な抱き癖がついており，意に添わない対応にはよく通る声で大泣きである。大抵の大人は内心音を上げそうなのに，平素は粗暴で手伝いなど容易にしようとしない，学校場面でも多く注意を受けている数人の子どもが代わる代わる大事に大事に赤ちゃんを抱いてあやし，「大丈夫，夕方はパパとママは帰ってくるよ……」「赤ん坊は遠慮せんでもいい，元気に大声で泣いたらいい」「なんや，元気やな，楽しそうでいいことや……」などと話しかけたり，童謡を歌って聴かせていた。自分がかつては得られなかったものを保護の必要な赤ちゃんに与えたい，自分のもろもろの知恵をたぐり寄せ引き出して一生懸命あやしていた。「ムラセセンセ，力あんまりないやろ，無理せんと，私らだっこしてるから見とって……」とこちらにまで配慮を巡らせて……。

【中年になった障害者の課題――障害者に出会う健常者の課題――】

　発達障害をはじめとしてさまざまな障害については，発達途上期にどう養育もしくは療育するか，あるいはその障害が生じたときの治療と生活の順応への援助，といった比較的短い，もしくはライフサイクル上の発達途上にある課題

について，それは当然であろうけれども，多く注意と対応が注がれているような印象を受ける。

　ただ，私よりさらに年齢が高い親御さんが中年になった未だ居場所感を定かに持ち得ない障害を持つわが子についてご相談においでになることが屢々ある。障害についてライフサイクルを見通すような眼差しを持ちながらかかわっていくことに留意したい。ことばは言い古されているようではあるが，障害を持つ人々と分かち合って皆が生活する社会の実現を改めて願う。

【高齢者心理臨床における専門性と人間性】
　「ことばをこころのアリバイにしてはいけない」この人としての基本を自らに問う度に背筋の伸びを正される思いがする。近年，高齢者の施設に伺い，施設側やご本人の求めで，入所者の方のお話を聴くことをしているが，深い孤独を諦念に包んで，多くを期待せず，相手を思いやろうとし，少なからざる方々が「足るを知る」を行おうとされていることに触れ，考えさせられ，かつ学ばせていただいている。そして，すべての場合がそうだなどと簡単に言うつもりは決してないが，「この方は認知症が相当進んでおられて……」といわれている方が，みずみずしい感性を示されたり，大事な想いを崩れることなく秘かにしっかり抱いていおられることに出会う。ひとときでも「分かち合う，生きられた時間」をご一緒したい，と思うことである。

【心理臨床における質的研究の理論的検討と実践の展開（第一報）――児童養護施設における関与的観察調査に基づいて――】
　多くは被虐待経験を持つ児童福祉施設に措置されている児童の現状と児童養護施設のケアの質を高めるにはどのような方法が望ましいか，家族への援助をいかにすすめるか，という標題のもとに，平成18年4月から2年間，児童養護施設，児童自立援助施設へ年間，数回，1泊，もしくは2泊の日程で関与的観察調査研究を継続実施した。その調査研究の一端が本章である。国内三施設へ継続的にかかわらせていただいたが，この関与的観察調査には次に記す方々がその折々でメンバーの組み合わせは変わったが私にご同行下さった。大正大学カウンセリング研究所の相談員，石倉陽子氏，同じくもと相談員，野村華代子氏，川崎医大精神科の青木省三教授，同医局精神科医，野村陽平氏，同じく山下陽子氏，北海道大学大学院発達臨床センターの田中康雄教授，同センターの助手，内田雅志氏，久蔵孝幸氏，同センター学術研究員，福間麻紀氏，川俣

智道氏。

　ときには早朝から子どもたちと一緒の戸外での清掃，運動，その他諸々の日常活動，そして，夜間のカンファレンスと過密で少しハードなスケジュールをご一緒して下さった。カンファレンスの内容に止まらず，子どもたちや職員の方々とご一緒するときに，そこでどうあるのか，振る舞うのか，改めて多くの示唆や刺激を戴き，貴重な学びをさせていただいたことに深い謝意を表したい。

　ここには，第一報として，児童養護施設での調査研究の一部を報告したが，近く心理臨床における質的研究について，全体の調査研究結果に基づいた理論的並びに実践的検討結果を出版予定である。かねてより考えてはいたが，この調査研究を通して，子どもたちが一見何気ない日常生活の場面で（しかし，それはその子どもにとっては格別な意味を持つ），大切な深い気持ちや大切な過去がふと語られることが少なからずあることを再認した。面接室の中ばかりでない，24時間のどの一瞬にも，子どもの表出をさりげなく，しかし的確に受けとめることの重要性について，検討することを今も続行中である。

【村瀬ワールドに包まれる】

　ある心理臨床とは関係のない席で，埼玉医科大学の山内俊雄学長が笑顔で仰った言葉に吃驚した。「今日ここに出席した目的は，貴女に会えるということでした。101回日本精神神経学会のランチョン・ダイアローグで「メンターに聴く」というテーマで話して戴きたいのです，断らないで……。3人のメンターにそれぞれの質問者がお話を引き出すという方法です。その1　土居健郎「土居ワールドを聴く」聴き手　江口重幸．その2　西園昌久「西園ワールドに浸る」聴き手　野田文隆．その3　村瀬嘉代子「村瀬ワールドに包まれる」聴き手　青木省三．と準備委員会で決まりました。日本精神神経学会も今度で101回，大会長として新しい頁を開くつもりでいろいろ企画を考えました……。衛星放送（BS）でやってるハリウッドの俳優の特徴を引き出すああいうダイアローグになればと企画委員会では考えたようです……。」

　何と言うこと！　敷居の高い場所である。メンター，その意味は達人だっけ，ご冗談でございましょう，帰宅して辞書で確かめた。やっぱりそう，とんでもない……。

自分は自分以上でも以下でもない……と自分に言いきかせた。青木先生は以前の対談（『心理療法の基本』2000．『心理療法とは何か』2004．何れも金剛出版）にもましてよき聴き手であられた……。照明を落とした会場を埋め尽くした聴き手の方々が，静かにしかし何か身を乗り出すように聴いておられることが語ることに臆する私を聴き手の青木先生と共に支えて下さった……。

あとがき

　滝川一廣先生が私について「おうかがいしたことはなかったけれど，私の勘では心理臨床の世界からすっぱり足をあらわれるのではないかという気がしていた。……」とお書き下さった（村瀬嘉代子他著，滝川一廣，青木省三編（2006）心理臨床の営み．金剛出版）。どきりとした。秘かに長らく思い定めてきたことが的確に言葉にされていたので……。2006年春に，定年退職する予定が，はからずもいわばロスタイムというか今日まで仕事を続けさせて戴いているのだが……。この書のはしがきに私はその時の気持ちをこう記している。「限りある時間である。サッカーのロスタイムに見苦しいプレーをするようであってはならない。控えめに辨えて，しかし必要な責任は果たせるようでありたい，と静かに思う。」今も同様に考えている。

　本書の内容の多くは，過去数年間に書いたりお話ししたものに加筆したものである。若いときには漠然と，人は誰しも年をとれば会得した知見や確かめられた自分の方法論を手中にできるようになるものであろうと考えていた。ところが経験や知識が増え，考えることを継続していくと，何処までが分かって，今はどういう地点にいて，何が課題か，ということはある程度見えるようになるけれど，課題は行く手に途方もなく大きくあるということが実感されるようになった。エビデンスとナラティヴ，量的研究と質的研究，臨床実践と研究の関係など，時折二項対立的に捉えられがちであることは必ずしもそうではないのではないか，と考えるようになった。これらは裏打ちしあうもののはずである。臨床実践や研究の質がよいとはどういうことか，そして研究や実践をしている当事者である自己をどう捉えるのか，その特質を他者と共有できるように，公共性のある，しかも個性記述的に表現することはどうしたら可能になるのか，これについて考えると道は遠い。

　近年，研究法，とりわけ質的研究についてはいろいろ検討されるようになっている。ただ，すべての文献を渉猟し尽くしたわけではないが，前述したような私の問題意識に対する明確な答えはまだ示されてはいないように思う。これ

あとがき　203

には多次元にわたる要因が輻輳し，きわめて難しい課題ではあるが……。日ぐれて道遠し，という感慨ひとしおである。

　本書の書名は，私が折々に求められて書き，本人が忘れているものにも常に注目して保管して下さっている，さらには次の思索の展開を促すような示唆を折にふれて下さる本書の編集者，立石正信氏が考えて下さったものである。思えば，心理臨床の場や対象として私の出会う人々や課題はずいぶんと広がり，変化してきたが，何時も基底に障害は生涯にわたって残っても，あるいは疾病は完全に治癒し得なくても，そういう条件を抱えて少しでも生きやすくなるにはどうするか，クライエントの抱える問題の焦点を的確に捉えることと同時に，その『生活』のあり方を時間軸と空間軸の中で捉えること，全体的視野をもって捉えることが生きにくさを和らげるのに有意味だと考え実践してきた。それを立石氏は「生活事象」という言葉ですくい取られたのである。クライエントとの臨床の営みを通して学ぶことが中心であることは事実であるが，私は編集者との対話によって，多く気づきそして考える契機を戴いてきた。本当に有り難く思う。そして，今また，新進の編集者，熊谷倫子氏には冗長に過ぎる講演原稿の再構成を手伝って下さったり，その他こまやかな配慮を戴いた。ここに記して感謝したい。

　さて，本書の装丁に立石氏は東山魁夷画伯の『道』を選んで下さった。面はゆくおこがましく思われたが，東山画伯の作品を管理されるご親族の方は私の文にお目通し下さってご理解下さり，この絵を収蔵している東京国立近代美術館共々，カヴァーに使用することをご快諾下さった，という。装丁にこのような破格のご好意を戴けたことをはじめ，そもそも私のこれまでの心理臨床の実践と研究，教育などの営みは，私一人で成り立ち得たことではない。お名前を一人ずつあげることはできないが多くの先達，同僚，志を同じくする若い方々の支えがあって，漸く可能となったことである。改めて深謝したい。

　かつて，私が携わってきた思春期や青年期の人々への居場所つくりと育ち直りのための通所施設での実践や児童福祉施設での実践，フィールドワーク研究を「臨床心理学の枠を超えている……何と評してよいか」と評されたが，私は自身でも責任，見通しのない試みを自制して，仕事についた遠い昔から折々に

立ち止まって自分の営為が責任のとれない逸脱したものでないかを迷いつつも振り返ってきた。

そして，そのような折，何かスマートな方法をという考えがふと念頭に浮かびかけるとき「心理臨床の営みとは人が生きる上での苦悩や困難があって成り立っていること」を思い出し，自分の行動を選びとる支えにしてきた。心理臨床の営みには不断に続く研鑽が求められている。今，東山魁夷画伯がこの『道』という作品について記されている言葉がなんともしみじみと響いてくるのである。

「遙かに続いている野末の道，青森県種差海岸の道です。この道一本だけで絵にすることを初めは危惧しましたが，コツコツと積み重ねるような描き方で仕上げてゆきました。……（中略）道と周囲の草叢だけに省略して，夏の早晨(そうしん)の空気の中に描いたのです。この作品の象徴する世界は私にとって遍歴の果てでもあり，また，新しく始まる道でもあります。それは絶望と希望の織り交ぜられたものであります。」（「私の作品」『三彩』（臨時増刊）106号，1958年9月）

読者の方々がご自身の道を歩まれるのに，このささやかな一書がわずかでもお役にたてていただけることがあるとしたら，本当に有り難く思う……。

平成20年　盛夏に

村 瀬 嘉 代 子

索　引

あ 行

相手に安堵感を贈る 184
アイデンティティ 8
青木省三 32, 46, 63, 178
アクスライン（Axline, V.） 39, 40
アスペルガー 103
アンナ・フロイト（Freud, A.） 57
家を開く 90
生きられる瞬間 10, 144
石崎淳一 157
一筆描き描画 163
居場所 9, 185
　　——感 65, 66
　　——感覚 7, 9, 10, 18
空間的居場所感覚 9
インフォームド・コンセント 106
ウィニコット（Winnicott, D.W.） 107
江口重幸 159
エリクソン（Erikson, E. H.） 139, 142
老いを生きるということ 150
大江健三郎 85
小倉清 52
親，家族へのアプローチ 59, 106
親子の葛藤 66
親との絆 166

か 行

回想法 154
カウンセリング・マインド 102
かかわりの端緒 171
神谷信行 56
環境調整 54, 59
感謝する 132

聴くことの大切さ 156
聴くということ 154
帰納法 21
気づく力 134, 135
境界例 18
クライエント
　　——の潜在可能性 182
　　——のニーズ 43
　　——のパーソナリティ 43
　　——の必要性 38
　　——の現実生活 39, 187, 188
黒川由紀子 154
軽度発達障害 102, 104
熊倉伸宏 106
原因を外在化させる 187
現実認識 46
現場に出て研究を行うこと 176
高齢者心理臨床 148
心の窓 58
個人史 110, 132, 133
言葉
　　——を裏打ちする行動 12
　　——をこころのアリバイにしてはいけない 149
子ども
　　——から選ばれる 124, 136
　　——が体験する現実世界 86
　　——の意思 20
　　——のインフォームド・コンセント 20
　　——の自己決定能力 88
　　——の自尊心修復 11
　　——の障害に気づくこと 84
　　——のもっている家族イメージ 117
子どもらしさ 8, 135

個別化したクライエントの必要性 14

さ 行

支える 32
佐々木正美 84
時間感覚 10
自殺 47, 131
事実に正直に 193
事実を把握すること 182
時熟 12
自然治癒力 59
質的研究 159
　——の方法論 175
児童自立支援施設 21
児童養護施設 116, 174
自分の歴史について，物語る 191
自閉症 23, 26, 27, 49, 77, 78, 80, 108, 190
11歳から15歳の心的世界 55
重複聴覚障害 96
　——者 22, 79, 125, 189
10歳の頃 45
障害を持つということ 141
情緒障害児短期治療施設 21
初回面接 108
自律 45, 52, 56, 87, 127
シンガー（Singer, E.） 8
心理臨床における理論と技法 14
スクイグル 23, 24
生活事象 14
成人の発達障害 94
性的な逸脱行動 94
青年の心理的援助 63
世代性（generativity） 139, 142
セラピストに求められる留意点 57
潜在可能性 28, 37, 180, 191
相互似顔絵 25, 26, 28
喪失体験 153
双方向性・相互的関係の視点 175
育ち直る 122
'それがどうした'という解釈 133

た 行

滝川一廣 14, 56
竹中星郎 151, 152, 153
多軸で考え行動する 12
他者から向けられる信頼の眼差し 11
田中康雄 146
足るを知ろうとする 164
知的障害 27, 72, 78, 82, 89, 142, 143
中年 139
　——期 140, 144
治癒機転 39
聴覚障害 69, 77, 142
治療者的家庭教師 18, 91, 92, 110
通所施設 18
伝えるということ 8
TAT 109
テリング 20
土居健郎 149, 157, 160
統合失調症 17, 40, 123, 130, 156, 183
統合的アプローチの特徴 28
特別支援教育 102

な 行

中井久夫 63, 175
夏目漱石 154
ナラティヴ 191
成田善弘 140, 175
似顔絵 97
日常生活を通した援助 174
日常の中で語られること 176
乳幼児期の発達課題 81
認知症 152, 157

は 行

発達障害 18, 78, 79, 83, 92, 95, 102, 103, 114, 128
　——者支援法 102
発達途上の人々にかかわる心理臨床 56
パラドックスをどう生きるか 55
被虐待 67, 69

——経験 23, 27
　　——児 21, 72, 116, 130
人として遇すること 70
日々の営み 122, 123
秘密保持 58
表現療法 190
病態の重篤さの程度 38
不確定さに耐えられること 128
フラッシュバック 95, 146
プレイセラピィ 18, 21, 50, 77
ヘイブンス（Havens, L.） 42
ベッテルハイム（Bettleheim, B.） 128, 129
他のきょうだいの関係 87, 92
保護 37, 45, 52, 56, 127
ほどよい母親 60

ま行

待つこと 12
見立て 64, 65, 70, 127, 128
メンタルフレンド 18, 91
森有正 140

や～ら行

山中康裕 157
柳田国男 159
ユング（Jung, C.G.） 140
養護施設 21
ライフサイクル 7, 8, 45, 53, 71, 79, 139, 140, 150, 153
良寛 149
量的研究 160
臨床心理学の代表的な理論と統合的アプローチとの関係 30
連携 39, 42, 60
ロジャーズ（Rogers, C.R.） 16
ワークシェアリング 97, 99, 100, 145
ワクテル（Wacthel, P.） 38, 39
私の基本姿勢 63

[初出一覧]

子どもが求めるもの―生まれてきてよかった，この世は生きるに値する，居場所感覚―
　　　子どもの虹情報研修センター紀要，3，2005
生活事象と心理臨床の営み―統合的アプローチへ到る道―
　　　臨床精神病理，29，2008
さまざまなものの統合としての心理療法
　　　「すべてをこころの糧に」金剛出版，pp.30-49，2004
自律と保護のバランス―世界に開かれゆく子どもの傍らにあるとき―
　　　臨床心理学，6巻4号，2006
子どもが心理的援助を受けるということ―個別的にして多面的アプローチ―
　　　臨床心理学，5巻3号，2005
青年の心理的援助において求められるもの
　　　青年期精神療法学会　講演，2006
障害を抱えて生きることとライフサイクル
　　　北海道情緒障害教育研究協議会　基調講演，2006
特別支援教育におけるカウンセリング・マインド―軽度発達障害児への理解と対応―
　　　精神療法，32巻1号，2006
被虐待児の理解と援助のあり方
　　　子どもの虹情報研修センター紀要，1，2003
中年になった障害者の課題―障害者に出会う健常者の課題―
　　　臨床心理学，6巻3号，2006
高齢者心理臨床における専門性と人間性
　　　精神療法，32巻2号，2005
心理臨床における質的研究の理論的検討と実践の展開（第一報）―児童養護施設における関
　　与的観察調査に基づいて―
　　　大正大学カウンセリング研究所紀要，30，2007
村瀬ワールドに包まれる
　　　精神神経学雑誌，108，2006

■著者略歴
村瀬嘉代子（むらせかよこ）
1959年　奈良女子大学文学部心理学科卒業
1959-1965年　家庭裁判所調査官（補）
1962-1963年　カリフォルニア大学大学院バークレイ校留学
1965年　大正大学カウンセリング研究所講師
1984年　同助教授
1987年より，同教授
1993-2008年　大正大学人間学部並びに大学院人間福祉学科臨床心理学専攻教授
臨床心理士，博士（文学）
2008年より，北翔大学大学院人間福祉学研究科教授，大正大学名誉教授
日本臨床心理士会　会長

［著書］
「子どもと大人の心の架け橋」「子どもの心に出会うとき」「子どもと家族への援助」「心理療法のかんどころ」「子どもと家族への統合的心理療法」「統合的心理療法の考え方」「心理臨床という営み」「心理療法の基本」（共著）「心理療法とは何か」（共著）「すべてをこころの糧に」（共著）金剛出版，「よみがえる親と子」岩波書店，「聴覚障害者の心理臨床」（共著）「聴覚障害者への統合的アプローチ」日本評論社，「柔らかなこころ，静かな想い」「小さな贈り物」創元社，「子どものこころと福祉」（監修）新曜社，「子どもと思春期の精神医学」（共編）金剛出版，他

心理 療法と生活事象
クライエントを支えるということ

2008年9月30日　発行
2009年6月30日　二刷

著　者　村　瀬　嘉　代　子
発行者　立　石　正　信

印刷・平河工業社　製本・誠製本
発行所　株式会社　金剛出版
〒112-0005　東京都文京区水道1-5-16
電話03-3815-6661　振替00120-6-34848

ISBN978-4-7724-1047-2 C3011　　Printed in Japan ©2008

子どもと家族への統合的心理療法
心理援助者のあり方とクライエントの現実生活

村瀬嘉代子 著
Ａ５判　250頁　定価3,675円

　本書には全編にわたって，心理療法の効用と限界，学派を超えた普遍性，心理臨床に携わる重さと責任，柔軟な技法の使用，治療者としての資質向上のための着眼点等，日常臨床に応用可能な具体的な知見が平易な文章で述べられている。
　冒頭に著者が考える「統合的心理療法」の説明とそれが生まれる経過についての書き下ろし論文が収められ，本書全体及び著者のこれまでの著作を総括する内容ともなっている。

心理療法の基本
日常臨床のための提言

村瀬嘉代子・青木省三 著
四六判　220頁　定価2,520円

　本書は，クライエント一人一人に真摯に相対してきた二人の臨床家による，全4回10時間にも及ぶ対論の成果を凝縮したものである。心理療法において普遍的なもの，基本になることとは何なのか，クライエントから真に信頼を寄せるに足る人と認められる治療者とは，クライエントに対する個別的にして多面的なアプローチとは，など心理療法の特質を考えるためのさまざまな論点が平明な言葉によって展開されていく。心理臨床に携わる人々すべてのために，日常臨床において土台となる常識を説いた画期的な臨床指導書である。

詳解 子どもと思春期の精神医学

中根　晃・牛島定信・村瀬嘉代子編
Ｂ５判　684頁　定価21,000円

　本書は，脳科学や遺伝学，疫学などの知見と，各領域で活動する第一線の臨床家らの実践経験を融合したハンドブックである。
　対象となる「子ども」とは，発達学的や心理・社会的，あるいは司法的な意味を加え，0〜20歳までとしており，精神科臨床における生物－心理－社会的視点を網羅した大全書となった。

価格は消費税込み（5％）です

子どもの心に出会うとき

村瀬嘉代子 著
Ａ５判　240頁　定価3,675円

　実践的技法的な論考を中心に収録した著者2冊目の論文集。著者は子どもたちとの出会いから彼らの出発までを，日常臨床における共有体験として捉え，その中における治療者－患者関係とそれをとりまく大人たちの様子をこまやかな気配りをまじえて描写する。心理面接の基礎となる臨床場面での言語表現，事例検討をいかに学ぶか，治療的アプローチの各技法，さらに諸機関の連携，インフォームド・コンセント等，長年にわたる経験によって裏打ちされた，「臨床の知」を平易な文章で述べた臨床指導書である。

子どもと大人の心の架け橋

村瀬嘉代子 著
Ａ５判　220頁　定価3,675円

　子どもの精神療法には終始，治療的態度と表裏一体をなした診断的態度が求められる。著者は「心」にかかわる治療者の本質的特徴を「つなぎ手」とする観点から，治療者に求められる資質，治療理念を論じ，責任に基づいた見立て，治療者としての自己覚知，さまざまな治癒機転など精神療法の原則を平易な文章で説く。不登校，自閉症，いじめ，学習障害などへのプレイセラピーを軸にした治療の実際も紹介。精神療法を志すすべての人々に。

子どもと家族への援助

村瀬嘉代子 著
Ａ５判　250頁　定価3,675円

　心理療法の現場においては，「家族」を抜きに考えることはほとんどあり得ない。それほど血縁・家族という概念の意味するところは，社会生活的にもまた生物学的にも大きいといえる。クライエントが必要としていることに対して，いかによりよくかつ責任の範囲で応えうるか。著者の臨床の営みは，心理療法における根元的な問題を技法的な側面のみにとどまらせず，心理学・医学・法学等，学際的な領域を架橋する問題意識へと発展させている。著者が日常臨床を通じて体感会得した技法や，心理療法におけるさまざまな事例を数多く収録した，実践応用編である。

心理臨床という営み
生きるということと病むということ
村瀬嘉代子・他著／滝川一廣・青木省三編
Ａ５判　280頁　定価3,780円

　本書は，語る者によって実に多彩な姿を現す，村瀬嘉代子という臨床家を読み解くための，また，村瀬流儀の心理臨床の在り方を多方面から浮き彫りにしようと試みたものである。
　援助者としての基本的態度，理論や技法の適切な用い方，真に必要とされる臨床の智恵とは，クライエントの声なき声に応える心理臨床の営みとは――あらゆる心の臨床課題にこたえる珠玉の論考とゆかりの臨床家たちによる挿話によって綴る，村瀬嘉代子ワールド。

電話相談の考え方とその実践
村瀬嘉代子・津川律子編
Ａ５判　188頁　定価2,940円

　電話相談は，虚空に消えてゆきそうな声だけを頼りにしたもっとも繊細な心理的援助場面であり，傾聴やアセスメントといった総合的臨床能力が問われる場でもある。社会にとって電話相談がますます重要な資源の一つになっている今，聞き手（援助者側）は何をすべきなのだろうか。本書は，村瀬嘉代子，津川律子を中心に，「いのちの電話」や被害者・被災者支援，産業臨床，子育て支援など電話相談の世界で実践を重ねている筆者らによって著された，実際的で具体的なリーディング・テキストである。

心理療法とは何か
生きられた時間を求めて
村瀬嘉代子・青木省三著
四六判　240頁　定価2,730円

　本書は，心理援助者の考え方の基本的枠組みを理解するための入門書であり，また現場で応用可能な知見を盛り込んだ臨床指導書である。著者らは，臨床とは常に生活の実態と裏打ちさせながらその命題を自分のなかでじっくりと考えることと瞬間的にフルスピードで考えることとの上に成り立っていると説く。そして自分の感覚で状況を瞬時に的確に捉え言葉と態度を選びとる技術を解説し，心理的援助の「本質」を明らかにする。

価格は消費税込み（5％）です

すべてをこころの糧に
心理援助者のあり方とクライエントの現実生活

村瀬嘉代子・青木省三編

四六判　270頁　定価2,940円

　本書は，心理療法とは何か，治療的な要因とは何か，人はどのようにして変わることができるのか，援助者に求められるものは何か……，これらの問題を異なった立場から考えようとした，さまざまな「心理療法の本質」論である。

　クライエントの必要とすることに的確に応えること，より効果的な心理療法を実践するための理論と技術の要諦を違った角度から考察した画期的な論集である。

統合的心理療法の考え方
心理療法の基礎となるもの

村瀬嘉代子著

Ａ５判　266頁　定価3,360円

　本書を通じて表現されるのは，著者が長年実践してきた「統合的心理療法」の特質と基本的考え方である。クライエントのためのより効果的な心理療法，技法を支えるプロとしてのセラピストの姿勢，心理臨床一般に通じる普遍的原則等，日常臨床での知見をわかりやすく説き，また，臨床実践の積み重ねにより帰納的に構築された著者自身の臨床研究の流れを俯瞰し，総括する内容となっている。

　すべての心の専門家に贈る著者最新の臨床論文集。

新訂増補　精神療法の第一歩

成田善弘著

四六判　200頁　定価2,520円

　精神療法家・成田善弘の出発点であり，かつ現在の姿をも示す名著，待望の復刊。本書では新たに現在の著者の思考が「補注」「付章」としてつけ加えられている。

　本書は限られた技法に焦点を当てるのではなく，「精神療法とは何か」を問い，いかにその第一歩を踏み出すかを示すものであり，変わることなく精神療法家の道標となりつづけるものである。本書は精神療法家を志す人のまぎれもない「第一歩」となるとともに，これまで著者の著作に慣れ親しんできた読者には，著者の思考の源流を辿るように読まれるだろう。

価格は消費税込み（5％）です

統合的アプローチによる心理援助
杉原保史著　学派間の相違点と共通性を見極めながらその境界を越え、新たな理論的枠組を切り拓く統合的アプローチ。その実践の方途を示す。　2,940円

弁証法的行動療法ワークブック
S・スプラドリン／斎藤富由起訳　思春期以降の幅広い層を対象とする「弁証法的アプローチによる情動のセルフ・コントロールの書」。　2,940円

催眠誘導ハンドブック
I・レドチャウスキー著／大谷彰訳　数多くのテクニックが実践向けに解説され、さらにスキル習得のためのエクササイズをわかりやすく図解。　2,310円

変化の第一歩
ビル・オハンロン著／串崎真志監訳　人に"変化"がもたらされる過程を鮮やかに描きだす本書は、"変化の感触"を学ぶ絶好の入門書。　2,730円

臨床実践としてのコミュニティ・アプローチ
窪田由紀著　コミュニティ心理学の発展とともに求められてきた臨床への応用が、学校臨床など、現場での実践を中心に事例とともに描かれる。　3,570円

ロールシャッハ・テスト形態水準表
高橋雅春、高橋依子、西尾博行著　前著『ロールシャッハ形態水準表』から対象を大幅に増やし、基準の変更などをも踏まえて全面改訂された新版。　2,940円

解決指向フォーカシング療法
B・ジェイソン著　日笠摩子監訳　フォーカシング指向心理療法に解決指向アプローチ」を統合。時代が求める、短く、そして深いセラピーを提示する。3,570円

臨床心理学
最新の情報と臨床に直結した論文が満載
B5判160頁／年6回（隔月奇数月）発行／定価1,680円／年間購読料10,080円（送料小社負担）

統合失調症を持つ人への援助論
向谷地生良著　真に当事者の利益につながる面接の仕方、支援の方法をわかりやすく解説し、精神障害者への援助の心得を詳述する。　2,520円

子ども相談・資源活用のワザ
衣斐哲臣著　「テクニック」とそこにある「考え方」を、初学者でもわかりやすいように、子どもと家族が直面する事例を通じて考える。　2,940円

認知療法の技法と実践
大野裕著　精神分析的治療から統合的治療の中における認知療法へと到達した著者の精神療法経験を集大成。精神療法技法を学べる優れた臨床書。　3,780円

軽度発達障害
田中康雄著　「軽度発達障害」という深刻な「生きづらさ」に、ともに繋がりあって生きることを目指してきた児童精神科医の中間報告。　3,990円

子どもと若者のための認知行動療法ガイドブック
P・スタラード著／下山晴彦訳　認知行動療法の、幼少期から思春期・青年期にかけての子どもへの適用について書かれた実践的なガイドブック。　2,730円

子どもと若者のための認知行動療法ワークブック
P・スタラード著／下山晴彦監訳　成人用に開発されてきた認知行動療法を、子どもでも課題に取り組みやすく工夫をこらした使いやすいワークブック。　2,730円

必携 臨床心理アセスメント
小山充его編著　国内で利用される100弱の心理テストについて、詳細な解説と例、ワンポイント・アドバイス等が示された心理テストの大全集。　8,925円

精神療法
わが国唯一の総合的精神療法研究誌
B5判140頁／年6回（隔月偶数月）発行／定価1,890円／年間購読料11,340円（送料小社負担）

価格は消費税込み（5％）です